存有的光环

——马塞尔思想研究

陆达诚 著

复旦大学出版社

目 录

代序 / 001
一切真诚终当相遇 / 001
自序 / 001

一、从存在到希望 / 001
二、马塞尔哲学中的死亡和他人之死
　　——兼怀唐君毅先生 / 011
三、马塞尔论人的尊严 / 022
四、比较萨特与马塞尔 / 029
五、"无我"与"有我"哲学的自我实现观 / 037
六、存在、存有与形上希望 / 040
七、奥斯定与马塞尔的光之哲学比较 / 059
八、有神及无神哲学对比下的宗教观念 / 083
九、唐君毅的死亡哲学 / 101
十、从存有化角度来看德日进宇宙观的基督论 / 121
十一、牟氏逆觉体证与马塞尔第二反省之比较 / 135
十二、马里旦与马塞尔 / 150
十三、马塞尔 / 164

十四、生死与价值 / 176

十五、马塞尔的剧本《破碎的世界》
　　　——一个存在性的诠释 / 197

附录一：存有奥秘之立场和具体进路 / 222
附录二：沐春风、诉天志——忆唐师君毅 / 255
附录三：跨越孤寂的对话 / 263

后记 / 267

代　序

台湾大学哲学系教授　关永中

一个滂沱大雨的下午,陆达诚博士正开动着汽车,在从辅仁大学到政治大学的路途上慢驶着,穿越了某些林荫之道,而窗外蒙蒙的烟雨,尚且给外景增添了一份空灵的神秘。……我安静地坐在他身旁,闲谈间提及各自所心仪的哲人们,一时情不自禁地说:"我真的最喜欢马塞尔。"当时陆博士听了,也禁不住流露出一份同道、同心、同好的喜悦。自此以后,我们总有机会聚面,谈笑间不愁没有话题,因为我们无论说到哪里,都可能扯上马塞尔;以致谈及音乐,我们会联想到马塞尔在钢琴前点板轻奏的那份悠然神往;论及戏剧,又会转念到马氏多出名剧的感人场面;想到宗教情操,也不忘怀马氏皈依的心路历程;甚至提到各个哲学论题,亦总会牵涉到马氏思路的湛深底蕴;更有趣的是:我们往往也即兴地把吾师唐君毅先生的为人与论点来跟马塞尔作比较,进而体会到他们的"此心同、此理同"。……欣逢陆博士的论文集面世,行文内还不时闪耀着马塞尔与唐先生的名字,它们唤醒了我不少先前与陆博士聊天的愉快经验。为此,我欣然地答应了陆博士的邀请,为这份珍贵的论文集代序。

提笔的刹那,就掀起了这样的一个意念:我务须把苏格拉底、马塞尔和陆博士这本论文集连接起来讨论，以凸显其中的可贵之处：

昔日苏格拉底聚众论学，言论超越了系统陈述，只借着对谈来辩证，以让参与者自我开启内心的思泉。……

当代马塞尔著书讲学，思想也不被系统论述所范围，只按主题的带动，而与读者恳切晤谈，共同向真理迈进。……

今天陆达诚博士在多篇论文中，仍秉持着苏氏和马氏的精神，不以系统陈述为主要考虑，只按论点所需而尽情发挥，借切磋而与读者共同绽放智慧的火花。……

马塞尔愿意别人称他的哲学为"新苏格拉底主义"（Neo-Socratism）①，顾名思义，就是他愿意如同苏氏一般地与你对谈，借此做哲思的助产妇，让你从内心催生出智慧的花果。陆达诚博士深明此理，以致因应地按不同论题而作个别切磋，不单带出马氏的论点，而且还借着对话、比较、质询，而提出自己的响应，必要时还引用其他名家心得来参与恳谈，使反思变得更多姿多彩，从中还鼓励读者作主动的质问，以激发起个人内心的思绪。

或许我们可以这样说：对其他哲人而言，系统的架构可以成为其哲思的支柱，支撑起他们论述的来龙去脉；但对马塞尔的"新苏格拉底主义"而言，系统的展陈可能因而形成思路的桎梏，规限了真理多面向的发显。马塞尔承认无法把自己套在一个系统来说话，一方面这是由于他的气质使然，另一方面这是由于他的信念所致；这并不意味着他的思想缺乏条理，而意味着辩证式的对谈更能展现真理。陆达诚博士也就是因为了悟到马塞尔的这份特色，所

---

① Gabriel Marcel, *Metaphysical Journal*, Chicago: Henry Regnery, 1952, p. XIII, "What the term neo-Socratism implies is above all the — in no way sceptical — attitude of interrogation that is a constant with me …"

以他也相应地采用了马氏恳谈式的手法,剔除硬性的系统陈述而不失其思考脉络。陆博士真的获得了马氏思想的神韵。

本论文集以"马塞尔的光环"为议题,以凸显马氏其智慧的光辉、其心地的光明、其所向往的究极之光,以及其向读者所鼓吹的"成为世界之光之宗旨"……总之,马氏哲学不愧是一套"光的哲学",叫读者点燃起内心的光芒,并且迎向光明。陆博士愿意借此来向我们传递出这一份讯息。所收录的论文共18篇,其中有马氏原文的译作,有直接论述马氏思想之作,有将马氏思想与另一名家作比较之评述,也有针对一主题而间接地提及马氏者;每篇文章各有特色,但都与马塞尔精神契合,是陆博士与马塞尔对谈的结晶,是陆博士历经20余年的心血而陆续展陈的结果。我们从中不单获得了反思的珍贵材料,而且还获得了这样的一份感召:哲学的耕耘,并不在乎闭门造车地唱独角戏,而更在乎诚恳地与哲贤、与世事、与外围的一切人地事物作对话,借此孕育出与自己生命息息相关的智慧之光。愿读者们在阅读中主动参与对谈而开发个人灵性的光辉,使心胸阔大得足以环抱宇宙,高远得可以上与天齐,赤诚得能与古圣先贤肝胆相照,亲切得足以把每人转化为爱者而不想占有他。这是马塞尔的感召,也是陆博士的祈愿。愿以此数语与读者们分享。

一切真诚终当相遇

复旦大学哲学学院宗教学系副教授 朱晓红

正如本书序者台湾大学关永中教授所言,该书是一本独特的哲学读物,它以主题带动,分析了马塞尔其人及其思想、与同时代的其他现象学家和神学家的关系、与中国文化对话的可能性,可读性极强。它是一本情趣之作,搜集的 18 篇论文,时间跨度从 1976 年到 2010 年,如果仅仅是为学术而学术,而没有内在真诚的兴趣,怎么可能长达 30 余年都坚持同一个研究对象,并展开其与内在生命、周遭人事、古今贤哲的对话交谈呢?

相信中国大陆学界对本书的研究对象马塞尔及其作者陆达诚教授均知之甚少。20 世纪 80 年代以来,萨特、加缪等法国存在主义者的著作曾大行其道,作为其思想来源的胡塞尔、海德格尔等德国思想家的著说也风靡不衰。然而,同时期的另一个思想家[1]——这个被《现象学运动》的作者施皮格伯格称作法国现象学的首创者,著名哲学家利科视之为自己早期的引路人——基督教

---

[1] Existentialism,一般译作存在主义,但近些年来有中国大陆学者将之译作实存哲学,以将 existential(实存)和 being(存在)区分开来,如浙江大学杨大春教授。而台湾学界则会把 being 译作"存有"。本书尊重陆教授及台湾学者的用法,但读者阅读时需注意其中的差异。

存在主义的代表人物、存在主义现象学家马塞尔,中国大陆学界则非常陌生。马塞尔延续了柏格森生命哲学的传统,并将对精神的探讨带入法国存在主义现象学运动中,这些探讨要比萨特和梅洛-庞蒂早20年,为其后的存在主义者们确立了诸多主题。但也许是马塞尔的著述缺少系统性,或许是前辈大哲柏格森和晚辈精英萨特和梅洛-庞蒂的光芒遮蔽了他应有的地位;又或许是中国知识分子借力打力,法国存在主义应和了20世纪80年代中国大陆社会对思想解放、人性自由的渴望,而德国现象学和存在哲学则提供了现代性批判的有力工具,然马塞尔作品中透露的那种浓郁的宗教意识与我国学界整体氛围不太适合,因此我们忽视了他。

陆达诚教授是法国巴黎大学哲学博士,列维纳斯的学生,曾任台湾第一个宗教系——辅仁大学宗教系的系主任,是宗教教育家和哲学家。但是他在台湾文学圈还有一个更为响亮的名字:"陆爸"。这和他的背景有关。陆博士1935年7月生于上海一个家境殷实的天主教友家庭,高中临毕业之时决志加入耶稣会,虽因身体缘故而中止修道,20世纪50年代末期赴港重入修院,并在中国台湾和菲律宾完成文学和神学的培育,于1969年祝圣神父。70年代初留学法国,在著名哲学家列维纳斯的指导下完成博士论文,以马塞尔思想为研究主题,并得其亲炙,于1976年获得哲学博士。回台后在辅仁大学和政治大学哲学系任专职教师,主讲西洋哲学,特别是现象学,1992年辅仁宗教系成立后为创系主任。然而这位哲学家、教育家还曾在1977年到1986年的10年间负责耶稣会文教机构——耕莘文教院的写作会,为有文学写作志向的青年提供帮助。写作会组织各种活动提高这群文学青年的素养,邀请如无名氏、思果、三毛、朱天文、白先勇、张拓芜等港台地区著名作家担任指导嘉宾,提携并催生了一群青年作家,成为解严前台湾文坛的一抹亮色。而陆博士亦在期间发表了《似曾相似的面容》和《候鸟之爱》等文学著作。由于文学会的活动不涉及宗教,也不限于教会人士,而陆博士又是全身心投入写作会的活动,获得青年人的爱戴,"陆爸"这个宗教气息淡化的昵称就代替了 Fr. Lu。

凡是和陆教授接触过的人,都会有如沐春风的温煦感。在没有见到陆教授之前,台湾大学哲学系荣休教授邬昆如博士曾介绍说,这位可是你们上海出来的圣徒,一定要见。三毛曾赞他是"浊浪人尘中的高士";朱天文曾说,神依自己的形象造人,神若以陆神父的样貌出现,大家都会欢心甘愿追随的;散文家张拓芜则赞他,无门户之见,对宗教各派都能谅解认同,有信仰但不压迫人,善解人意,甚至对三毛通灵一事也表示理解。这种温和良善的气质,恰是他进入马塞尔思想的最重要切入口。

马塞尔幼年丧母,自幼在无神论氛围中成长,中年皈依天主教。因其独特的人生体验,令他对人的存在和本质有不同于其他存在主义者或现象学家的论述。同样地,他对现代文化中科学主义和功能主义进行批判,强调个体生存的意义在于与存在的精神性邂逅。但如何进入这个存的奥秘?他提出了完全不同的道路。首先,他的方法不同于胡塞尔的还原和直观,因为后者令自我成为意向性科学探究中的客体对象——这个彻底和超验的自我是独立隔绝的,颇有唯我主义的危险;马塞尔则强调自我凝敛、回溯性的反省来进入存在,认为自我无法被还原,相反,这个自我具有一种 availability(全给性),因向存在开放而被照亮,而带来"绝对现在"或"临在"这种生命的高峰经验。其次,马塞尔的自我也不同于萨特的"他人即地狱"自我观,因为马塞尔所理解的临在是通过自我凝敛进入存在的奥秘中,也即通过自我控制、谦逊后退而被存有渗透。临在作为存在的高峰,有深刻的"我—你"交往,此中自我与他我的生存互为主体性,通过爱和忠诚的经验而彼此感知,是同在的关系,是爱和被爱的关系,是交谈的关系。最后,存在哲学家大多对人类生存的焦虑、荒谬和悲剧性等处境有深刻的把握,但是马塞尔却在这种空虚绝望中强调个体的超越性、强调形上之光给人的希望和自由。

用当下的流行说法,马塞尔的学说充满着"正能量",然而,这种哲学并不是一开始就是基督宗教哲学,"奥秘哲学并不预设宗教体验"。马塞尔在晚年也说,自己差不多20年来一直抵制"基督教存在主义"这个标签。他的体系全然不是从宗教信条出发而建构的,他反对经院哲学,也反对近代的理性哲学,倒是对音乐和戏剧的深厚修养,独特的现象学方法,帮助他更深地领悟并诠释出生命存在的独特意义,因此,最终"哲学用无法抗拒之运动催逼我们去与一道大光相遇……就像忍受和暖的冬阳亲炙一样",对人性经验的反思最终走向了启示,从哲学走向信仰。

陆教授的哲学之路和马塞尔不同,展现的是信仰寻求理解的过程。陆教授和马塞尔有很多相似性,深爱文学、音乐,亦在少年丧母,原本无忧无虑、接受良好教育的少年人从此因亲人之死而对死亡和人生有了别样的认识;17岁因有独特的密契宗教体验而确定修道,因时局变化不得不背井离乡,个体身份追寻成为其刻骨的主题,音乐、文学和哲学给了他无比的安慰,在这个过程中,中西两位哲人唐君毅和马塞尔的哲学智慧帮助他找到了变乱期的人生支点。陆教授说:"当时由于不满士林哲学的内容(这与圣多玛斯哲学本身有别)和教学方法,因此转到唐君毅、牟宗三诸位先进的作品中寻求苦闷的抒发,结果逐渐与新儒家结上了缘分。"然因在法国求学无法以新儒家作为选题,遂在导师列维纳斯的鼓励下,选择了自己钟爱的哲学家马塞尔作为研究对象。在那写作博士论文的5年,"我的喜乐常是从痛苦中发出来的,也就是在我生命的最深处,我与马塞尔思想契合之时……我仿佛活在他的临在中"。马塞尔的思想给了他极大的安慰和满足,也为这颗真诚的灵魂确立交谈哲学的细节。

陆教授的哲学培育是在梵蒂冈第二次大公会议期间进行的。他本能地排斥当时流行的经院哲学方法,喜欢马塞尔通过探讨精神来探讨人性超越以及存有的方式,也喜欢德日进从科学进入神学、探讨灵性的方式(这两位法国哲学家和唐君毅先生是陆教授的三大哲学导师,也是他终身喜爱的哲学家,本书有陆教授关于德日进思想的述评)。梵蒂冈第二次大公会议是罗马天主教会的里程碑,将开放对话的氛围带入了教会,也打开了陆教授的灵性视野,确立了陆教授对谈哲学的框架。正是在这样的开放心态下,他和儒学大家唐先生见面了。按照陆教授事后的回忆,这次相遇正如马塞尔所言的临在体验,是陆教授终身难忘的高级"邂逅"。这场邂逅以及后续的哲学交谈,不仅深远地影响了陆教授,也对唐君毅先生的哲学思考带去了影响,唐先生后期的演讲和文章中对天主教都采取了一种更为积极和友善的态度。

作为台湾第一个大学宗教系的系主任、宗教教育者,陆教授也是他的对谈哲学的积极践行者。辅仁大学有天主教背景,但陆教授一开始就确立了宗教系以学术研究为中心的宗旨,不以传播特定宗教为目的:聘用的老师来自不同宗教背景;课程从儒释道耶到民间宗教,相当开放;他也把不同宗教团体请进校园办活动,邀请不同宗教界人士讨论特定议题,这些做法和其他具有特定宗教信仰的大学宗教系很不相同,开宗教研究及宗教对谈风气之先河。

在信仰缺失、共识不存的当下,相信本书的读者们会从字里行间感受到马塞尔的存在哲学以及陆教授的对话哲学的魅力和真诚,一切真诚终将相遇,这次相遇定能激发起更多的对人性的关怀,对未来的希望。

也谨以此书的中国大陆版献给陆教授的 80 寿诞。

自　序

本书原名为"马塞尔的光环",是笔者20余年来陆续发表的文章。每篇文章,不论主题有否提到马塞尔的名字,都与马塞尔的思想有关:或将他与另一位哲学家比较,或取用他的概念来发挥一个专题,或介绍马氏本人的一个关键思想。总之,18篇文章(包括附录)除了一篇是马氏演讲的译文外,其他都是受到马塞尔的启发而写成的。将本书命名为"马塞尔的光环"可谓实至名归。但在付梓前,发现马氏一生关切的焦点不是他自己,而是存有,因此毅然将书名改成了"存有的光环"。既然不以"马塞尔"命名本书,书中若干不以马氏为主题的文章就更能得其所哉了。不过在"存有的光环"后加一副标题——"马塞尔思想研究",倒是可以的。因为如上所述,本书各文都受过马氏的启发。

在台湾教哲学的同仁中,教马塞尔的不多。早期有项退结、邬昆如、郑圣冲等教授,稍后笔者加入阵营,不久关永中兄自鲁汶大学念了双博士回国,在台湾大学开现象学、诠释学、形上学、知识论等课,其中不少都提及马塞尔。他也写了很多马氏的专题,以"与马塞尔对谈"为名结集成《爱、恨与死亡》(台湾商务印书馆,1997年)一书。他在接受《哲学与文化》编辑采访时,坦认自己最心仪的哲学家是马塞尔,并说马氏尚有很多"宝"可供我人去"挖"。有这么一位同好，实是笔者的大幸，可谓"学"不孤必有邻也。感谢永中兄为本书作序。他谦称之为"代序"，谨就按原意发表。文中提及的本书书名现已改了，既有上段解释，不予修正。

笔者于20世纪60年代叩入哲学大门之后，曾遇两位恩师，其一是唐君毅，其二是马塞尔。两位恩师帮助我了解存有、关心"他者"，以及认同民族文化，使我尔后能在世局和宗教的变乱期中找到安身立命的基点、体会非直线式成长的另类幸福。因此我在撰文时难以把他们两位隔分；结果，一连串的反思多少变成了唐、马两位哲学家的对话了。方家可从此角度来体认笔者思维的经纬。

本书15篇文章中有两篇是演讲稿，《从存在到希望》是于1976年9月在台北耕莘文教院讲的，由当时辅仁大学哲四唐蓓蓓同学笔录，稍后刊于《鹅湖月刊》；另一篇是《比较萨特与马塞尔》，亦于耕莘开办的暑期写作班上讲授，由沈锦惠小姐抄录，此文虽与稍后写的《有神及无神哲学对比下的宗教观念》有类同之处，但因场合不同，内容有异，不割舍两文之一，似乎有其需要，谢谢誊稿的两位小姐的优雅文笔，使二稿流利顺畅，甚至好过笔者自己的文体。《马塞尔》一文是拙作《马塞尔》（台湾东大图书公司，1992年）一书之撮要，为台湾辅仁大学出版社《哲学大辞书》撰写，此文可对不谙马塞尔的读者提供全面的了解。若先选读，能较易进入其他专题的内容。译稿《存有奥秘之立场和具体进路》是马塞尔于1933年在马赛市作的演讲。他曾两次向笔者强调此文对了解他奥秘哲学的重要。它几乎是马氏形上学的袖珍本，细读该文的朋友一定会体会它的魅力。此译文于1996年在台湾发表后一直未受到应得的注意，希望借本书的出版，唤起更多关切。

马塞尔对存有的诠释是"临在"及"互为主体性"。笔者自幼从家中及信仰中对临在有过刻骨铭心的体验；稍后与许多"他者"持续接受临在的恩泽，因此接触马塞尔的思想时，似乎找到了自己。

今日能有机会将这些体验诉诸文字,首先该向上述的亲友与恩师们表达深邃的谢意:是他们帮助我体认了绝对关系的可能,并使我亦能协助存有散发其临在于他人。这是一个一生的工程,要在这条路上走到底,需要忠信和坚持,但我相信这条路一定走得通。

今天我们(读者与作者)有幸借文字会了面,但愿这份文缘能借这次交会而扩大,使临在的场域融合更多朋友,让存有的光环弥漫于华夏。

一、从存在到希望[①]

加布里埃尔·马塞尔(又译马赛尔,Gabriel Marcel,1889－1973)鲜为国人所熟知,现在就让我来介绍一下:1946年,萨特(Jean-Paul Sartre,1905－1981)在巴黎曾作一次演讲:"存在主义是否为人文主义",其中提到了四位当代的存在哲学家,且将他们分成有神论(即马塞尔、雅士培[②])与无神论(即萨特、海德格尔)。自此以后,马塞尔就被哲学历史家列为当代存在主义者中伟大的哲学家之一。

在中国方面,我看到了1975年2月的《哲学与文化》中一篇唐君毅先生的演讲词,题目是:"现代世界文化交流的意义与根据"。他认为,萨特的个人主义及主客对立的存在主义是偏激且矛盾的思想。他说:"雅士培(Karl Jaspers,1883－1963)、马塞尔、马丁·布伯(Martin Buber,1878－1965)之肯定人与人生命心灵间可真实交通,以互为真实存在,以形成互为主体的关系,更为存在主义者的正宗。"但马氏之书翻译出来的很少,而现在已是20世纪的末期,倘对此哲人尚无认识,则诚为憾事。

[①] 1976年9月演讲,发表在《鹅湖》1980年第3期。
[②] Karl Jaspers,中国大陆译为雅斯贝斯。

1976年我回国后，找到五本哲学著作，介绍当代存在主义，这五位作者是：劳思光、项退结、邬昆如、李天命、郑圣冲，他们都曾以一章的篇幅介绍过马塞尔的哲学。李氏提道："当德国的存在主义传到了法国，即出现了马塞尔与萨特。"这说法是错误的，因马氏之哲学完全是其生命的体验，不曾承受过哪一派，更不曾继承德国的存在哲学。

马塞尔学说之特点，即积极的存在思想，肯定人生的所有价值。他的思想非常具体，特别着重人际关系和人际经验。他用三种方式：哲学、剧本和音乐，来表达他的哲学思想。他的著作已翻译成世界各国的文字，中国认识他虽晚些，但并不表示他的哲学过时。因为就在1976年6月14日巴黎举行的"马塞尔友好年会"上，还有四位博士班学生（希、中非、法和笔者）发表过研究心得。

当1973年马塞尔过世时，很多欧洲的重要报纸和杂志都以专文来介绍他，再次反省其哲学，表示他的思想并未过时。法国有一位哲学教授Mme Parain Vial说："20世纪法国有两位哲学家：柏格森（Henri-Louis Bergson, 1859–1941）和马塞尔，将在法国哲学史上永垂不朽。"当代法国的哲学教授对其兴趣甚浓，深受马塞尔影响的著名人物中，就有保罗·利科（Paul Ricoeur, 1913–2005）。在1974年马塞尔去世四个月后，巴黎六个大学哲学系教授集会讨论他在23岁时所写的一篇论文：《直观哲学的辩证条件》（1912年），可见其哲学受人重视之事实。

中国人何以迟迟未介绍呢？原因是：马塞尔的哲学没有系统，他用形上日记的方式记录其反省的经过，灵感四散在每一页上，令人捉摸不到。本人论文由列维纳斯（Emmanuel Levinas, 1906–1995）教授指定题目为："奥秘与意识"，因其特点就是难以捉摸，故令我感到惶恐。花了五年的工夫才交卷，通过以后，仿佛解放了似的，使我感到莫大的欣慰。中国人不了解法国的哲学背景，而要把握其要领甚为困难。法国哲学家费萨尔（Gaston Fessard, S. J., 1897-1978）说得好："马塞尔哲学像水银一样，好像抓住了，一下又滑走了。"事实上，在生命中最可贵、最重要的，就是这捉摸不到的东西，可能这部分就是老子所谓："道可道，非常道"，而我在马塞尔哲学中就发现了这个真理。

因为马塞尔哲学不属于任何派别，没有系统，也没有主义；虽然他比较早阅读齐克果（又译：克尔凯郭尔，Soren Aabye Kierkegaard，1813-1855）和雅士培的作品，但这也在他发表了主要作品以后。第二次世界大战末期，他才接触到海德格尔与萨特的作品。从《存有与虚无》一书中，他看到萨特的思想凝固在可以表达的方程式中（即一句句话里面），不再有询问的特色，而慢慢地退化了。当萨特如此注重"存在主义"之时，真正有存在思想的哲学家，均抛弃此名称。因此海德格尔明说他并非存在主义者，更非无神论者。雅士培说："存在主义即宣布了存在哲学的死亡。"齐克果更说过："我不是某一家的哲学家。"他甚至否认自己是哲学家。马塞尔在1947年与人联合发表了《基督存在主义》一书；但随即在1949年又否认"存在主义"之名称。然其一切哲学之基础乃是存在，所谓的存在，不只是存在，而是存在发现自己的一刹那，Existential，当其存在开始奔流、奔放的时候，在存在抛出去的那一刻，即存在最高峰的一刹那。所以马塞尔的哲学，不仅是空间的存在，且是特殊的时间（存在时间的一点），其存在概念的演变，从开始时时空中的存在到存有化的当下和临在性存在之强调。故如他曾说过神不存在，乃指神不活在时空中而已。但神虽不存在，却"是"！神临在呢！此乃定义问题，暂不讨论。

存有与本质的分别：存在肯定整体，个体是全面性的临在，而非抽象概念，理性化的哲学。故他反对唯心论，因为唯心论已使存在抽象成概念，变得苍白、无力，而他要为存在恢复一个活生生的生命。1949年他出版了《存有的奥秘》一书，叙述存在经过存有而具有的奥秘性，可以与问题作对比；问题是可以放在前面加以处理的，奥秘是包括问问题的那个人，包括自己在内，不能成为客体性。中国人大概因缺乏马塞尔生命中的某些宗教体验，而他的哲学又如此捉摸不到，故极少有人敢谈及或介绍他的哲学。比如他40岁皈依天主教前，已受巴赫音乐影响而有过恩宠的经验。若没有很深的信仰，不易体会他哲学中最奥妙之处。20世纪第二次世界大战后，在重建"二战"后的复兴工程时，全球仍难摆脱战争的阴霾，普遍倾向虚无主义，因此萨特和卡缪（又译：加缪，Albert Camus，1913－1960）的存在主义大行其道。马塞尔这样的肯定人生、以仁爱为出发点的哲学，反而不及虚无主义吸引人，但他的哲学颇可与中国力行哲学相合，希望借此介绍能带给我们信心与兴趣。

在研究马塞尔思想的五年期间，真是苦乐参半，我的喜乐常是从痛苦中发出来的，也就是在我生命的最深处，我与马塞尔思想契合之时。我发现我的潜力不断地涌现，就对我的生命充满了希望，对我将来要从事的教育工作，也愈来愈有信心，这些都不能不归功于此积极的思想。在这五年的研读生活中，马师一直在冥冥中指导我，与我有沟通、共融的关系，我仿佛活在他的临在中。

我曾经见过马塞尔三次，都在他家里。第一次是与四位教授一起见面，当时我的发言与问题较少。第二次与他单独谈了一小时。第三次是撰写论文的问题，由于他和我的指导老师在若干看法上有不同意见，他建议我们三人有次约会一起讨论，不幸在这次约会前他过世了（1973年10月8日），失去了最后相商的机会。后来，本人有幸与马塞尔之家属，即他的儿子的家庭交往，成为很好的朋友，1976年6月，他们参加了我的论文考试。借着认识他的家人，即接近他最亲近的人，帮助了我了解他活泼的生命哲学，并找出马塞尔的遗迹和其哲学真正蕴涵之所在。

(一) 马塞尔的存在哲学

笛卡尔（René Descartes，1596－1650）的发现存在，是建立在思考、逻辑的方法上，他开始想到我何以存在，即发现别的可能不存在，但我思是不可不存在的，其方法论的第一步即"我怀疑"；这种方法论可建立在科学界，但建立在存在界是错误的。因为我存在是不需怀疑的。马塞尔的方法就完全相反。他认为倘若我们一开始就怀疑存在，客体与主体间就有了距离，而无法交合起来。

事实上，存在是不需怀疑的，所以我们的第一次经验不是怀疑而是惊喜，是一种高兴得不能自禁的情绪。我与世界的联系即是喜悦，而不像荒谬哲学家说的存在的是被抛弃的异乡人。

马塞尔的出神是自我意识的超越，而与整个世界的融合。这种新鲜的感受是直观、创造，是朋友之间相遇的第一次经验，是存在爆现的一刻，存在的富源完全向外奔流，是永恒进入时间，是整个历史的重新编织，新的时间的开始。此当下既快速又浓厚，不能用因果律来衡量，而是奥秘在经验中的出现。他以人与人之间的爱情与友谊的方式来发现存在的经验。

有时候，人与人在一刹那中邂逅，即中国人所谓的"一见钟情"，两人在奇妙的场合中，一下就深深地吸引，互相交融在一起，那种沟通的喜乐是发现存在当下的惊喜。不需要很多时间，只需一个微笑，一次握手，一个注视就产生很深、很微妙的默契，且往往缔结了很好的友谊与婚姻。

还有一种"临在"经验，是在交谈中互相交换意见，而慢慢进入深刻的交融。在存有与存有的交流中，双方完全没有保留地表现自己，全神贯注地倾听与付出，整个恐惧感的卸除，这是人与人之间交流的临在经验，非常地奥妙。有过这种经验之后，很难再忍受客体式的人际肤浅的交往，人会感到一种如失根的痛苦，只有等待新的临在经验来临后，方能弥补这种牺牲。马塞尔的"being"是"存有"关系而非"所有"（having）的关系。一个人领受了一项白白的恩惠，就要听其自然地发展，而不可占有它。

附带可说的是马氏对人际关系中魅力的描写。当一个人在某一时间的人际关系中变得特别可爱，即其存在存有化时，魅力就发展出来了。马氏认为人最形上的财富即魅力，是魅力使双方发现对方——"你"。魅力来自一遥远而不可知的根源，从来不能为自己来的；如果别人发觉我有意施展，则魅力消失。魅力与意识恰好相反，且绝不能要求效果，所以女人和儿童比男人更有魅力。马氏用魅力来解释生命中最富有、最存在性的时间，那是人存在的"当下"，人生命中最富有的美质向外奔流，可以说是他永恒光辉出现的那一刻，为其存在时间中的新"点"。接着解释存在时间的深度："绝对的现在"显出存在时间的深度，是存有化的那一刻，整个历史浓聚为一"点"，历史的终点在此点超前出现。每天机械性的普通时间变化成为存在性的时间，可以说是被存有咬住，再也不会松开，故人之恒常是可能的。在"绝对的现在"这样一个奥秘的时间之中，主体不考虑将来会发生变故的一切因素，因他已发现了他历史的终点，因此他能作基本之抉择与终身的奉献。当人经过一个如此深刻、绝对之存有的经验，他真正地活了起来。在存在中发现了一个"你"的"范畴"，我同你的密合超越你我，也同时必须是你我的参与，此即"你之形上性"。"你"的最深经验是超越两个主体主观的意愿与主体之自由。此奥秘是可遇可欲而不可求的。

当惊喜的刹那过去后，时间变成考验的过程，然而临在仍会不断地再出现，因为存有的奥秘已化身到时间之中。忠信乃临在经验之积极的延长。

(二) 希望的哲学

当代很少有哲学家会将希望与哲学相连。由于屡次战争摧毁了一切价值，人感受到存在的压力，生命没有方向，没有前途，没有意义。马塞尔之哲学架构是在他40岁以前形成的，而其希望哲学则在40岁以后，在受洗且有了宗教信仰时才形成的。

形上学不是别的，就是驱走绝望之魔。马氏认为"希望"一词最能代表他的奥秘哲学。Louis Chaigne 曾说，是马塞尔在20世纪把法国思想从荒谬和失望中拯救出来。如果我们略加反省，便会看到人常常有绝望的可能。时间不断在考验存在，使它面临失望的事实。人在中年以后，更会常受到空无感的侵袭。此外出卖、背信、隔离、死亡等也常诱惑我们走向失望。每当马塞尔在感到生命压力难以忍受时，他就需要借听音乐、看书或与朋友来往，把自己从不存在中拯救出来。他之所以能作为希望的先知，正因为他曾经忍受过许多失望性的痛苦与存在的磨蚀，这种痛苦是科技无法解决的。如果强要以科技掌握全部生命，当生命脱逃出来时就会面临失望。技术把现存世界看成一堆问题之总合，把存在看成了问题，就是把整个价值降低了，且科技永远看不到事物背后所具有的更深的价值。故他反对科学主义，直到晚年较缓和地承认我们的存有亦需靠科技的帮助。

当我们临到深渊和悲剧的压力时，只有靠潜力跳跃出来，这就是"肯定"。"肯定"不仅靠一个人的力量，且靠外在的力量，构成超越性，在最不可能的希望前，"肯定"使自己从绝望中跳出来。生命中有阴影，也有希望，我相信在存有中一定有与我一起肯定的实在。比如我的亲人生病了，我相信他的病一定会好。我相信在失序的经验中，秩序将被建立，"实有"同我在一起。这是肯定，称为真正希望之先知性的回音。希望冲向无形的世界中,真正的希望不属于我们,是来自"绝对的你",在宗教中这就是神,在人生经验中即为绝对的希望。"绝对的你"与我站在一起,肯定生命,肯定将来。

  正是由于近来在思想史上出现了著名的悲观主义者,如尼采,把界限经验推到了极致,使我们了解失望、死亡,是最高肯定的跳板,从这跳板可跳到最高的希望。在人的极限充分显示出来时,予人精神的超越能力,一个最高、最大表现的机会。因此希望与失望不能分开,希望是建立在人为希望的废墟之上,在一切的不可能中肯定可能,乃是人的形上希望。

  希望是没有武器的人的武器,当一个人被强迫解除武器时,他唯一的武器就是希望。例如:第二次世界大战时,犹太人饱受迫害,在一本《犹太少女受难日记》中,记载着安娜的一段话:"无论如何我都不会放弃,因我继续相信,人性内在的善良。"此话正表现了马塞尔之希望哲学。这些都不是科学、计算机统计出来的证言,完全是先知性的肯定。还有当她进毒气房的那年,写道:"世界愈来愈荒芜,我听到隆隆炮声愈来愈近,可能在宣布我们的死亡,我同情成千上万人的痛苦,但当我们仰首望天时,我想:这一切要改变,一切要重新变好,甚至这些野蛮的日子也要结束,这世界重新要知道秩序、宁静与和平。"在不可能的希望中表现出希望,即马塞尔的形上希望。希望与"绝对你"的关系,使宗教意识与哲学结合了。除了希望的跳跃之外,尚需从另一源头来的其他力量相配合。就像安娜在日记上曾写道:"天主不会抛弃我,也绝不抛弃我。"这个力量是否来自别处呢?显然不光靠她自己吧!

(三) 形上之光

  光的概念是在马塞尔 60 岁后才进入其对人际关系解释的思

考中。在其一生对哲学的追寻中,他一直被某种光吸引着。愈来愈清楚地,这光为他变成了一个面容、一个注视,这不是别的,他称之为"基督之注视","引导我一生的是神的光"。基督是存在的,在时空中活过,因死亡及复活,而超越了历史,进入永恒,成为永恒的存有。有了光才有奥秘。因为有光,他的希望、喜悦达到圆满的程度。

他不像海德格尔那样重视焦虑、忧虑的感觉和分析。他对生命的喜悦是其思想的特点。他提倡的第二反省是将存在经验内在化,极深地将之化入生命中。不需要语言,而是静默。在他许多剧本的最高潮,多以静默来表现最浓厚的沟通的深度。存在思想内在化,是静默。在静默的最深处,形上之光破冲而出,这是直观、灵感,成为一切创造之根源。

形上反省最深的境界,即通过内敛而来。在宗教上即很深的祈祷,浓密的结合,返回自己与深处的"你"相遇了。此时,主体不再是孤独,而是形上主体际的关系。这段哲学是人生的经验,也是宗教的经验。光是超越的,是自由的,在又好像不在,是光明又像是黑暗,与临在的经验相似,奇妙的有辩证的两面性。当它来临时,我得到完全的疏松和憩息。

由形上之光的反省,马塞尔发挥了许多有关慷慨的哲学理论。萨特把别人看成地狱,把予人恩惠看成叫人做奴隶。马塞尔认为别人是可能给我一种临在的经验的主体。他注重恩惠,给别人的是超越物质,象征整个我与你同在,故人整个生命应该是慷慨、大方、开放的给予。我们亦可作光源、光的中介人,使形上之光透过我们而照及他人,不只是领受光而已。在其《罗马不再在罗马》一剧中,男主角巴斯噶与一亲戚的对话为:"最奇怪的是在我认为受召唤的当天早晨,我有了一次意外的邂逅,那是一位年轻修士惊人的表情,大大震撼了我一直到灵魂深处,以致虽然我通常没有与陌生人谈话的习惯，这一次我无法阻止我自己而向他说话。你无法想象那瘦弱的面庞所透射出来的微笑的纯洁……这是基督的微笑。"

马塞尔逝世前三年出版的自传末章写道："基督之光，当我口述这几个字时，我感到一阵异常的激动。对我来说，基督并不是一个我能对之专注的客体；而是一个光照人者的光，祂又能变成一个面容，更确切地说，一个注视。"这光注视过他，拥抱过他，吸引他前进，帮助他进入永恒。光是临在的根源，临在的向往；存有的最后面目是一个大合唱或一个在演奏交响曲的交响乐队，表演者即每个个体，每件乐器所发出的音完全协调、融合在一起，成为一首交响乐。此交响曲即创造的神本身，在大圆满中，个体并未消失，而与整个主体际的关系交融、合一，笼罩在光之内。光给我们希望、喜悦，这是个体与群体间关系的圆满。

他在受洗前些日写道："支持我的最大力量，是不愿站在出卖基督者一边的意志。"马塞尔不愿意出卖基督，因他在基督信仰中寻到了与痛苦一起存在之奥秘，他看到基督被钉在十字架上受苦的面容和似乎毫无魅力的注视，吸引了成千上万人的崇拜，使无数的灵魂复活，有了光明，有了希望。但祂付出的代价有多大！基督给我们许诺的希望是："我要和你们在一起，直到世界末日，你们将会受苦，但不用害怕，因我已战胜了世界。"

马塞尔一生活出了真理的哲学，虽然他已过世，与基督共存于一永恒的临在中；与基督一起，把光照射在人间。今晚他在冥冥之中与我们在一起感受希望的奥秘，分享光源的光。希望我们能借这演讲的机会把他的哲学介绍到中国来，更希望同学们能努力从事翻译研究工作，使中国能了解马塞尔的哲学。

二、马塞尔哲学中的死亡和他人之死
——兼怀唐君毅先生[①]

马塞尔在4岁时就丧失了母亲。他父亲续弦娶了他的姨母。一次姨母带他到公园去散步,小马塞尔就问道:"人死以后,究竟到哪里去了?"姨母是个不可知论者,因此对于这个奇怪的问题无以作答。马塞尔大失所望,心中决定:有朝一日我非要把它弄个水落石出不可。大概是这种早熟以及对生命真谛那锲而不舍之探索,使他日后选择了专治哲学的生涯,并且我们相信他在有生之年找到了令他满足的答案。可见姨母这一件事对他整个生命有着巨大的影响:

> 从我童年时代起,我就不愿意相信死亡是一个空无。我童年的这段轶事至为重要。我不相信有人可以说:这是某种外在于我哲学的事件。[②]

[①] 原载《鹅湖》1979年第5期。
[②] Claude Mariac, "Gabriel Marcel et l'invisible", *Le Figaro*, 24 Juillet, 1976. "我整个生命因此而要在别人之死的记号下发展", G. Marcel, *Présence et immortalité*, Flammarion, 1959, p. 182.

马塞尔否认死亡是空无,因为他常感到母亲还同他在一起,这种临在感超乎生死之隔,"我现在已很难记忆她的容貌,但是在我的一生中,她似乎永远神秘地留在我身边"①。这种感受纯粹是主观的,只有当事人能够领会。由于这类当事人在人类中不算少数,因此对生命之主观体验尚有它的普遍价值。

早在 1937 年,在笛卡尔的纪念会上,马塞尔就清楚地指出:死亡之真正问题不在于死亡本身,而在"亲人之死"(La mort de l'être aimé,这儿的亲人指至亲及切爱的人)。死亡不能同爱的奥秘分开。如果我们在自己的周围建立一个真空,我们或许把死亡看成永眠,可是当"你"一出现,那就完全改观。因为忠信必向不在(absence)挑战,而且必要得胜,尤其当不在以死亡之形式出现,对我们来说似乎变成了绝对不在的时候②。

在讨论"亲人之死"时,马氏要肯定的是亲人不死。亲人死后既非永眠,又非归于虚无。由于亲人对我之照顾关念,仍能与我之深情厚意接通,在两者之间仍能绵延"我与你"之临在关系,这就是爱与忠信克服死亡的保证。

对亲人之生命在死亡后仍能继续的肯定,源自马氏对人及人际关系之了解。我们来看看他的主体哲学。

马氏固然承认主体有自由,因此有"个人性",但是个人之自由与他关爱之人有密切的关系。因为人的主体不是封闭的单子,他可以让别人住进来,他也可以注入别人的主体性内。主体性基本上有一种多元性,每一个人是他所爱之人之"集合体"。

---

① 马塞尔:《马塞尔自传》,张平男译,《现代学苑》卷九第 3 期,第 16 页。
② G. Marcel, *Du refus à l'invocation*, Gallimard 1940, pp. 198 - 199. *Le mystère de l'etre*, Aubier, 1963, p. 152. 马氏去世(1976 年 10 月)前六周告诉朋友说:"我关心者乃亲人之死,非我自己之死,想到我自己之死,我并不害怕。"参阅 C. Mauriac, op. cit。

我所爱的人们,不只在我身上反映出来,他们还住在我内,他们成为我的一部分。单子论(monadism)有双重错误:因为我既非一个,又非单独的①。

每一个"我"本质上是"我们",因为"我与你"是内在于主体、实存于主体最深处的关系。对马塞尔而言,一个隔离的、孤独的、作壁上观的主体等于不存在,他只是一个物(object)而已,是一个"他",一个抽象体。真正的主体或个人常是在主体关系中之存在。

马塞尔本人原是观念论哲学家,着重理性和抽象。是第一次世界大战中与阵亡兵士家属的接触,使他理会到真实的人生是在人与人深切同情或沟通的时刻发生的。他在关心别人的痛苦时,忘掉了自己,而遇到了"……你"——真实而未被抽象,充满戏剧性之存在。从此他把自己从观念论的轨迹中解放出来。他扬弃了"我"的哲学,而走向"我们"的哲学。

在那次大战中他有几次心灵感应(telepathy)和灵媒(medium)的经验,使他相信人的精神可以被其他精神所通透。那是说某一主体可以暂时抑制自我操纵,而把自由转让给另一个主体使用,两个主体同时居住在一个身体之内,而使身体暂时地具有工具的性能。但是马氏指出这个身体如果要真正地、有效地成为另一主体之工具,它必须与后者建立一元关系,即它非后者之客体或用物。这种情形当然需要原主体之完全转让他的身体,一点也不干涉另一主体对他身体之自由使用。

以上两种经验把马塞尔的主体拓开,使他更进一步地发展到

---

① G. Marcel, *Présence et immortalité*, p.159. 在《升 F 四重奏》一剧中,克蕾问罗哲(她丈夫之弟):"你呢? 还是他呢? 人的界线究竟是什么? ……难道你不相信:我们所关爱的任何对象都会有我们的影子吗?"罗哲喃喃低语:"这话颇有道理……也许在我内心深处更希望你爱史德方。"参阅马塞尔:《什么是存在》,傅佩荣译,《现代学苑》卷十第13期,第9页。

主体际性的哲学,再从主体际性看亲人不死的事实。

"爱一个人,就是向他说:你啊,你不会死。"①这是马氏剧本《明日之死亡》剧中人的一句话。为什么爱一个人,就等于向他说"你不会死"呢?这样的保证可靠吗?

马氏之所以能下这个断言,表示他理会到人通过爱而有超越物质内一切限制的能力,人因爱而否定死亡,否定一切能将爱情腐蚀的因素,这是一种忠贞的爱所作的断言,它之价值完全系于爱。"亲人之死"不是登载在报纸的讣告上的某人之死——他只是与我毫不相关的第三者罢了;更不是一个泛泛之交之死——他的死对我来说只是从通讯簿上删除一个名字而已。"亲人之死"是一个参与我生命,塑造我的历史,而如今尚活在我身上,继续塑造我者之死。这样一个亲人不会死,因为我拒绝他死——拒绝把他看成绝对虚无:"同意一个人死,即以某种方式把他交于死亡。真理的精神禁止我们做这样的投降和出卖的事。真理的精神即忠信的精神,忠信于永恒的爱之精神。"②

这样的断言对客观有效性的要求置之不理,不求证,也不愿求证。这是一种先知性之断言——"你不会死!"肉体之毁坏只能碰及"你"以外的东西,而不能损及"你之为你"。你之为你却是我对你的爱所瞄准的焦点,因此"不论我放眼所见之世界要发生什么突变,你和我,我们要常常留在一起。意外的事件可以发生,但那只属于偶然性的世界,它不能把我们相爱中包括的永恒许诺腐蚀掉"③。

肯定"亲人不死"更确切地说是肯定亲人不灭,就是肯定虽死

---

① G. Marcel, "La mort de demain dans", *Les trois pieces*, Plon, 1931, p.161.
② G. Marcel, *Homo viator*, Aubier, 1945, p.194.
③ G. Marcel, *Le mystère de l'être*, p.155.

犹在并且可以与我息息相通。这种见解清楚地包含"存有"的形上性:存有必会战胜一切困厄而继续存留下去。在人的层次上,唯一可以触及存有的通道就是爱,而因爱出现的"你"即人之实在,"你"是由爱所揭开的人之真谛,"你"不会逝世,具备与存有一般的永恒性。这就是人的尊严。

爱与死,水火不相容。有了爱,有了深情,则死亡不可能再是人生的最后数据,所以马塞尔又说:"没有一种人间真正的爱情不构成不死的保证和种子的。"①

现在要问的是,这样一位在去世后不会消灭之亲人以什么方式存在着呢?马氏认为要谈已亡之亲人的存在仍应以他与活人的关系着眼:"我坚信:即使有关死后生命的问题,关键还是在于主体际性。因为至少对我来说,一个自我陶醉的死后生命没有任何意义可言。"②

上面我已提到过,主体性本质上是一个主体际性,或同主体性,我之"你"住于我内,我也因为别人是"你"而住在别人之内。这种关系本身有超越物质空间的能力,在死时如此,在死后也如此。

所谓心电感应便是主体际关系获得验证的一种方式。这种方式相当普遍地被很多人,包括没有任何宗教信仰的人士所体会到。马塞尔认为濒亡者有辐射力,播射自己的思想,而让"对临终者念念不忘之人所截取"③。可见有不少濒亡者所播射的心灵之波,由于没有被截取而白白浪费,浮游太空而飘失于无垠。

死后之相通也是一样,并非一个客观上仍存在之亲人要播送其思想与情感与我人的时候,必会达到实际的效果。生死交通是

---

① G. Marcel, *Homo viator*, p. 200.
② M. M. Davy, *Un philosophe itinérant: G. Marcel*, Flammarion, 1959, pp. 308 – 309.
③ 马塞尔:《什么是存在》,傅佩荣译,《现代学苑》卷十第13期,第9页。

假定活人在此时此地与亡者建立起一种可以互相通透的关系,假定活人以诚敬之心追思亡者,或勉力提供使自己有让亡者临在之心境。按马氏的想法,亡者常常是临在的,但他不能勉强未亡人与他接通;未亡人必须具有主观上必需的条件,才能真正体验亡者的临在。因此生死交通这一事实的体验,活人要负比较大的责任。当活人完全漠视亡者,或对他感情冷却的时候,则亡者被迫变成一个无能为力的孤魂,那是说他之存在不再为活人所体验。

可是另一方面我们必须指出,由于亡者不是一个客体,不是物质般的死东西,因此临在感之发生不是机械化的。这是说,对亡者临在之体验并非随心所欲按钮可得般的容易。亡者的临在感是以黑夜中闪烁的星星方式出现的。黑夜中之星辰一闪一灭,有时被乌云盖住而完全失去光明,有时闪亮的时间很短,而中间的黑暗时间加长,因此主观方面的努力也不能强求临在之光的不断闪亮,这就是主体际性必须承受的考验。主体要以坚忍之爱继续保证自己对亡者不渝的关爱,并竭全力泯除一切主观上的障碍,使自己更形晶莹剔透,虔诚等待临在之光的再度出现。下面我们要引一段马氏的话来说明这种忠贞的情爱在黑夜中向已亡亲人所作的信誓:

> 我确信你对我还是临在的!你并不停止与我在一起,可能你能比你在世时或比在世的方式更直接地与我在一起。我们一同处于光内;更好说,就在我摆脱自己,不把自己变成阴影的时候,我愈能进入你的光内。我并不说你是这个光的本源,但你在这个光内焕发,并且你也有助于使这个光照耀在我的身上。①

---

① G. Marcel, *Présence et immortalité*, p. 191.

二、马塞尔哲学中的死亡和他人之死

随着光这一观念的出现,马氏已将生死相通的哲学提升到超越性的主体际性之中。光是一个一切主体际性分享存有的浩大范围。任何一个单独主体移动位置进入光内,他便不再是"我"或"他",而成为形而上之"我们"中之一员。虽然这种"我们感"屡次是局限在一个个单位的主体际性的体验之中,可见马氏认为,一切个别的主体际性都有一个目的,就是为朝向超越性的主体性内,与大光内一切主体联在一起。这个光也就是马氏之"存有奥秘"的别称。此光好似存有之大海,一切真实存在均沐浴于其中。爱能克服死亡,能恒持下去,能战胜一切趋向堕落和毁坏因素之考验的原因,即因为爱使主体进入光内,这个光却借着它本身的力量要使一切爱火永燃不熄。

现在我们还要设问,这形而上之光究竟是什么?是人的理想?人的概念?或一个具体真实的存在物呢?在马氏 80 高龄出版之《自传》中他宣称这个光乃是基督之光。他说:

> 我相信能够说:那些不再活于此世,而仍充斥于我心中的亲友,不断地使我觉得他们还在为我做媒介的工作。因此我渴望与他们再次相聚之可能会在基督之光内获得保证。基督不是我能对之专注的物体,而是能变成面容的一个光源。①

马氏 40 岁皈依天主教,此后信仰与他的形上探索更紧密地结为一体。他的形上信念,如存有之超越性、存在的主体性,及生命中有一元之奥秘等,都与他对光源的体悟有关。基督由于祂的神性、"道成人身"和"死亡与复活"的事迹,使祂成为内寓于宇宙的

---

① 参阅 Cardinal Jean Daniélou, "G. Marcel-Allocution à ses obsèques", La Documentation catholique, No. 1641, p. 929。

光。这光播及的地方,就会激发出主体际性,使个体进入存在的关系之中,并使这种关系稳固,一直到超越死亡之威胁,而显出"你"的永恒性。马氏的存有论借着对基督之光的解释而跨越形而下那有限世界的门槛;另一方面,马氏的形上学因光的哲学而保存具体和入世的形式;就是说,光之临在使人在生命中借某些特殊经验而体会到所谓的"永恒"、所谓的"绝对"、所谓的"彼界"之真谛,因为光已进入了世界,光渗透到人间一切最深邃的关系之中,它使在主体际内的个体分享最真实的存在,永恒不再是一个缥缈幻想或言语符号了。因此马塞尔在另一出剧本中曾使一个角色讲了下面这句话:"通过死亡之门,我们为自己开向一个我们在此世已经活过的世界里去。"①

由于马塞尔对人际关系的重视,并确信生死相通的事实,使他把亲人在死后还存在的问题看得比上帝存在的问题更重要,因为前者更能扣住未亡人对无形世界的真切向往,而"上帝"一词往往因为含义太广,几乎可以囊括一切东西,对一般人来说反而比较缺少真切感②。

我们如果把上面介绍的马氏论及的"亲人之死"与唐君毅先生对该问题的看法作一比较的话,必会发现在他们之中有非常类似的接近。唐先生在香港《人生》杂志上发表《死生之说与幽明之际》(卷十五第7期)。此文以后收入《人生之体验续编》一书内。唐氏虽然不谈主体之内在多元性,但他以人生前有超越性的精神活动,来肯定人生具有两种方向相反的存在动向。精神不断地超越肉体,不能随肉体之瓦解而消灭。在死亡之一刻,人的精神有大超越

---

① Cardinal Jean Daniélou, "G. Marcel-Allocution à ses obséques", *La Documentation catholique*, No. 1641, p. 929.
② C. Mauriac, "Gabriel Marcel et l'invisible", *Le Figaro*, 24 Juillet, 1976.

的活动,跃过死亡深渊而活入未亡人的精神之中,并且在死后由于未亡人对他之诚敬祭祀,使亡者之情有所寄托,而使生死两界仍能沟通。这样,终于肯定了亡者具有他自己独立之存在。我们先看濒死者如何跃入未亡人之主体性内的。

他举几个例子来说明。比如:一个在弥留之际的老人,对子女交代家中的事;一个在战场上奄奄一息的士兵,对同伴呼唤快逃;一个革命党人在病榻中,策划死后的革命工作;等等。这一切都是人的最后精神活动。然后唐氏又说:

> 此处人明知其将死,已走至其现实生命之存在的边缘,于是其平生之志愿,遂全部凸出冒起,以表现为一超出其个人之生命的,对他人之期望、挂念、祈盼之诚。此期望、挂念、祈盼之诚,直溢出其个人之现象生命之上之外,以寄托于后死者。而下临百仞之渊之际,蓦然一跃,以搭上另一人行之大道,而直下通至后死者之精神之中。[①]

成为鬼神,他们在哪里?他们怎么存在?唐氏自认无知,但是他肯定活人与鬼神之情仍能相通。人死后,他的情感沟通范围与他在世时对别人之关爱所及范围相同。已亡的父母之情萦及子女,一乡善士之情及于一乡,文天祥、史可法情及中华,而孔子、释迦、耶稣之情及天下万世。后死者在祭祀中,以严肃诚敬的心情,追念祖宗、圣贤,他们的情与鬼神的情可以直接相通。在这种经验中,我们感到有一股真情从自己心中冒出,肫肫恳恳,不能自已啊!同时也感到这股真情直接射向一个肯定的目标,而与那被追念的

---

① 原载《人生》1961年第12期。见唐君毅:《人生之体验续编》(第4版),台湾:学生书局,1980年,第94—95页。

对象结合。唐氏说:"真情必不寄于虚,而必向乎实,必不浮散以止于抽象之观念印象,而必凝聚以着乎具体之存在。既着之,则怀念诚敬之意,得此所对,而不忍相离。"①

马塞尔解释忠信之爱的时候也说过类同的话。忠信必不能指向一个印象或扑向一个幻影。忠信与孝情必指向一个真实的存在,一个对我亦具有忠信之爱的对象②。马塞尔把寄情之对象局限在个人与个人之间,并且没有提到用祭祀的方式来求接通鬼神,虽马氏的临在说已广义地包括了一切共融的方式。由于对他的主体际性哲学信念的忠实,马塞尔讨论死亡只从一个角度出发,即"他人之死",这里指"亲人之死"或"爱人之死"。他发现:在生时已与我缔结共同主体的一切其他主体,在其死后仍能与我沟通,仍能与我在一起。虽然有时候,这种临在感不太深刻,也不太明朗,甚至会完全黯淡,但只要主体忠信坚贞的态度持之以恒,并且自省自涤,使自己更具备条件,则亲人之临在感会在适当的机会中再一次地被体会到。可见死亡之奥秘实在是临在感之奥秘的延长,有志于继续研究这一问题的读者可以参阅《本体奥秘》一文③。

死亡问题之关键对这位存在哲学家来说是主体际性,但是肯定所爱对象不死之主体仍是免不了有一死之人。因此我们不能不推想:"爱一个人,即同他说:'你啊,你不会死。'"这句先知性的断言应该出于一超越死亡者之口,才能具备绝对价值。人之不死不但应该被爱保证,并且应被永恒的爱、创造爱保证才有可能。此时,主体际之对象已从"我与你"转到"我与绝对的你"。马氏相信

---

① 原载《人生》1961年第12期。见唐君毅:《人生之体验续编》(第4版),第100页。
② G. Marcel, *Homo viator*, p. 198.
③ G. Marcel, "On the ontological mystery", *The Philosophy of Existentialism*, N. Y.: The Citadel Press, 1956.

在一切真实的"我与你"关系中,绝对的你已经隐约地临现,已在保证爱之不朽性,所以主体能作出超越性的断语,但直接的、明晰的"我与绝对的你"之关系必更能洞现出主体被创造者所爱而获得不死之绝对保证。

三、马塞尔论人的尊严[①]

西方哲学一般以知识论为主,知识论包含了对天、对人与对物的了解。了解的出发点是主体,了解的对象是客体。客体在主体外面,主体通过客体呈显的现象而了解客体的本然,即所谓本质。主体与客体的关系基本上是二元的,是对峙的。当一个人在了解别人或别物时,他是主体,但当他被别人了解时,他却沦为客体,因为知识的两极常保持着主客关系。基于这种哲学态度,人也可以有个定义,比如"理性的动物""社会性的动物"之类。并且由于知识论的严格要求,即要求客观性的真理,因此人不单可以把别人客体化,并且把自己客体化,即把主体看成客体来探讨,来描述。不少哲学系统以科学方式来研究人,把人的肉体看成客体,再把它与精神的关系加以检讨。马塞尔认为这种哲学态度与方式根本出卖了人的尊严,因为当人被处理成客体时,人不再是人,不再是"我",而是物,是"他",甚至"它"。主客二元的知识论不但不能了解人的真谛,反而出卖了人,因此马塞尔毅然与"我与他"的知识形上学脱离关系,而决定走向一种反西方哲学传统的"主体与另一主体有一元关系"的人学方向。

[①] 原载《哲学与文化》1979 年第 6 期。

怎样使"人"恢复成为不能客体化之主体的尊严呢？马氏毫不吝惜地扬弃以纯理性出发的知识论。如果他还需要保留知识论这一名词的话，他在上面要加"爱的"两个字。知识论只有在爱的条件下才能带给我们关于"人"的真正知识。但是在爱中，人与人的关系已经从主客二元关系转变为主体与主体的一元关系，"我与你"的关系，这就是"互为主体性"或"主体际性"。人只在被视为不可客体化的主体时，才有自己的尊严。因此讨论人的尊严时，我们可以把主题改成：人怎样才能常为主体？

在知识论中间，认知主体最关心的问题是"人是什么？""他是什么？"这些问题是在追索宾词，把具体的某一个人中某些质量加以抽象，再将这些质量放到某一主体身上去，而完成了判断。比如说："张三是中国人""李四是学者"，这些判断原是事实，无可厚非，因为张三确是中国人，李四确是学者，并且可能张三和李四因这些宾词而沾沾自喜。可是某人之所以为某人是超乎这些"类""种"等宾词的范畴的。一切可以归类的东西，都是客体，或是已客体化的东西。人永远超出能加诸他的宾词和一切判断。马塞尔说："就当他爱时（那是说当他将这个客体再恢复成为主体的时候），他应当绝对地禁止自己对之加以判断。基督宗教伦理中'你们不要判断'一语，应被视为形上学中最重要的公式之一。"[1]

从以上这段话可以看出：判断将人际关系沦为主客二元关系，而爱却可以修复主体与主体的关系。为什么爱有这能力呢？为什么爱可以将知识论超度到存有论去呢？因为爱所针对的不是人的一部分，而是整个人，并且是人最内在、最个人的地方。爱触及了人的"存有"，这是超越了一切二元分化人之为人的部位，也可以说是人之自由的所在。然而这个被触及、被发现之"真我"，却不以

---

[1] G. Marcel, *Journal métaphysique*, Gallimard, 1927, pp. 64-65.

"我"的姿态出现，他以"你"的身份向我开放，向我回答，向我表示同情或爱意。也因着"你"的出现，"我"也变成了一个"你"，换言之，"我"不再是一个中心，一个独立于时空的存在，而是与另一个"你"进入"我与你"关系中的真正主体。"存有"在这里已不再是主体的所有物，而是主体与主体交碰时爆发的光芒火花。主体际性哲学的中心不再在某一个主体身上，而在某一个主体与另一个主体产生存有化关系的焦点上。因此"存有"既非"他的"，又非"我的"，而是"我们的"。存有之体验即是两个个别主体成为"我们"之过程中所有的一元体验。

从上面所谈的，我们看到人的尊严并不是每人在自己内心所密封之某种形上质量，而是在人与人真正交流与坦诚相爱的关系中被体验、被实现的事实。用士林哲学的术语来说，个别的主体只有潜能的尊严，主体际性才给人之为人之幸福与价值之体验。而只有在主体际性关系中的主体才能肯定其他主体之尊严，而间接地也肯定了自己的主体性。第二次世界大战时，犹太人遭受纳粹的迫害，他们完全丧失了自己的主体性，因为被其他人视为"物""它"。可是就在"我与物""我与它"的关系中，纳粹党人本身也失去了自己的主体性，他们之"我"也因其对象均是"他"或"它"而成为"他"或"它"。纳粹党人不需要被判断、被处决，他们自己的行为已判断和处决他们成为低于"人"的存在。其他的集体政权也是一样，当"人"变成一个抽象文字时，主体性完全消失，留下的是一片"他"的汪洋大海。人的价值只以人的"可用性"来衡量。人变成物，不再是人。

因此，人之为人就是人为主体际性中的主体，是爱与被爱的主体，这样的人才是真正存在的人。这里我们牵涉到了"存在"这一观念，我们要看一看这个观念在马氏哲学中的演变。

在马塞尔初期的哲学著作中，"存在"一词并不暗示一元关系。

凡在时间、空间中的人物均是存在,时空中的东西可以与我的感官建立起一种关系,存在也便是感官世界之一切对象。我肯定历史上某一人物存在的时候,我即肯定可以用一连串的时空关系把这个人物与我连接起来。这种对存在的看法是客观的、实证的,与科学家所有的对象是共同的。但在他26岁以后的作品中,存在的观念开始演变。那是在第一次世界大战爆发后的第二年,马塞尔在红十字会资料中心服务,体验到人间凄惨的悲剧生涯,而对不可化约不可客体化的"你"有了极深的体悟。也正因着"你"的出现,他自己的"我"终于获得解放。这位年轻哲学家的主体不再是知识论之认知自我,而是同情别人关爱别人之"你"。因此马氏逐渐肯定,只有当一个主体成为"你"的时候,他才真正地存在,不然,他只是客体,与别人毫不相干,别人为他不存在,他为别人也不存在。"存在"在这第二个阶段与价值和意义完全结合。简言之,马氏第二阶段的哲学不再理睬纯粹的客观存在,而只重视有意义有价值的一元存在了。在《形上日记》最后,马氏附加了一篇他在1925年发表的取名为"存在和客观性"的文章,他清楚地指出存在与客观性水火不能兼容,而存在已包含了"临在"的意思了。由于存在异于客体或物体,因此可以有"存在化"之称谓。这是说:原先尚未进入价值关系的存在物,现在有了价值。以人来说,原先与我漠不相关的陌路,现在为我是真正的存在了。因此从价值与意义来看存在的话,我们可以说有许多人为我们几乎是不存在的,而我们也发现自己在那些人面前几乎是不存在的,甚至对自己来说有时候我似乎也不存在。存在与否在这里包含了价值判断。对存在哲学家来说,只有以这种方式来讨论存在,哲学才有意义。这样,人有尊严与否的问题等同于人存在与否的问题了。

很明显地,由于工商业发达,人际关系变得稀薄,此时,存在的人可能会越来越少。因为在忙忙碌碌的生活中,每一个人都活在他的功能性职业化的生活中,好像是大工厂中的一颗螺丝钉、一个机件。他机械化地工作以谋生,贡献自己的一部分为使大机器正常地运作,但他也逐渐变成这大机器之一部分,这时候他就过一种低于存在的生活,我们中国人称之为"行尸走肉",很是确当。这样的人没有什么尊严,因已失去了人之为人的感觉。对于这种现象,马塞尔看成是"存有"意识的丧失①,人沦为物,死亡乃是工具的报废。

为恢复存有的意识,提高存有的渴望和需要,马塞尔创造了临在的哲学。临在是存在之完全的"在",是存在者进入一种无可怀疑的一元关系之中。在临在中,主体体验到主客关系已被超越,人以最自由的心情把自己敞开给另一个主体,无条件地奉献自己一切内聚的关心与热爱。临在使两个(或更多的)主体互相成为"你",互相接纳对方到自己内心,让自己被对方所影响与塑造,使自己的主体性变成多元的主体性,使我爱的人们在我心内与我构成一种牢不可破的形而上关系。

我所爱的人们,不只在我身上反映出来,他们还住在我内,他们成为我的一部分。单子论有双重错误,因为我既非一个,又非单独的②。

临在就是存在之高峰,是"我与你"深刻交往的体验。在这种体验之中,主体已化成共同主体,主体之间的差别反而成为内心默契沟通的要素。"你"同我在一起,"在一起"和"同"都具有形上性,因为它们表达了存在的一元关系。"在一起"不是外面的可计量的距离减少,而是精神的心灵的共融。共融使已有的临在感超越时间与空间的限制,甚至超越死生之隔,因此可以有忠信与希望。忠

---

① G. Marcel, *The Philosophy of Existentialism*, N. Y.: The Citadel Press, 1956, p. 9.
② G. Marcel, *Présence et immortalité*, Paris: Flammarion, 1959, p. 159.

信是指忠实于在临在关系中缔结的"你",一切考验不能腐蚀我对"你"的爱。希望是相信爱的永恒,我与你要永远在一起,因为我绝不会出卖你,我也相信你绝不会离弃我,我们会超越一切隔离的情况而重新相遇,永远结合。

可能有人看了这段话会觉得可笑,好像痴人在说梦话,哪里会有这样的事。这种讥笑的反应是避免不了的,因为我们处身其中的文明迫使我人失去存有感,失去人与人缔结深度关系的机会。因此人否定存有、否定意义,而悲观、绝望、自杀层出不穷。无数的人过着非人的生活,根本没有存在过。现世主义在叫人集体自杀,叫人不存在,叫人丧失人的尊严。

人若不成为"你",人就不存在,人就丧失尊严。但是马氏却认为每一个人常是一个你,常可能真正存在的,因为每一个人都与"绝对的你"建立着一种"我与你"的关系。这种关系不一定被我清楚地意识到,但这种关系必然存在着,因此我存在着。人之追求意义,人渴望满足,人因分裂而感到痛苦,因和谐而感到安宁,都说明了"存有"并非幻想的产物,而实在地深植在我存在的底渊。存有就是主体际性的要求,它需要某种绝对的体验而感到实现和满足。任何人际关系或人与外界的一元关系都是这种绝对性的具体实现之一种方式。而"绝对的你"就在一元关系中直接地被体认,因为"绝对的你"与"你"是分不开的,"同我在一起"即绝对者以某种方式与我在一起,因此生活在爱中的人必然肯定永恒,对生命意义不会怀疑。然而绝对的你与主体之关系不必借助第三者,凡是存在者都因进入与"绝对的你"的一元关系而能真实存在,换言之,一个即使被任何人遗弃,过着外表绝对孤独之"他"的生活的人,还可以是一个存在的"你",因为他被绝对的你所爱、所肯定。如果说人类本身有尊严,那是因人类本身在缔结任何一元关系之前,就是"绝对的你"所爱的对象。由于肯定了绝对的你,人的"你性"才获得保障。

"绝对的你"这一个观念之出现，把人与人之间的关系拓开，要求实现爱的普遍性。只有当某主体视其他一切人均为主体，均能爱之如"你"的时候，他才扩充其存在到最大的幅度，因为由于他的仁心博爱，他使更多的孤独心灵进入到无私的爱谊之中，"他"化为"你"，而开始真实存在，开始获得他的尊严。因此无私与博大的爱是"绝对的你"之活见证，它使人类潜存的"你"性抽芽成长，使不存在者（客体）终于变成存在的。只是这类无私与博大的爱本身要为"存在化"支付相当庞大的代价，有时要牺牲自己一切所"有"，甚至自己的"你"，为使更大的爱和宽恕能在世界上出现。

这些能使爱滋长的人是"一元化"的化身，他们所到之处，垂死和绝望的心灵得以重振，分裂与争执得以消解，真诚取代虚伪，热诚取代仇恨。人类的尊严就要在这种不抽象的爱的关系中被实现、被体认。"绝对的你"不是别的，乃是那化解人内心之自私，且保证爱力之持久的那一位，称祂为"存有"，或"爱"，或"绝对临在"，或"一元化本身"都可以，因为祂可以无名，并以"无"的身份进入"有"，使"有"成为存在。

四、比较萨特与马塞尔[1]

萨特和马塞尔,皆为当代法国大思想家,皆为存在主义的哲学家。两人的不同之处在于前者是无神主义者,后者为有神主义者,萨特也自称是无神的存在主义者,而称马塞尔为有神的存在主义者。巧的是,19世纪也有两位互相对立的存在主义先驱,即尼采和齐克果,而两个人的区别也在于一为无神论者,一为有神论者。这里,我们将就无神与有神之不同论点来探讨并比较萨特和马塞尔思想内涵的异同。

马塞尔哲学,可称为"更"存在主义,萨特哲学,则可称为"不"存在主义;为什么呢?在讨论之前,我们先来谈谈存在主义在西方哲学中占有怎样的地位。

西方哲学,不像中国哲学以人的生命、人际关系为重,而是讲求宇宙论、知识论,探讨的是人以外的世界。由于强调了解宇宙,而人属于宇宙的一部分,因而也是被了解的对象之一。由此而产生的哲学,非常重视客观性,凡事立场要稳,要拿得出证据,而且要抓住事物的本质,提出一普遍性的定义来。例如探讨人,就要抓住人的本质,找出一个适用于每个人的定义(如亚里士多德所言:人

---

[1] 原载《哲学与文化》1980年第3期。

是有理性的动物)。这种哲学重视普遍性,寻求一适用于任何个体之通则,这便是西方哲学向来的传统。

到了19世纪,西方哲学开始谈到"存在哲学",重视的是存在,而不是本质。它的口号即"存在先于本质",叫人由柏拉图式的观念王国——即天上的世界——降落到人间世界,回到人的生命和人的问题中。因此,关心的焦点不再是知识的后果或人的理性对世界关系的探讨所得的思想结果,而是在人的知识和理念尚未形成前,人与世界之间原始而未被抽象的关系。此种关系以专门名词称之,即"一元化的关系",即人同世界融合为一,尚未分割时的一种关系。而存在哲学,便是进入这一元化的层次,从经验中探讨经验所带给人的存在深度,至于"二元化",则是本着这种存在经验,予以理智的分析,因而便产生二元,即我是我,物是物,有着主体与客体之分。这种分立的关系固然便于知识的探讨,可是却完全失落了存在。存在主义,便是要人回到存在,人的世界,回到"一元化"的存在经验中,因而把经验看得比知识还重要。马塞尔就曾说过:"即使是最微不足道的经验,只要充分地活过,也可能有其重大的意义,并被无限地深刻化。"

这种充分地过生活,便是一元化的生活,如果你从无一元化的生活,一直都在人、物相隔的情况下度日,就谈不上有真切的经验,因为你一直都处在经验的边缘。

正因为存在哲学强调存在,强调被抽象之前的经验,因而人生平面上一切戏剧化或悲剧性的真实,从存在主义的立场来看,都非常重要。比如喜、怒、哀、乐,原为理性哲学家所不屑一谈的,但却成为存在主义的主题,因为它强调不要抽象。另一方面存在主义重视个体,此与原先之重视传统和大制度迥然有别。由于重视个体,所以存在主义最反对把个人看成像螺丝钉一类的零件,或符号、卡片之类的东西。因为不重视个体,也是一种抽象的哲学态度,而你如果常把人抽象,就不会了解具体的个人,遑论尊重其他的主体了。

尼采与齐克果为存在主义建立了在西方哲学中的基础,两人同样都反对集体主义和传统上已僵化的宗教形式。有神论的齐克果找到一活泼的宗教信仰;尼采则高呼上帝已死,要别人别再想望天上,而要回到人世。到了20世纪,两次世界大战把西方传统的理性哲学一概否定,因为那么美丽的哲学理论,一旦临到人类的野蛮和兽性,整个传统知识架构便荡然无存了,两千年来的哲学既被否定,是以各哲学家便开始把存在视为当务之急了。

当代四大存在主义思想家:海德格尔(Martin Heidegger, 1889-1976)、雅士培、马塞尔、萨特。萨特自称与海德格尔并列,为无神的存在主义者,并将马塞尔和雅士培并列,为有神的存在主义者。他强调"存在先于本质",认为先有存在,再由存在创造本质;举凡人的人格、人性或个性,皆个人所自塑,人有其自由抉择来决定他可以变成怎样的人,本质是人后天努力的结果。由于人具有这种绝对的自由,所以不会有神,如果有神,人就会有先天的本质,而局限在其中,这点与人的自由不符合。

不过雅士培与海德格尔,皆因反对萨特,不愿与萨特相提并论,便否认自己是存在主义者。马塞尔虽起初接受萨特封给他的称呼,两年后也正式否认了。尽管如此,马塞尔确是一位广义的存在哲学家,因为他强调真实的存在、注重充实深刻的生活。

(一) 萨特的不存在主义

为什么叫做"不"存在主义?可分为两方面来说。

1. 从本体论而言:其两大范畴为"有"与"无"(Being & Nothingness),而主要的内涵在"无"。以人的意识为例,正因为意识为"无",为"空",所以可观照世界,认识外界,从而判断或否定——即"无"化,把过往一笔否定,使过去归于无——这是人的自由。不仅对自己,对别人也一样可以否定,使之归"无"。人的一生,经常是"无"的不断作用的结果。"无"可以生"无";此种"无",说明是一个 lack(匮乏),因而他要寻找"有",以填满自己,也因此人永远不停追逐,但追逐了"有"之后,还是不满足,因他本身为"无","无"突然盛满东西,觉得不自由,因而不断"无"化,以保持自由,再追逐新的东西,而永远无法填满。因此萨特认为人的追求是无用的、无望的,人的存在为无用的乐趣,在酒吧中买醉,与治理国事同样无益,人的一切活动不过是空洞的热情。光由萨特的本体哲学来看,它有着悲观的色彩。

2. 从人际哲学而言:为"二元的哲学",我即我,他是他;我是主体,他是客体,两者不可同为主体,因而不可并存、势不两立,人我的关系存于对立中。如偷看别人时,觉得有人看到我或瞪视我,心里便恐惧、害羞。所以他人的存在,对我是一大压迫;别人一存在,我就不存在了——此即"不"存在哲学。如果我想改变形势,便要反过来瞪他,更凶且更轻视地盯住他,好使我变为主体。

这种对峙的人际哲学,经延伸而成为萨特的"无神论"。萨特认为:人如果有尊严,有自由,就可以把那同样与他对峙、令他不快的上帝否决掉。因为别人的瞪视,对我都已经无可忍受,更何况是那看不见的上帝?只要上帝存在一天,人就注定要受祂的威胁,而人是具有自由和尊严的,因此大可把上帝否决掉。对萨特而言,神就如"别人"一样,只能是"别人",不可能是个朋友,或为爱他的上主。神只能与他维持一个"我与他"的二元化关系,不能有"我与你"的一元关系,当然,更不可能是个爱他、与他结合的神了。

在萨特看来,人与人之间既是对峙的,所以人的慷慨之最大功用,便是在控制人,甚或破坏别人。给人礼物,就等于是奴役别人,所以他说 to give is to enslave,也因此收礼物之后,就不自由,就要受制于人了。在其著作 No-Exit(《无路可出》)一书中,他提到:别人之于我,形同地狱:别人的瞪视,都是一种折磨,而人与人之间彼此都帮不上忙。在另一本著作 Nausea(《呕吐》)中,他又说:存在是孤独、苍白、呕吐,因此他怕存在,存在是荒谬的。像这样无望无趣的无神论观点,等于替无神主义作了反宣传。人在生活中,某一时期可能颓丧、无望,以致觉得存在的荒谬,但不至于愿意把这种观感引为人生的方向或目标,从而予以肯定之。如果一种哲学能振聋发聩、予人希望和生趣,自然有人信从,但如果只令人颓丧、无望、痛苦,则实在很难确知有多少人会喜爱。所以,萨特的无神主义,算是很失败的。萨特于1905年生于巴黎,同年父亲去世,他的童年相当孤独。家人的宗教信仰只流于形式,因此不仅没使得他有心灵的寄托,反而让他日后完全否定了宗教信仰。他曾说:"我之所以无信仰,并非由于教义的冲突,而是因为家人(外祖父等)无可无不可的态度使然。"因此他的无神论,并不是理性的发现,而是认为徒具形式的信仰,毫无意义,可有可无,所以便干脆予以推翻。不过他对20世纪的存在主义,确实有相当大的影响。他的"不"存在主义,不只是神不存在,人也不存在,因为人既只是个"无",本身就不是"有";而人际关系中若只有那些否定性的二元关系的话,照马塞尔的哲学看来,人也是不存在的。

萨特之所以发展了这样的哲学,与他从无深刻的"一元"体验有关。他似乎从未接受过无我的礼物,从未发现过一个真正的"你",也从来没有深刻地爱过。

(二) 马塞尔的更存在主义

马塞尔哲学,光用"存在哲学"来称之是不够的,所以加上一个

"更"字,即"更"存在哲学。因为他强调"更"投身、"更"参与、"更"爱、"更"无我、"更"自由、"更"光明。他的哲学是"一元化"的哲学,不仅不同他人分割,而且要求与人合一,与物合一,与大自然甚至与神合而为一。

如果说萨特有很孤独的童年,马塞尔也一样。他 4 岁丧母,父续弦,无兄弟姊妹,因而他从小到大,皆在孤独中度过。在他看来,人生最大的不幸,是无可奈何地孤独,而缺乏与人交往,更是不能忍受的残酷。正因为他孤独,所以便寻求与人建立关系,寻找友谊和爱,最后发现了存在,从而建立他的存在哲学。第一次世界大战期间,他在红十字会工作,看到许多前来寻丈夫、儿子的军人家属,从那些焦灼、痛苦的脸孔中,他看到一个个具体的"你",一个个尚未被抽象、分类的"你"。自此,他便由过往 20 年来的唯心论,跳跃到存在哲学。另外值得一提的是他有着美满的婚姻,夫妻间相当默契,妻子成为他许多灵感的泉源,因而他认为生命是喜悦。40 岁那年,他信奉天主教,此后从未否定信仰,而且还以宗教信仰来整理过去 40 年来的思想。

他的存在哲学可分为两方面来谈。

1. 哲学思想:他曾写一书,即 *Being & Having*(《是与有》),叫人从存在到存有,而非从占有到被占有。其中 Having 是只企图占有;凡事皆为自己打算,只求愈占愈多。Being 则是存有,不求自己的私利,反而求别人的成长。如果我想占有,最后一定被占有,成为占有物的奴隶;但如果我超越占有的企图,则非常自由,因为我不必占有。比如交朋友时,我太在意对方,不希望他同别人交往,想独占他,结果我反受束缚。但若我不企图占有,只甘于同他的来往,这样我反而幸福。常怕会失去友谊,如何会有幸福可言?

因而马塞尔不强调"存在",而强调"更存在",此"更存在"的过程,即"存在化",叫人在变化中愈来愈步向存有的境界,而同存在归于一元。就如电影《窈窕淑女》的女主角由结结巴巴,进而口齿清晰,与人沟通;在开窍时所表现的洋溢出来的喜乐便是"存有化"之佳例。在日常生活中,存有化并不多有,不过当人有了一元的关系,"存有化"就出现了。没有"存有化"的人,只是"行尸走肉",只是"衣冠禽兽",并无真正的生命。存有化,可以化腐朽为神奇,让人变成一个新人,让一切生命的内涵全部涌现。它叫人活得更充实、更完全,叫人过 Being 并非 Having 的生活,最后达到真正的"有",而得到完满的幸福。在存有化的时刻,人感受到的是惊喜,因为他发现了整个的别人和整个的自己。笛卡尔以怀疑的方式探讨存在,最后找到了"我思故我在",这种方式对马塞尔并无作用。他认为人在存有化的时刻,已经如此地深入存在,因而根本不需要怀疑;怀疑是二元化时才有的态度。人在面对良辰美景时,不可能怀疑,反而全心地领受。马塞尔要我们在有可能一元化时,进入一元化的存在,别用怀疑的方式去排斥存在,导致二元化的生活。

马塞尔的哲学(尤其是"存有化"的层次)可以用四个字来表达。①快:有如面对良辰美景,一下子就进入其中,不假思索。②新:新的发现,在友谊或人际关系有新的、迥然不同于往昔的领会。③深:不肤浅,不是今天有的友谊,明天便可能断绝了。④满:觉得完全饱满了,不再觉得飘浮、无依,反而一下子就充满,一切(包括死亡)都被超越,都不成问题了。此外,马塞尔一元化关系的存在,以临在(présence)来表示。临在就是完完全全、充满爱心的"在",将整个的我给予对方的"在"。如母亲为了孩子,置自己的幸福于不顾,世界上还有比这个更大的临在吗?讨论存在,如果忽略了这样常见的例子,实在是以偏概全,站不住脚的。无可否认地,存在中有许多悲惨的事,但人的伟大处即在于化腐朽为神奇,化悲剧为喜悦,不为悲惨所奴役,反而跳得出来,把自己和别人拉到"更"存在的境界。从临在的经验中,人与人可以有很深的、无私的、真诚的关系,而情到深处,确实能体验到所谓的绝对和永恒,也能知道人生可以有怎样的深度。这里的绝对和永恒,是由"质"的角度而不是由"量"的角度来看的。

2. 人际关系:以"存有化"的立场来解释,对马塞尔来说,"他人"是"可能给予我临在经验之主体",因着他人的出现,使我领受到生命中最宝贵的临在经验。我与他同为主体,相互尊敬,不必因为彼此瞪视而互为消长。在萨特看来,他人即地狱,即客体,我与他人的关系为 I and he, I and it,在马塞尔看来,他人是可以丰富我的生命、与我互为开放的主体,我与他人的关系为 I and You,两者皆立于平等的地位,无主客体之区别。

由人际关系的肯定,马塞尔也肯定了人神关系,在他看来,神是人体验到最完美的临在经验之对象。他的宗教信仰为 From being to Being,即由人际关系中深刻的存有经验,进展到人神合一的境界。这种哲学是入世的,不像尼采所言"一旦与神交往,就完全忘却人间",反而由人与人之间深刻的交往而体验到神对我的内在关系。

因此,马塞尔的哲学是一元的哲学,对他而言,一加一并不等于二,而是合而为一的一,这与萨特的二元哲学实在有天壤之别。

五、"无我"与"有我"哲学的自我实现观[①]

读哲学史,我们知道有"有我"与"无我"两种思想之分。佛教主张无我,认为生命由业与因缘所生,没有"常住我体",没有所谓灵魂。如果把自己看成"有",就是执迷不悟;佛教的工夫就是使人从"有"回到"无",以获取解脱,自我实现乃变成自我无化的过程。

西方哲学中主张"无"的以萨特较为突出。萨特从知识论推到本体论,推论的方式如下:凡存在者就是"有",有就是实在的满,没有空隙,而人的意识不是如此。人的意识常能包容别的东西,常能意识到别的东西,因此它本身必须是空的,必须是有空隙的,它不是"有",不是"存在"。萨特的结论是:由于人的本质是意识,而意识不是存在,所以人也不是存在,人是"无"。萨特的结论实在已预设在他对存在所作的定义之中,由于他把"有"只限于满实之石头式的存在,因此人不可能是"有",不可能是"存在物"了。

萨特的自我实现是什么呢?他既主张自我为无,那么他要实现什么呢?他要实现的是去掉有,也就是作"无化"的行为。萨特之主体为具有"无"性的意识,是一个不是有的"主体";因为不是有,所以享受完全自由。这个自由也有行动,他的行动就是化有为

[①] 原载《哲学与文化》1981 年第 1 期。

无,他能把主体身上之"后天有"和"自以为有"无化掉,也能在主体外无化其他有,无化别人之有或上帝之有。萨特之无是一个有行动、不停自我否决也否决别人之破坏意识。他的自由是为了使"有"消失,使意识常常保持空无的状态,使一切能阻碍他的东西消失。自由本身成为自由的目的。自我实现也就是要实现"无"。因此,萨特哲学中没有自我实现说。

那么"有"和"有我"的意思怎样解释自我实现呢?首先我们可以肯定:只在有我哲学中才有自我实现说之可能。有我哲学把我之存在看成事实。我是一种"有",但不像石头式的有。并且自我固然有无化的能力,他本身却不必是无。至于他能包容其他有,能意识到其他有,但他不必是一个"没有"。自我可以说是一种"妙有",既"有"又如"没有";它是一种有弹性的存在,它可以以"没有"的方式去"有",有了可以更有,而不失其自由,他的"外在有"或"潜在有"都能帮助他在存在的层面上成为"更有",成为更高级的有。从这种哲学角度来思考,我们就有讨论自我实现的余地了。

有我哲学或主张"有"的哲学认为自我实现的终极目标是把自己变成一个"你",变成一个其他人可以进入"我与你"关系之"你"。有我哲学(即主张有主体之哲学)当然要发展他自己,然而在发展的过程中,他发现除非他超越自我,他无法完成自己。怎样超越自己呢?超越自己就是要主体与其他主体缔结"我与你"的关系。关系的双方都是"你",都是已将"自我"化成为对方之"你"的主体。换言之,他已不再是一个孤立的自我,封闭的主体了。以自我为中心之主体是"他","他"不作自我超越。"你"则是自我超越的成果。从"我"到"成为别人之你"的过程有时是非常艰辛的过程,因为自我不让自己解体,紧紧把持自己不放。"你"却是向外的、施舍的;"你"甘心让自己的所是所有与别人分享。然而就在这种自我舍弃的行止中,他真正地完成了自己,实现了自己。

五、"无我"与"有我"哲学的自我实现观

"你"其实是有爱心的主体,是真诚无私之友谊或爱情的缔结者。他的生命之所以会变得丰富,因为他在舍弃自我的同时,他把所爱者最优美的质量吸收到自己的生命中来了。其实他并不吸收什么,只是在作生命的深度交流,共同享用双方的精神财富。逐渐地,这两位主体从"互为主体"(intersubjectivity)到"同主体"(co-subject)的境界。以形体来说,他们还是两个,然而以精神来说,他们已经不能分开,他们对许多事物的判断与反应愈来愈趋一致,好像是同一个主体一般。他们仍然不失自由,然而自由在真诚的敬意和爱心之中开花结果,此花此果就是"你性",此刻之"我"已成为可为别人之"你"的主体,他的自我实现到此告一段落。

从"有我"到"成为另一位之你"还只是自我实现之第一阶段。此后,这个具有"你性"的新我尚需不断超越,才能与更多的主体交通,才能使他的"你性"充分实现。然而人的最高自我实现必须要在与"至高的你"缔结"同主体"关系时才能无止境地超越,并且由于与"至高的你"结成同主体,他开始向更多原先与自己漠不相关之主体开放,其中不少或许因缺乏遇到爱,他(们)的"你"而永无机会实现自己者,现在开始可能实现他们的"你性"了。结果有我哲学之自我实现从有"我"到成为其他主体之"你",而最后达到"实现我们"之"同主体"。他之"我"已不再是原先的"有我"之我,他之"我"已成为众多人之"你"。

六、存在、存有与形上希望①

（一）前言

马塞尔在1933年到法国南部马赛市作了一次以"存有奥秘"为题的演讲②，其中提及"悲剧生命中的希望"，把绝望看成无敌希望的跳板。1942年法国被德国占领期间，马氏应里昂市天主教耶稣会神学院邀请作了一次以"希望现象学和形上学的草案"为题的演讲，此文以后收入《旅途之人》③一书中，而该书副题亦标为"希望形上学导论"。这部作品使马塞尔的哲学变成希望的代言人，与同时代的萨特的思想形成强烈的对比。

是什么因素使忍受同样的历史遭遇的两位哲学大师产生不同的存在立场和断言呢？这是非常有趣及值得探讨的题目。

马塞尔生于1889年，父亲是高级公务员，曾任法国驻瑞典大使，国家美术馆、国家图书馆和博物馆馆长。马氏4岁丧母，父亲娶了姨母，家庭虽然富裕，却绝无宗教气息，因为父亲和后母都已

---

① 原载《政大学报》1992年第9期。
② 马塞尔：《存有奥秘之立场和具体进路》，陆达诚译，《哲学与文化》第九卷第8、9期。该文收入本书，请参阅附录一。
③ G. Marcel, *Homo viator*, Paris: Aubier, 1944, pp. 35 – 86.

丢弃传统的信仰,成为不可知论者。马氏就在毫无信仰的氛围中长大。

20岁时,他考得哲学硕士,论文是比较柯勒律治(Samuel Taylor Coleridge,1772－1834)和谢林(Friedrich Wilhelm Joseph von Schelling,1775－1854)。以后他一面教书一面撰写博士论文:《宗教之可理解性的形上基础》。在研究的过程中,他把心得写成日记。1927年发表《形上日记》,1935年发表《是与有》,1959年发表《临在与不死》。这三本日记构成他其他所有哲学著作的原料。而"希望"这一观念是在《形上日记》第259页上首次出现(1920年12月2日),到《是与有》第106页起才有密集的讨论(1931年3月15日),以后就是文首提及的两次演讲。要研究马塞尔的希望哲学应从《是与有》一书开始比较合理,而《旅途之人》中之一文较为完整。不过,我们得问:为何"希望"这个观念密集地出现在他1931年的日记中呢?是他的阅读和遭遇激起他如许的反省吗?

熟悉马塞尔的同道会记得马氏在1929年40岁时获得恩宠的经验[①],18天以后领洗皈依天主教。希望之观念却是在他领洗后第二年才在他日记中出现,那么这种能克服绝望的"无敌的希望"是他信仰生活的副产品吗?他的希望哲学是宗教性的断言抑或是哲学反省的成果?如果是前者,则他的希望哲学会有普遍价值,能放之四海皆准吗?其有效性只局限于具有同一信仰的文化团体吗?

本文分两部分,先诠释马塞尔对存在和存有的观点,从这些基本观点上我们再上一层楼,遥望存有展示的远景——希望;最后是结论。

---

① 马塞尔:《是与有》,陆达诚译,台湾:商务印书馆,1983年初版,第8、13—14、17页。

（二）存在及存有的真谛

如果海德格尔把存在分成存有者（Seiendes）和此有（Dasein），而认为只有此有能开显存有，因为此有追问及理解意义而列于可用范畴来说明的存有者以外者[1]，我们在马塞尔哲学中可以找到接近的解说。马氏认为可以被视为客体而无开展内心生命者为"他"或"它"；而能成为真正的主体，并能深入存在的奥秘，体会绝对临在的是"你"。从"你"的发现到其层层内涵的展现，人能抵达超越性的肯定。内在超越是说明生命之真实和深度，从这个生命底层可以开发出人最原始与宝贵的潜能，此指忠信和绝对无条件的爱，以及无敌希望的力量。对存有的认识也基于此点。简言之，马塞尔对存在的分析，使人步步深入，而抵达内在超越的存有之境，到此地域，推理思考已无法运作，继而推出的是气宇轩昂的断言。"绝对的你"是在临在的经验中蒸馏而出的断言，是"你"之不能出卖我的最后保证。本部分包括两节：存在之两极性及存有之深度与绝对。

1. 存在之两极性

存在之两极指存在的事物可以被视为"他""它"或可以被接纳成"你"，并形成真实的"我们"。

（1）存在被视为"他"或"它"

存在是所有事物的整体，包括人在内。若依人为主体来观照万物则万物因观者的心态可以成为该主体的客体、对象，或为其"所有"（having）。马塞尔的哲学基本上认为存在是认知主体借以

---

[1] 项退结：《海德格尔》，台湾：东大图书公司，1989年，第11页。

推理的基础和出发点,而非推理引出的结论和终点,因此他竭力抨击笛卡尔先怀疑存在、再证明存在的做法,因为存在为他是思维的绝对预设。存在不单是"数据"(la donnée),也是"给资料者"(la donnante)①。若然,donnante 存在本身超越主客体之分,兼有主客身份,颇似雅士培的"统摄者"(das Umgreifende)②,具有包含主体的超越性。存在跨越"所是"与"所有"(being and having),是一切"所是"与"所有"的基础,因此存在在一切存在物与其对等概念之上具有绝对优位。

在具有绝对优越的存在大全中有许多个别的存在事物,这些个别事物并无来自自身的绝对优越,人以外的存在者在其与人的关系中扮演"有"的角色,只有人通过自觉而能成为主体,有其所"是"的身份。人与人之间的关系原则上应是主体与主体的关系,但事实上可因一方的不尊重而被沦为客体,换言之被沦为一种低于主体性的"他"或甚至"它"。

所谓"它"是指某个别人性存有被视为只具使用价值的物品、机器的零件,等而下之,成为奴隶或泄欲的工具。

所谓"他",原指不具有在对话(dialogue)双方之任何一方地位的第三者,是一个不在场者,是被对话之双方谈及的第三者③。交谈的对方,即"我与你",或许认识他,并且在机会到来时也可以把他转成交谈之对象:"你"。但马氏之"他"指具有消极意义的第三者,即不可能或极不易成为交谈对象之第三者。这时的"他"是被排斥者,被批评者,被视为陌路,被剥夺成为"你"的权利者。

我自己也屡次经验过成为别人对谈中的"他",那时,我自己被

---

① P. Ricoeur, G. Marcel, *Entretiens Paul Ricoeur-Gabriel Marcel*, Paris: Aubier, 1968, pp. 20-22.
② 黄藿:《雅士培的统摄者概念及其形上学》,《哲学与文化》第十三卷第 3 期。
③ G. Marcel, *Jorunal métaphysique*, Paris: Gallimard, 1927, p. 145.

漠视，被丢弃到没有联系的类品之中。当我愿意问人什么时，却得不到响应，并且几乎绝无希望获得响应①时，这时我的主体瓦解了，"当我的对话者愈外在于我时，我即刻以同样程度愈外在于我自己"②，即我的一致性被分裂，我内在之非我性逐渐增强，我把自己也看成陌路，我成为自己排斥的对象，我乃成为一个"他"。

（2）存在被接纳成"你"

与"他"恰好相反的是"你"，这个"你"不只是代名词，而是包含内心的开放、尊重和喜悦的关系。"你"的最明显的特色不是称呼，而是内心的信任和接受。在真诚的你之前，我的自我性得以解放出来：我不再是独我和唯我；中心改变了位置，就像马氏所言："爱环绕着一个中心旋转，这个位置既不是自我的，又不是别人的：这就是我称之为'你'的位置。"③

"你"的位置是一群主体的共同位置，他们彼此临在，彼此开放，彼此接纳。在临在中体验自己生命的开展，内心的富源汩汩流出。体会到对方，在我需要他时，可以完完全全地"在"者，这也是我自己能完完全全地在的时刻。在最高级的临在中，个体的焦点完全在对方，付出时绝无保留，也不作任何对自己有利的计算，整个的自己是豁出去了，自我完全融化到"我们"之中。这种绝对的临在，马塞尔称之为 disponibilité，中文可译成"全在性"及"全给性"④。马氏所用的"存有奥秘"一词即是以这种临在为核心的超越经验。这时候的自我才是真正的自我，也是深度的自我⑤，因为

---

① G. Marcel, *Jorunal métaphysique*, Paris: Gallimard, 1927, p. 138.
② G. Marcel, *Du refus à l'invocation*, Paris: Gallimard, 1940, p. 49.
③ 马塞尔：《是与有》，陆达诚译，第 161 页。
④ 马塞尔：《存有奥秘之立场和具体进路》，陆达诚译，《哲学与文化》第九卷第 8、9 期，参阅本书附录一。
⑤ "我的真我是用大写写的我，是我的深我，这个深我是未被损伤的。"见 G. Marcel, *Le quatuor en fa dièse*, Paris: Plon, 1925, p. 29。

在爱开放出的自由中,人的全部真实才得以解放,而能以本然的面目出现。深度的自我与其他深度的自我的结合,构成真实的"我们",主体间不再有主客式对立,而为相互自赠与接纳的多元主体(intersubjectivity)。

在爱的互动中,主体内在的潜力大量地被开发出来,此时人有非常丰富和饱满的感受。另一方面,深度自我之出现奠定了恒久性承诺的基础,即提供了忠信与希望的条件。马塞尔的"深度"与海德格尔的"真实"可以互相比美。

2. 存有之深度与绝对

绝对临在揭开了存有的深度和绝对,存有的本质终能被人认知。

(1) 深度时间的概念

深度时间指一般的生活时间中出现的高峰经验,又称"绝对现在"。这种现在不是时间流中的一个普通单位,它不随着时间之变迁而流入过去;这种"现在"要在个人的历史中一直保持自己的尊位,要成为未来历史中具有决定作用的主体因素,换言之,未来不是完全新颖,而是此绝对现在之延长,因为在绝对现在这个特殊时间中,未来的核心,即个人最深入及最真实之自我,已提前出现,在绝对现在中,未来与过去紧相联结,而造成一个不会成为过去的绝对现在,这种时间也可称为"永恒"①。

永恒即深度之谓,深度指临在的深度,即人与人(或神)的关系达到绝对的程度,而这种绝对性的人际关系是以无条件性面目自显的,即上面说过的全在性和全给性。"当我在时间中无条件地爱

---

① G. Marcel, *Le mystère de L'être*, vol. 1, Paris: Aubier, 1951, p. 209, *Présence et immortalité*, Paris: Flammarion, 1959, p. 32.

或做一件事时,此乃永恒进入时间之内,永恒既非无时间的,又非一永恒的延续,而为时间之深度,当它为存在之历史性显现的时刻。"[1]"真正地爱一个人,乃是在神内爱他。"[2]"爱只向永恒的东西进言,它把被爱者固定在变幻万千的世界之上。"[3]由此,我们可了解下面一句断言之真理性和力量:"我爱你,你不会死!"[4]深度的时间观念实在是马塞尔的时间奥秘真义之所在。了解了深度,才能了解马塞尔忠信和希望的哲学。

（2）绝对你

人际关系中的你性达到绝对性的浓度时,"绝对你"已悄悄出现,"绝对你"使主体际关系趋绝对化。

科学与哲学试用理性和客观证据证明出来的神[5]只是一个"他"而已,是一个"我与你"对话的内容,而非对话之对象。我人不需要证明自己深爱的"你"的存在,同样地,神只在成为我们倾诉和挚爱的对象时才是神。

神是"绝对你",此指神不能不关心我。神不能不回答我向祂的诉求,神不能视我若不存在,并且在一切境况中,祂永不改变。会降落到"他"的神,不是真神[6]。

"绝对你"也是众生的神,祂是每一个具体的人的"你"。当人们尚未把神当作"你"时,他们所想和所谈的神并不是神。神对每一个生灵都是"绝对你",因此真实的神一定是被认识及被爱的对象,内寓于人际关系中隐密的临在。

---

[1] G. Marcel, *Du refus a l'invocation*, Paris: Gallimard, 1940, p. 295.
[2] G. Marcel, *Jorunal métaphysique*, Paris: Gallimard, 1927, p. 158.
[3] Ibid., p. 63.
[4] G. Marcel, *Homo viator*, Paris: Aubier, 1944, p. 194, 下文会讨论此观点。
[5] G. Marcel, *Journal métaphysique*, pp. 254-225.
[6] Ibid., p. 137.

"绝对你"亦为自由体,因此祂有自己的方式与时间来与个体进行交流,与人间模式或有相似之处,但未必尽然。个体与"绝对你"交往的模式是自由与自由的交往模式。

"绝对你"在主体际关系的最深邃的底层。当主体与主体的关系达到内心最深的层面时,他们触及了自己的根源。这根源如深井之下畅流的地下水,它提供水源并联结一切水井,"这是汇合缔结一切个体之线索的绝对中心"①。

人性的脆弱易变显示出人借己力无法缔结永恒不变的关系;借助于绝对支持你的力量,人才能订立无条件性的承诺及约定。这时呈现了自由与恩宠的完美结合②。

"绝对你"不只是对话的对象,更是人在绝境中呼唤求援的对象,如太史公所言:"呼天者人之始也,呼母者人之本也,人穷则返本,故劳苦倦极未尝不呼天也,疾痛惨怛未尝不呼父母也。"(《史记·屈原贾生列传》)

(三) 希望哲学

在对"他""你""深度""绝对"的认知背景中,我们已给理解马氏的希望哲学铺好了基础,希望哲学原是马氏存有论所结的花果。

马氏将其书之一命名为《旅途之人》,指明人生若过客,迈向一个方向,终点应是一个家园,是存在的圆满,而非荒谬性的幻灭。旅途中的人有各种遭遇,如迷失方向、跌落陷阱、同伴分散,甚至筋疲力尽,萌生放弃前行之意。有勇气走完全程者,需要对未来常常

---

① 马塞尔:《是与有》,陆达诚译,第 221 页。
② G. Marcel, *Mystère de l'être*, vol. II, pp. 144-145.

抱持希望。人生之旅有出路时，人生才有希望。人生有出路吗？哲学能领人走向此出路吗？

马塞尔给了肯定的回答："形上学被视为一种驱除失望之魔的法术。"①这个断言假定了马塞尔有充分的信心借形上学把人导向光明的未来。他相信如果我人对存在有正确的了解，人对未来也可具备常胜而无敌的希望。希望这一观念被他视为其作品中"一个超越其他一切概念的概念"②。真的，如果人生的终点是绝望，那么一切哲学的努力终归泡影，这是西西弗神话提示的无奈与悲哀。20世纪人类历经两次世界大战，饱受囚禁、虐杀、毁灭等界限处境，战后在荒谬废墟上重建存有之际，法国弥漫了一片令人窒息的绝望之声，光看某些著作的名字就可略见一斑：如《异乡人》《呕吐》《没有出路》《早安，忧郁》。萨特的名言竟是："他人是地狱。"在他否决上帝之后争得的绝对自由是否能给他个人及全人类开出一条有希望的未来呢？如果形上学有驱逐失望之魔的责任，那么应当怎样驱法？形上学真有可能给旅人展示完美的未来，并给旅人不断提供呼吸的氧气吗？③

本部分共分两节：失望和希望之主体，三种希望。

1. 失望和希望之主体

失望的主体即"他"，希望的主体是"你"，后者是处身于"我们"内之个体。

（1）失望之主体——他

上文已提到过所谓"他"是主体与主体对话时论及的第三者，

---

① 马塞尔：《是与有》，陆达诚译，第78页。
② G. Marcel, *Paix sur la terre*, Paris: Aubier, 1965, p.59.
③ G. Marcel, *Homo viator*, pp. 10, 79.

"他"不是交谈的对象,而只是交谈涉及的内容。

"他"之形成有两种:一是被迫的,如纳粹执政时的犹太人,毫无选择能力地被排斥和被杀戮;另一种是自己选择的,即主动地选择旁观的立场,站在存有的边缘,不肯参与,不愿付出,是一种绝对的自我中心者。这种人除非患有精神疾病,不然的话,他在走向自我毁灭之路[①]。

拒绝与别人沟通是"他"的特色,把自己封闭在没有窗户的单子(Monades)之中,似乎保持了自己的绝对自由,事实上他占有的是一种空乏的能力,他的自由是没有内容的。对外界的冷漠,对自己利益的极端关心,造成一种孤独和焦虑,这是马塞尔所谓的人生之最大不幸[②]。同时,有些人物往往在社会上享有颇高的声望和名誉,也不缺乏财富,然而由于精神的空匮,他实是最贫乏的人。

"他"者,是处于"有"的层面的存在,是形而下的客体,是物化的人,简言之,是一种不存在的东西。他的内心不断地在僵化与硬化,使自己不能成长,而处身在黑暗之域,外表的欢笑并不能遮掩内心的落寞,这样的个体无法看到未来,也没有未来。

"他"是失望的主体,即使没有到绝望的地步,他的存在也只是行尸走肉罢了。

(2) 希望的主体——你

当自我走出自己,接触到其他的主体时,生命开始改变,中心位置也移向外面,这时的主体有可能成为希望的主体。

"你"是"我们"之一员,与其他人缔有"我与你"的关系,其生活模式是自我赠予以及欢迎分享存有的富源。"你"的生命是开放

---

① 见陆达诚:《马塞尔、存在主义与现象学》,《当代杂志》1987 年第十五期,第 94 页。
② G. Marcel, *Journal métaphysique*, pp. 137–138, 175;马塞尔:《是与有》,陆达诚译,第 94—97 页。

的,为他及利他的,时刻准备着为别人服务,奉献自己的所有。他能够无私地爱,也肯为爱而牺牲自己①。

马塞尔认为一个真实地爱别人的人不可能成为失望的主体,因为在爱中他参与了存有的富源,他不会贫乏,而能把这种富源施舍于他人,用之不竭取之不尽。在付出中,有爱心的个体体会到自己愈来愈充实,不断地扩展,在他四周都不断产生新的联结,新的自我开放,因为爱是有传染性的,在一片无私的大爱中,人们享受着光明和宁静,这是存有的共融。具有爱心的"你",本质上已具有希望及赋予别人希望的一切条件,所以"你"是希望的主体。

2. 三种希望

马塞尔指出希望有三种②:第一种是普通的希望;第二种是形而上希望;第三种是基督徒的希望。第一、二种希望有普遍性,不预设宗教信仰,第三种却是信仰衍生的特殊希望。马氏本身的立足点是第三种希望,但他推崇的是第二种希望。

(1) 普通希望

旅人之能向前继续行走,一定具有某个目的地。人能继续活下去,也必有值得他活下去的原因,因此只要活着的人都会有所期待。

普通希望是人对现世的实际事物或福利有所企求,主要的还是在"有"的层面,比如:健康、财富、名誉、幸福等,包括必需的善、

---

① G. Marcel, *Journal métaphysique*, pp. 137, 145 – 146, 196, 215 – 217, 284, 302;马塞尔:《是与有》,陆达诚译,第 71 页。
② S. Plourde etc. (ed.), *Vocabulaire philosophique de Gabriel Marcel*, Montréal: Edition Bellarmine, 1985, p. 199.

有用的善和悦意的善①。

为得到这些善,人估计要使用何种方法手段,要支付多大的代价,要做多少努力,然后才能水到渠成?基本上是一种设计(project),未来来自有计划的物尽其用,也是由人自力争取所得。

科技的发展提供给人各种需要的物品,使人活得有尊严并满足。医学治疗的改进使人延年益寿,增长现世的岁月。人类的智慧也使人有把握调解大部分冲突或把它减低到较小的危险度,使人不致受世界大战及核武的威胁。在紧张的生存空间中,人一直试图扩充存在的条件。

人类自我设计的努力不单合法并且是应当的,人有责任创造财富并过一种安适的生活,但如果这类设计仅限于现世范围,那么它们并不能使人穿透时间,投入无限的未来。对马塞尔来说,普通希望不能算形而上的真实希望。

(2) 形而上的希望

只有超出"有"而满足"是"的希望才是真实的希望。真实而绝对的希望不仅不建立在以"有"为支柱的普通希望之上,而且以该类希望之瓦解点作为自己的起步处。绝对希望之所以能跃入形而上境界,因为它不再依赖一般的可能性。马塞尔认为是危机与绝境把人最内在的力量开发出来。绝对的希望是以绝对的绝望作跳板的②。在界限经验中这种希望表现得最透彻,它牵涉到救援的问题,是此岸至彼岸,是"是"之永恒性问题。

---

① G. Marcel, *Homo viator*, p. 41, S. Plourde, *Gabriel Marcel, Philosophe et témoin de l'espérance*, Montréal: Université du Quebec, 1987, p. 128. 关永中:《希望形上学导论——马塞尔〈旅途之人〉释义》,《哲学与文化》1991 年第十八卷第 2、3 期,第 165 页。
② 马塞尔:《存有奥秘之立场和具体进路》,陆达诚译,《哲学与文化》第九卷第 8、9 期,参阅本书附录一。

A. 形而上的希望预设主体际性

一个自我中心且封闭在自我以内的个体不可能有形而上的希望。因为他既不参与存有，又缺乏内在的资源，在困境时完全局限在自己有限的能力中，根本无法超越。

在界限经验之中，最能使人变节——否定存有——的因素是死亡。死亡可谓人生荒谬之首①。然而对马塞尔来说，个人的死亡并非关键，亲人、爱人的死亡才是考验的焦点②。在亲爱的"你"之生命到不可挽回的时候，形而上的希望找到了出路。它出现的方式有两种：一种是相信亲爱的对象必会痊愈；另一种是相信"你"不会寂灭。

首先是对患绝症的亲人必获痊愈的希望。马塞尔说："不可能只有我一个人愿意他痊愈，实在界在它最深的地方不会对我所肯定为善的事物采取敌对或漠不关心的态度……有一个与我极有默契的神秘原则，它不能不愿意我所愿意的东西。"③

这种希望本身是否能够产生痊愈的效果不重要，而是对"你"之不会死的肯定才重要。因为除了少数例外，在垂危时奇迹般地又活了过来，大体而论，被医生宣布为绝症的病人是难以往回走的，并且即使这次痊愈了，人还是逃不掉终必死亡的命运。

在必死之现象前出现了另一种肯定：亲人虽然会死，但不会寂

---

① "这个世界提供给我们的死亡景象从某一个观点来看能被视为不断刺激我们否决一切判绝对变节的因素。"（参阅 G. Marcel, *The Philosophy of Existentialism*, N. Y.: The Citadel Press, 1956, 第 531 页）
② 马氏去世前六周告朋友说："我关心者乃亲人之死，非我自己之死，想到我自己之死，我并不害怕。"（参阅 C. Mauriac, "Gabriel Marcel et l'nvisible", *Le Figaro*, 24 Juillet, 1976）陆达诚：《马塞尔哲学中的死亡和他之死》，《鹅湖月刊》1979 年第四卷第 11 期，第 8 页。参阅本书第二篇论文。
③ 马塞尔：《存有奥秘之立场和具体进路》，陆达诚译，《哲学与文化》第九卷第 8、9 期，参阅本书附录一。

灭。"你"不会随着肉躯同归于尽。会死的只是"他"。肉体之毁坏只能碰及"你"以外的东西，不能损及"你之为你"，而"你之为你"——你的"是"——才是我深情关切焦点所在。

《明日之死亡》一剧中，有位剧中人说了这样一句话："爱一个人，就是向他说：你啊，你不会死！"①这句话以后屡次被马塞尔本人引用，来说明爱与死是水火不相容的。因为我那么爱你，你一直会活下去。许多人在亲人去世后，还一直与之以对话的方式诉说自己的感受。"我与你"的关系把此彼两岸的隔阂弥合，也超越了界限情境的极限。

除了对"你"之不死性的肯定以外，绝对希望对存有也是绝无反悔地肯定。原来，"你"的不死性之信念的基础是存有的绝对性。"你之为你"分享了存有的绝对性，方使我人能做如许的肯定。

对存有的整体的断言是形上希望的鹄的。

B. 形上希望选择存有

在分析了工业化社会把人功能化的恶果之后，马塞尔大力抨击能使人陷入失望的空无观。所谓空无即认为一切毫无意义，人生与人的活动都不实在。选择空无即否定存有，也是滑入绝望深渊的第一步。

在《存有奥秘之立场和具体进路》一文中，马氏从一开始就强调对存有的迫切需求，同时肯定存有的绝对价值和意义。他做了如下的断言：

> 存有是必须有的，因为一切事物决不可能化约到一连串互不相关的表象游戏——"互不相关"是个重要的形容词——或者，借用莎翁的名言：(化约成)一个由白痴讲述的故事。我

---

① G. Marcel, "La mort de demain", *dans Les trois Pièces*, Paris: Plon, 1931, p. 161.

急切渴望以某种方式参与这个存有,或许这种需要本身实际上已是某种初步参与存有的事实了。①

选择存有以及对存有的绝对关系构成了驱逐绝对悲观的力量。存有与虚无在意义层次上作誓死战。由于对存有的绝对肯定,因此我决不向虚无投降,并绝不背信和变节,我不让自己陷入绝境之中:

14岁的犹太少女安娜·弗朗克的证言犹清晰在耳。面对无法逃避的死刑,安娜表现的却是无敌的希望,她坚持肯定存有,并向往存有的完美。在进入毒气房那年她写道:

> 世界越来越荒芜,隆隆炮声愈来愈近,可能在宣布我们的死亡,我同情成千成万人的痛苦。但当我仰首望天,我想:这一切要改变,一切要重新变成好的,野蛮的日子要结束,世界要重新知道秩序、宁静与和平。②

形而上的希望不依赖普通希望,直接跃入存有的核心,发出了马氏所谓的"真正希望的先知性回响"③。

C. 形上希望跃入大自由

失望者体会自己被囚禁于时间之中,自己所面临的困境若是一个永恒的处境,马塞尔称之为"封闭的时间"意识④。时间如一

---

① 马塞尔:《存有奥秘之立场和具体进路》,陆达诚译,《哲学与文化》第九卷第8、9期,参阅本书附录一。
② Anne Frank, *Journal d'Anne Frank*, Paris: Calmann-Lévy, 1950, pp. 302–303.
③ 马塞尔:《存有奥秘之立场和具体进路》,陆达诚译,《哲学与文化》第九卷第8、9期,参阅本书附录一。
④ G. Marcel, *Homo viator*, p. 68.

个牢狱把人关在里面,没有将来,也没有出口,牢狱中不断重复机械性的无意义。无敌的希望却使人从时间的牢狱中一跃而出①,搭上自由的另一岸。这一跃之成功有两种助缘,其一是人的绝对无望的困境本身,人掉在此深渊中愈深,其超越的力量愈强,因此马塞尔可说:"悲观主义者给我们做好了准备为了解:失望能够成为那为尼采—布满死亡暗礁,实际上低于本体层面之一个最高断言的跳板。"②另一助缘来自存有的力量。存有通过绝对临在把自己的力量源源不断注入存有者。这是由主体相互临在的经验开发出来的力量。马塞尔称之为"存有的流溢"③。只要主体对存有保持开放的态度,他对存有的流溢常是可被渗透者。而在那"纵身一跃"的当下,临在的恩泽表现得最丰富,它接上人仅有的能力,使人作最后的一跃。在这一跃中,一切与"是"无关的东西均退去,走入自由地带的乃是纯粹的"是"。

(3) 基督徒的希望

基督徒的希望来自对"绝对你"的信仰。基督徒在基督身上所信的是具体化的"绝对你"。"你啊!你不会死",这句话现在出自"绝对你"之口,成为人世超越死亡之希望的终极保证。基督徒所信之神是创造者,也是进入人类历史,分受过人类命运,最后又克胜死亡进入永恒的基督。基督徒的绝对希望建立在对"绝对你"的信仰之上。而这位通过死亡、复活而永生的"人而神"给一切旅途中的人们打开时间的缺口,人类随着祂可以进入永恒④。绝对希

---

① 马塞尔《是与有》:"希望是一股冲力,是纵身一跃。"(第71页)
② 马塞尔:《存有奥秘之立场和具体进路》,陆达诚译,《哲学与文化》第九卷第8、9期,参阅本书附录一。
③ G. Marcel, *The Philosophy of Existentialism*, p. 649.
④ "希望之出口处并不直接处在这个有形世界之内……希望之出口处是在无形世界里。"马塞尔:《是与有》,陆达诚译,第69、71页。

望是绝对信仰无条件的忠信之爱的果实。这时,希望与救恩重叠,自由与恩宠携手合作,自力与他力完美地结合构成无敌的力量。

恩宠是"绝对你"给旅途之人提供的光明和力量,谦逊的心灵呼吁及等待着来自天界的这份援助。然而这份礼物不是后者应得的,对方没有义务把这份恩宠赏赐给我①。基督徒相信自己终会得到,因此他耐心地等待着。

马氏给基督徒的希望作了以下的公式:"为了我们,我寄望于你。"②希望的对象是"绝对你",你之为绝对正因为你为我们中每一个人不可能是"他",你对我们绝对关怀,你不会让我们中任何一个陷入无援的失望中。另一方面,我们之所以能成为我们,所以能超越单子般的自我世界,乃因临在的力量,而临在之能达到如许深度乃因"绝对你"的绝对临在。人与人之能达到密契,乃因分享了神的大爱。希望乃是此一团体向神表现的无条件的信仰,并在同一旅途上砥砺互助,最后一同抵达永福的家乡,面见天父。这种群体性对"绝对你"的向往可用"大合唱"③来表达:我们中每一个"你"齐声赞颂既超越又内在的"绝对你",在喜悦歌声中走向永恒的光明家乡。

(四) 总结和反省

马塞尔的形而上的希望和基督徒的希望对他才是真正的希望,这两种希望都有不靠人力的因素,都使人在最不可能希望的情境中萌发无限希望的能力,使人从现实超越到永恒的世界。基督

---

① G. Marcel, *Homo viator*, p. 71.
② Ibid., p. 77.
③ G. Marcel, *Pour une sagesse tragique et son au-delà*, Paris: Plon, 1968, p. 207.

徒希望中的绝对你是显化的绝对临在者,并因基督的神性生命及复活使希望落实,由信至望。在形而上的希望中虽不出现"绝对你"的面貌,但在无条件的爱和临在经验中,绝对者已以匿名的方式临现,因而给通透时间和死亡的未来提供了保证。这两种希望并无质的不同,只是在诠释中有所不同而已,因此即使没有基督信仰的人也能体会到希望的绝对性;但对基督徒来说,希望的绝对性在人而神的诺言和行为中得到了确切的保证,所以他们的信仰更为坚定,更为不屈不挠,而"绝对你"常保持着在其希望的中心和鹄的的地位:"我和你们天天在一起,直到世界末日,你们将会受苦,但不用害怕,因我已战胜了世界。"(《若望福音》①18:33)

马塞尔在40岁(1929年)时皈依了天主教。此后,他对基督的信仰从未动摇过。基督对他来说愈来愈成为主体际性的原型,他在一切具体的"你"的面容上多少都可以看到"绝对你",而他的存有论终于有了稳固的基础。80高龄时,他以口述方式由秘书笔录的自传有这样一段话:

> 基督之光,当我口述这几个字时,我感到一阵异常的激动。对我来说,基督并不是一个我能对之专注的客体,而是一个光照人者之光。祂又能变成一个面容,更确切地说,一个注视。②

下面我要讨论他对于"自然与超自然的启示宗教间是如何连接的"之看法。

首先,马塞尔个人的哲学心路历程并不预设宗教信仰。然而

---

① 新教译为《约翰福音》。
② G. Marcel, *En chemin, vers quel éveil*, Paris: Gallimard, 1971, p. 287.

他的基本心态是向真理开放，愿意不断地与宗教对话沟通。如果把他40岁以前的哲学阶段称为自然理性的反省阶段，后半期称为超自然的理性反省阶段的话，他认为至少在自己身上，这两个阶段是可以衔接的，它们是相辅相成的，而第二阶段更是第一阶段的完成。诚如他所说的：“自然已模糊地象征了只启示那些能为我们揭开的真理，但以后在启示的照明下这些象征会明朗化起来，以至于自然也能起照明的作用。”①形而上希望不假设信仰，但它已内在地表现了人性的深度和向往，因此它有普遍的价值，也具备了哲学的合理性。但它的全部内涵却须在信仰之光中与信仰提供的信息对质后，才完全明朗。

其次，哲学追求的智慧是一种光，由于光的吸引，旅人才会动身，哲人才能启程。发现光的过程是一段冗长的摸索期。光源提供的光，即事物的可理解性，也是人的奥秘的真谛所在。马塞尔在追求事物与人的可理解性中，接触到了创造者之光，这是宗教崇敬的对象，在这光中他与"绝对你"交谈，在"绝对你"中获得哲学真理的答案，两种光合而为一，由一个光源发出。由此，他的哲学达到了自然和超自然的完美整合。这是一条他自己走出来的路，而非前人铺好而只需上路便可到达目的的路。因此马氏认为他提示的绝对希望也能适用于一切在信仰团体之外或边缘上的求真心灵，他的进路对一切具有善意的人都能是有效的。

由无条件的爱、绝对临在及"你"的深度展开的人生幅度，实在是希望的可靠途径。绝对希望之可能则需要"绝对你"的保证，绝对你的爱和其恩宠的流溢，使有限的人性主体终能超越一切困境而达到一个最高断言。基督徒的希望实在是一个对"永恒地与我们在一起"的希望。

---

① G. Marcel, "La grace", *Le seuil invisible*, Paris: Grasset, 1914, p.111.

七、奥斯定与马塞尔的光之哲学比较[①]

（一）前言

奥斯定（Aurelius Augustine of Hippo，354－430）[②]与马塞尔两位哲士虽然相隔16个世纪，但他们的心路历程颇为接近。前者经历了一番刻骨铭心的殊死战，终于在32岁那年投入天主的怀抱，结束了冗长的精神奴隶生涯。马塞尔没有像莫尼加那样一位圣善的母亲，单独在黑暗中摸索一直到40岁豁然贯通，接受天主。两人的皈依都像接受了天主的光，在光中体会爱，在爱中萌生希望，并作终身抉择。

比较奥斯定与马塞尔，积极方面比较多，因为他们的哲学都受到信仰的滋润。马塞尔是当代存在哲学大师之一，重视生命体验，并从经验出发试图建构存有论，他的特色是互为主体性。奥斯定的《忏悔录》是他个人生命的写真，哲学与生活结合，充满情绪和波折，不愧被称为存在主义的前驱。奥斯定的存有论是以神为中心的，即存在思想家所称的"绝对你"，或"无限你"，我们可以在他的

[①] 原载《哲学与文化》1992年第11期。
[②] 中国大陆译为奥古斯丁。

哲学中找到神与人的多元关系,颇似海德格尔之从"此有"（Dasein）,来探窥存有,此有开显存有,好像接受了来自光源的光,而亦能起照明作用。我们可以避免为奥斯定设定一种存有论,而直接从他的著作来看人与光源之光的关系。

有信仰的人,不论基督徒或佛徒,对光都不陌生。因为信仰所授之光是活生生的经验,"信"即沐浴在光中,由于光的概念较少神学性,适用空间比"神"宽敞得多。比较两位哲士的光之哲学其实是比较两者的神学,不过是从宏观的角度。

笔者本身研究马塞尔多年,对他的作品比较熟悉;对奥斯定,则仅取其名著《忏悔录》的资料①。为便于比较,笔者针对两点发挥:(1)由主体际性中体验存有及存有之光;(2)存有之光本身。两点都是先提马塞尔,再讨论奥斯定。我们设法寻找这两位在中年获得信仰的哲士对今日的知识分子能提供什么启示。

(二) 主体际性与存有

马塞尔自唯心论中走出,以独特的方式去体验及诠释存有。他对笛卡尔的自我哲学毫不留情地大加挞伐,认为笛卡尔的主体建立在怀疑及知识论趋向的基础上,大不利于了解人性。笛卡尔的"主体"更恰当地说是"客体"。马塞尔自己的主体哲学建立在"我与你"的位格际交流的基础上,他不赞成萨特的"我与他"主客对立观,并认为所谓存有是在"我与你"交流中之体认。由是,主体际交往的多元模式,如神与人、人与人、人与整体自然,以及友谊、爱情、亲情都成为存有开显的管道。在这种种模式和关系中,我特

---

① J. McEvoy, "Anima una et cor unum: Friendship and Spiritual Unity in Augustine", *Rech. de theologie anc. med.*, 1986, pp. 68 - 69.

别挑选友谊来阐述马塞尔与奥斯定体验存有之光的感受。而友谊又是人类的普遍经验,因此不难印证,借之可见道的公平性,并且道不远人。

奥斯定的友谊经验非常丰富,对友谊的反省既多且久,一直到《天主之城》一书中仍有讨论,友谊是他锲而不舍的题目。他并发挥友谊神学,对中世哲学及其创立的隐修院制度大有影响。不过,把友谊与存有之光拉在一起,则为笔者之尝试,也是因为马塞尔的启发。

1. 马塞尔的友谊存有学

马塞尔的"我与你"哲学强调的是人与人间可能发生的一切积极关系,并把此关系向上向外拓开。

人与人的关系可从偶然的邂逅、心灵的临在、共融、全心奉献(disponibilité,或译可全在性、可全给性)、义无反顾的承诺来看,临在也可说灵在,是心与心的相知相契,达到合一的地步。临在提升了主体的价值,使他从一种时空的存在越入意义及价值的领域。他是被珍惜和重视的,他被信任及爱护,其实他已从一个"我"变成了一个"你"。而当两个或多个不同主体间产生临在关系时,真正的"我们"就出现了。"我与你"及"我们"之生并不保证一劳永逸,需要不断地努力,加强及加深相互的关系,才有可能步入存有的堂奥。而存有基本上是一切真实关系的联结点和底基,并且是连通一切"你"的枢纽。马塞尔甚至把"同"(avec)看成有形上意味的字眼:"同"超越时空并生死两界①。

如果说临在便是存有自显的特殊模式,而存有本身是光源(见

---

① 马塞尔:《存有奥秘之立场和具体进路》,陆达诚译,《哲学与文化》第九卷第8、9期,参阅本书附录一。

第二节)的话,则临在本身便是沐浴在存有之光中间的人性经验;换言之,临在解放出存有之光,友谊和爱是洞悉存有的媒介。既然临在是存有之在,也可说在存有内,而存有本身是光,则临在经验便分沾到存有的光泽。不过,一般而论,作者不直接以光称之,而以光的效果来阐明临在的功力,例如:喜乐、平安、力量、和谐、宽恕,当然也有理智的明晰性,可以判事正确公允。不过理性的效果已包含在上述其他因素之中。总之,共融的经验使人离开黑暗、孤僻、罪恶、积习,而走入光天化日之高原,享受充满阳光的人生。

这里,值得我们补充的观念是"深度"。人与人的深度交往使人体验永恒。马塞尔又用"绝对现在"一词来说明之。绝对现在不是串联性的时间的一环,而是其能被构成历史的因素,也是此历史的高峰。有此高峰,时间才有方向,并具有意义,马塞尔说:

> 当我在时间中无条件地爱或做一件事时,此乃永恒进入时间之内,永恒既非无时间的,又非一永恒的延续,而为时间的深度,当它为存在之历史性显现的时刻。①

从上可见,马塞尔的深度呈现了不变的永恒,把人性真谛洞示于外,而参与者的感受则为"无条件地爱及投入",使人迈入内在超越,而达到不凡之境。

人之能有如许深邃的经验,乃因他被"绝对你"所包围,使他潜在最深最大的"你性"充分开发,而能做惊天地、泣鬼神的豪举。临在是人与人的深度交往以致直捣存有的"黄龙",故可称为"奥秘"②。

---

① G. Marcel, *Mysterè de l'être*, vol. I, Aubier, 1963, p. 309; *Présence et immortalité*, Flammarion, 1959, p. 32.
② G. Marcel, *The Philosophy of Existentialism*, N. Y.: The Citadel Press, 1956, p. 648.

马塞尔所谈的临在在人际范围中包括了各种正面关系,其中首推友情。友情虽未在马氏著作中占有很大篇幅,但其讨论的"你""是与有""全在性"不单指爱,亦指友谊,并且可说,除非爱达到友谊的向度,不然的话,反成有害存有经验的因素。而不论哪种感情一旦受到友谊的滋润,就能开拓内外各种幅度,成为可持久的真实关系。把马塞尔的主体际性局限在狭义的爱的范畴中,一定是误解甚至曲解。今从友谊的角度来探讨奥斯定的主体际哲学,并从友谊现象切入存有的理解,可反证友谊本身已透射存有之光,并使参与此关系之主体沐浴在光内。

2. 奥斯定的友谊论

奥斯定生于北非,与北欧人的气质最大的不同,就在于其情感丰富这一点上。奥斯定大概承受了母亲莫尼加的气质,心地十分敏锐,情绪既多又深。莫尼加把这份天赋转向其信仰的对象天主及其丈夫[①]、子女(二男二女)。奥斯定除了对其父母(尤其母亲)表示深爱以外,自幼显出善为人友,并且有一群朋友。稍长,在迦太基,他与一女孩同居,来压熄情欲的火焰,大约也因受到该城风气的影响。不过,这份恋情虽然久长(17 岁至 31 岁),并有结果(一个儿子)[②],但同居之初,双方清楚这份关系不会正式化,情妇不能扶正,所以在同居 14 年后终于分手:"那个好久与我同居的女子,为了是我将来婚姻的阻挡,被迫与我分离。我心如刀割,悲痛欲绝,久而难忘,因为我非常爱她。……我们的那个私生子,她留给了我。"[③] 此女重回非洲前向他许下以后不与任何男子发生关

[①] 奥斯定:《忏悔录》,应枫译,台湾:光启出版社,1963 年,第 155、159 页。
[②] 同上书,第 46、98、151、160 页。
[③] 同书,第 98 页。

系。真相如何,缺乏数据,但奥斯定本人忍熬不住再次投入另一女人的怀抱,因为他的未婚妻尚未及笄,尚须等待两年①。这种作为以后使奥斯定产生罪恶深重的意识。

不过,除肉欲的需要以外,他一直有许多知己,并且在与他们的交往(共融)中,体悟到存有的真谛。就像爱他的情妇一样,他对好友的情感也是死去活来,而延长下去的便是与天主的专一而强烈的关系。总之,奥斯定得天独厚的性格便是多情,情感渗透他的灵魂、肉体,并延及一生,又把情感透入理性思考中,使他的哲学和神学别具风格,诚可称为中世纪的存在大师。

研究奥斯定的学者②一致认为西塞罗(Cicero,106－43 B. C.)是奥斯定的友谊启蒙师。在《忏悔录》中,奥斯定记下因读西氏的《荷尔顿喜阿斯》一书,而豁然顿悟,立志终身寻求智慧(第34、133页),当时他19岁。不过西塞罗的作品开启了他对友谊的大门,这是上述许多作者的看法。

西塞罗的众多论著之一是《论友谊》。谨将西氏的主要观点撮要提示③。

西塞罗认为友谊是人生中最珍贵的东西,最符合人性。真友

---

① 奥斯定:《忏悔录》,应枫译,台湾:光启出版社,1963年,第92页(此后有关《忏悔录》的出处将放入正文中)。
② J. McEvoy, "Philia and Amicitia: the Philosophy of Friendship from Plato to Aquinas", *The Sewance Medieval Colloquium Papers* II, 1985. 该文作者在注28中引列许多有关的文章及研究:M. A. McNamara, *Friends and Friendship for St. Augustine*, N. Y., 1958;J. F. Monagle, "Friendship in St. Augustine's Biography", in *Augustinian Studies* 2, 1971, pp. 81－92;P. Courcelle, *Recherches sur les "Confessions" de St. Augustine*, Paris, 1950;L. F. Pizzolato, "L'amicizia in Sant Agostino e il Laelius di Cicerone", in *Vigiliae Christianae* 28, 1974, pp. 203－215。
③ Gaetano Raciti, "L'apport Original d'Aelred de Rievaulx à la réflexion Occidentale sur l'amitié", pp. 77－99 of an unknown periodical, given to the students in the Catholic Louvain University, Belgium 1990, by Prof. J. McEvoy。

谊该流自善良的心灵。道德乃友谊的绝对条件,正直、慷慨、言行一致的人才能得到友谊。朋友对神性及人性的事有一致的看法,一般而论都充满善意和爱心。此外,西塞罗又认为友谊是神赐予人的最大礼物,没有友情人无法活下去。

友谊虽是神的恩赐,但它的发祥地是人性本身。人出于本能,向往从友谊中透显的和善之光与品德。从同情和关心中萌发强大的爱力,把人推往道德的完美之境。由于人性是不变的,因此友谊也能恒持下去,此外在逆境中才显出真朋友。

上面两段是西塞罗论友谊的主旨。奥斯定在自传中有两次谈及他个人的友谊。一次是在卷四第4章,提到一个从小相好的青梅竹马濒临死亡时发生的一段插曲,最后还是去世了。奥斯定应该还未满20岁,但他对这事故产生强烈的反应,也有不少反省,勾勒出他对友谊的看法。虽从个人经验出发,但其深度可与古典名家之见相比。第二次提及友谊是他在谈到意大利的团体,一群志同道合的朋友时,他们在迦太基就熟悉,大部分是他的学生。这几个朋友从知识的共好到投入信仰,有些与奥斯定一样过着奉献独身的生活。这种际遇提供我们一些存有学的资料,可以与马塞尔的临在哲学比较,再看它们的照明作用。

(1) 童年时代的友谊

上面谈到奥氏哀悼一个无名无姓的童年知交,他们有同样的年龄,从小一起长大,一同入学和游玩。等奥斯定去迦太基短期留学回来教书的时候,童年的友谊发展成更为炽烈的关系,而疾痛与死亡更加深了两人的默契。那个朋友在发烧昏迷中家人给他付了洗。焉知他的病情豁然好转,奥斯定以为两人对领洗有相同的看法,即非有意识领受的洗礼不生功效。不料这位朋友听到自己已领洗的事后,非常严肃地反对他用这种态度谈话,奥斯定心犹未甘,想等朋友痊愈之后再说服他。焉知不久病魔就夺去了这个未到 20 岁的小生命,接下来便是奥斯定的强烈反应,他谈到黑暗、烦恼、忧愁、哭泣……好像生命掉入深渊,失去值得活下去的意义。虽然这种情绪不会持续很久,至少我们看到了友谊对他的重要。我们读到下面的句子:"为我此生比任何甜蜜更甜蜜的友情"(第 48 页),"我的灵魂的一半,他的灵魂和我的灵魂是两个肉躯中的一个灵魂"(第 51 页)。而在歌颂友谊的同时,他揭开了友谊的帷幕,使人看到真如:"人间真正的友情,祢(天主)当是枢纽"(第 48 页),以这标准来看,他与那个青梅竹马的友情"还不算真正的友情"(同上)。此外,他又发挥上述的"枢纽"观念,向上主说:

> 爱你的人、爱友而不脱离你的人和为爱你而爱仇的人,是有福的,这样的人,一个亲友也不会丧失。为他,在那个不能沦亡的身上,众生都是可爱的。那个不能沦亡的是谁?不是我们造天地充满天地的主宰是谁?(第 53 页)

这段话把神是友谊的枢纽的意义阐明了,友谊本身不应只有一个经验对象,还有更大更深的幅度,应当把天主也包含在一个具体的关系之中,使这份情谊更真实、更持久,并能推及人,甚至仇人。这样,友谊变成道德,并与福音精神配合,使人在友谊中达到人性的充分实现。

细心的读者已注意到奥斯定与西塞罗类同之处:友谊是分享神的生命,是神的最大恩赐,为有德者所有,且催迫人完成全德。不过因为基督信仰,奥氏的观点更上一层楼,连仇人都能包容,也能爱,因为身为基督奥体的一分子,人能以基督的大爱来包容仇人及泛爱众生。鲁汶教授麦克沃伊(G. McEvoy)称此为"友谊神学"①,也可称为友谊形上学,以"我与你"为进路,体认"绝对你"之临在及为其完成的境界。

不过,这段讨论与其说是友谊光照亮了存有,毋宁说是信仰之光照亮了友谊的内蕴和前景。不论谁为主角,应当可以说:除非友谊有迎受光的能力,不然的话,光无法在它身上施展照明的功能,并且正因为友谊本身已把人置入光内,因此即使友谊不是终极之光,但为后者极有效的便道,因此若望②可以宣布说:"凡爱自己弟兄的,就是存留在光中"(《若望福音》一 2:10);又说:"爱是出于天主。凡有爱的都是生于天主,也认识天主……如果我们彼此相爱,天主就存留在我们内……天主是爱,即存在爱内的,就存留在天主内,天主也存留在他内,我们内的爱得以圆满,即在于此"(《若望福音》一 4:7、11、16—17)。很明显,这里的爱已不只是本性自然生发的相互感情,而是因信仰而升华的更高层次的人际关系,这种境界不单不破坏友谊,且使友谊除去驳杂,而达精纯,乃有真正的团体诞生,下面一节就是要谈团体友谊。

(2) 成熟的团体友谊

团体性的"我们"感,奥斯定从小就有经验。自传卷二中偷梨子是"一群顽童"一起干的好事。其中一个或许便是上节提及的青年。稍长,他的"我们"常有知性成分,一起切磋,互相砥砺。虽然死掉了一个知己,他还有许多朋友,可从他们身上得到慰藉。这些男孩在一起,"相互谈笑、友爱、共同研究好书"(第 52 页),"我们中间,人人可以时而为老师,时而为学生。对出外者,大家都不胜挂念;对归来者,大家殷勤接待。相好间相互从内心表示的友情,可

---

① Gaetano Raciti, "L'apport original d'Aelred de Rievaulx à la réflexion occidentale sur l'amitié", pp. 77-99 of an unknown periodical, given to the students in the Catholic Louvain University, Belgium 1990, by Prof. J. McEvoy.
② 新教译为约翰。

见于态度、言语、顾盼,和别的甜蜜的一切往来中。这样,许多不同的心,靠种种友爱之情,会打成一片"(第53页)。

这些朋友中不少随着他飘过地中海到罗马,又一起到米兰,有些念法律,有些念文学。其中分量较多的是亚利比阿斯和南伯利棣乌斯。《忏悔录》卷六和卷八有不少他们的故事。他们从迦太基开始投身于追求智慧之旅,到欧陆之后各有成就,最后都受到奥斯定的影响皈依了天主,使他们那来自本性的同好,在天主内缔结成更坚固的友谊。他们都是三十来岁的年轻人,原对幸福充满憧憬,都有"难填的欲壑"(第96页),但他们又觉得如果他们中有人结婚,就"绝对不能优游地共同生活"(第95页)。一群志同道合的朋友在得到皈依恩宠之前夕,决定离开红尘,寻找安静的生活:"把我们独有的财产,作为公有分用。为了我们间真切的友谊,产权不属于个人,而属于团体。……我们一共十来个人。"(第97—98页)其中有的富有,有的当过官,也有结过婚的。但这个计划最后变为泡影,因为其中不少人准备结婚(第98页)。

待奥斯定彻底与苦斗多年的肉欲分离,在基督的自由中分享到复活的生命时,这个计划再次活跃起来。奇怪的是奥斯定一旦皈依,其他朋友陆续地都投入天主的怀抱。其中南伯利棣乌斯在领洗不久之后就去世了,奥斯定觉得这个从前向他请教的学生朋友,"现在他的耳已不近我的口了,他的神魂之口,已接近祢的圣泉。在那里,在欢乐无疆的美景中,他可尽量吸领祢的智慧。可是,我相信他一定不会一醉如泥,甚至把我也忘掉了的"(第146页)。

其他的弟兄退到一个乡下别墅,母亲莫尼加照顾他们的饮食起居,这批朋友一起祈祷和学习,真正地达到了在人性和神性的事上有一致的看法①。他觉得只在神性(即信仰)的事上有一致看法

---

① Cicero 的次序是"Est enim amicitia nihil alius nisi omnium divinarum(转下页)

时,才能对人性的看法也一致。朋友间真正的爱只能在他们对神的相互的爱上建立起来。就像天主虽三位可因爱而结合成一体,同样地,人间友爱一旦结合天主也能激发一体经验的潜力,并使自己在天主内缔结牢不可破的关系,因为神的力量会弥补人性的多变与软弱。

隐修院中完美的团体的雏形于焉诞生,以后奥斯定回非洲就创立过许多隐修院,以爱主爱人的精神实现福音的理想。这种以基督为中心的"我们"才真是人类演化的动力中心,其中放射的光是创世者自身的光。

(三) 存有本身之光

友谊是主体际性的存有之特殊现象,在此现象中,存有本身临在并透显自己的真实。然而有些天之骄子直接与光源接触,不需要存有者的媒介。他们沐浴于其中之光是存有本身之光,非被造之光,是天主自己。这种经验具有神秘主义的性格,是特选者的经

(接上页) humanarumque rerum cum benevolentia et caritate consensio." (De amicitia, VI),奥斯定反过来 "Friendship is agreement in all things human and divine, with goodwill and love." (Epistle 258)。这个差异先由 Pizzolato 在 L'amicizia in S. Agostino e il 'Laelius' di Cecerone (*Vigiliae Christianae* 28, 1974, pp. 205-207) 一文中提出,加以发挥,后由 J. McEvoy 继续之:"In Agustine's dialectic of the ascent of the soul to God, the order of things, chronological, psychological and metaphysical, is always from human things to the divine; thus is Cicero's static moral vision, in which the *res divinae* have precedence by their greater dignity, taken into Augustine's framework of experience, metaphysical dependence, and the religious dynamism of the restless soul." 请参阅 Anima una et cor unum (friendship and spiritual unity in Augustine) 在 *Rech . de Theologie and med* . 1986, pp. 40-90。上文在第79页上。奥斯定发现在朋友间同心一志,可以没有神性事务的观点一致之默认(第77页)。不过,在更深层次,神性事务上的观点一致,确是人性事务看法一致的基础,完美的友谊必须同时包含这两点。

验。下面我们要从马塞尔和奥斯定的作品中分别说明并诠释这种光源之光。

1. 马塞尔论光

马塞尔的早期作品有两种文类：一种是纯哲学；另一种是戏剧。哲学中有理性活动的成果，由理性照明；倒是在戏剧中他给形上之光留下余地，似乎理性辩证的极限处有时会透显另一类理解，它在人类理性之上，可以照明理性，给后者一条出路。至于在哲学著作中光的出现是在他领洗前后（1929年3月23日），比如"我不能不写：在我思想中出现了的光为我只是'另一位'的延长，祂是唯一的光，喜乐的圆满"①。"这几天我体验到难以置信的精神浓度。我的生命明朗化起来，一直到过去之深渊，而不只是我的生活而已。"②四年后（1933年）他在法国南部作一次重要演讲——"存有奥秘之立场和具体进路"，以光来结束全文："我在这篇演讲中提供的哲学用无法抗拒之运动催逼我们去与一道大光相遇。存有奥秘的哲学预感前面有这道光，而在自己内心深处不断忍受这道光的隐约刺激，就像忍受冬阳轻炙一样。"③光的观念愈来愈占有中心地位，在他80岁高龄发表的《悲剧性智慧》一书中干脆把自己的哲学称为"光的哲学"④。"光"的观念比"奥秘"概念更为简明。也因为他已届高龄，不必含蓄，因而毫不保留地把自己的哲学和宗教信念结合在一起。他也与爱徒利科表明"光的形上学"很适合来说明

---

① 马塞尔：《是与有》，陆达诚译，第13页。
② 同上书，第14页。
③ 马塞尔：《存有奥秘之立场和具体进路》，陆达诚译，《哲学与文化》第九卷第8、9期，参阅本书附录一。
④ G. Marcel, *Pour une sagesse tragique et son au-delà*, Plon, 1968, pp. 11, 56.

他一生的思想①。我们分三点来介绍马塞尔的光学：（1）乐于为光之光；（2）"我们又见到又见不到"；（3）基督之光②。

（1）乐于为光之光③

《创世纪》记载天主创造万物，第一天创造光，使光与黑暗分开，形成昼夜。此光为受造之光，是物理之光，没有自己的意志，无所谓乐与不乐。而身为终极光源之光是意志天，是有位格的。

天主造完每样东西都说："好。"这是创造的喜悦。不过有另一段文字更可佐证，这是旧约《箴言》中智慧以第一人称作的述说：

> 当祂上使穹苍稳立，下使渊源固定时，当祂为沧海划定界限，令水不要越境，给大地奠定基础时，我已在祂身旁，充作技师。那时，我天天是祂的喜乐，不断在祂面前欢跃，欢跃于尘寰之间，乐与世人共处。（8:28—31）

天主不但造了世界，也乐意造它；同样地，天主不但是光源，且是乐于为光的光源，而绝非无情的神体。

光这一概念本身带来的联想是：温暖、力量、开放、自由、喜悦、生命、方向、奉献、慷慨④。光显出在绝对临在中，神参与人间结盟的喜乐。

光之"乐于"为光，出自对光本质之分析以及对神之联想。

---

① *Entretiens Paul Ricoeur-Gabriel Marcel*, Aubier, 1968, p. 119.
② 参阅陆达诚：《马塞尔》，台湾：东大图书公司，1990 年，第 6 章第 3 节，第 254—260 页。
③ G. Marcel, *Mystère de l'être*, vol. II, p. 124.
④ 同上书，第 119—122 页。慷慨者以"你"的面貌对待别人，马氏亦用"微笑"来说明慷慨者的特色。

(2)"我们又见到又见不到"①

从人的角度来看,人体会光的效果,但不能控制及决定光的节奏。

光有自己的时间,当它的时间来临时,除非我拒绝它,不然的话,我必沐浴在光内。但当光隐蔽起来时,我回入黑暗;不过,这种黑暗并非绝对的否定,这是一种等待性的黑暗。

见不到光时,并不否定光的存在,而我之不能见光或许是我自己分泌出对光不利的因素。我必须扫除乌云,净化自己,才能拨云见日②。

见不到光的原因也可能是光太亮了,使我睁不开眼,我变成了瞎子。马氏有 blind intuition(被瞎了的直觉)③之说。我的视觉虽然报废,但视觉的效果都未失去,理解力非常清楚,且对临在之事实毫不怀疑。

再者是光源本身虽然隐没,但它借一些特殊的中介使光变柔而照明众生。后者乃自光源接受了光,成为小光源。他们的作用是直接的,即使与其接触的人直接与光源相晤,这些是光"本体"的真实"现象"。马氏认为圣贤即此类小光源。我们引用他的《罗马不再是罗马》一剧中,一个男孩向他嫂嫂讲的一段话来说明:

> 最奇异不过的可是在我认为得一召唤的那天早晨,我有了一次意想不到的邂逅。那是一位年轻的隐修士,他惊人的表情震撼了我一直到灵魂的深底,以致我虽然普通没有与陌生人谈话的习惯,这一次我无法阻止我自己向他说话。你无

---

① 取自其剧本 *L'émissaire*,载 *Vers un autre Royaume*,Plon,1949,p. 108。
② *ME* II, p. 130.
③ G. Marcel, *Foi et réalité*, Aubier, 1968, p. 8;*La dignité humaine*, Aubier, 1964, p. 120. 可参阅陆达诚:《马塞尔》,第 196、257 页。

法想象那瘦弱的面庞所透射出来的微笑的纯洁……这,这是基督的微笑。①

从这位神秘隐修士脸上的微笑,剧中人看到的是基督的微笑。后者与前者的关系是一元性的,因此前者透射的光辉即基督自身的光辉,就像基督自己与天父间之一元关系一样:"谁看见了我,就是看见了父。"(《若望福音》14:9)多元主体间之一元关系正表示主体际性的完美程度。无人能见到存有,少数面对过天主,但大多数人都会有遇到与天主密切结合的圣贤的可能。因此,存有之光可能有时隐失,但活在存有内之圣者,不断播射此光,使众生不致陷入黑暗中而无所适从,而大部分生灵之能有时看到光或体验临在也是透过存有的证人,在存有的证人身上他们直接体认临在。

(3) 基督之光

前面提过光的概念与马塞尔皈依的事件同时出现在他的形上日记《是与有》内。这种领受光和恩宠的经验在他以后的43年中还会延续下去。这些年的忠贞不变的信仰使他体认真理的圆满与高峰是在降生为人的基督身上。耶稣出现在人间,外表与人全同,然而透过祂的言行祂的神性一再开显,从而永恒的"非受造之光"②终于变成可见的对象,祂是终极之光的体现。马氏在口授自传的晚年,终于毫无保留地吐露出自己内心的秘密,即他对耶稣基督的完全的信爱及无条件地委顺奉献。请听:

> 基督之光。当我口述这几个字时,我感到一阵异常的激动。对我来说,基督并不是一个我能对之注视的客体,而是一

---

① G. Marcel, *Rome n'est plus dans Rome*, La Table Ronde, 1951, p. 143.
② *ME* II, pp. 178, 188.

个照明人的光,祂又能变成一个面容,更确切地说,一个注视。①

一个面容,一个注视。基督"见"过他,借此"见",而照亮了他的全部历史,也改造了他的存在。他不再是一个"他",而成为绝对你的绝对对象。基督活入其身,活入其面容和注视,使他成为小光源,烛照世间的无明,驱散意义之否定——荒谬。众生不再与他敌对,而成为他的潜能的"你",他在与众生相遇或服务时遇到基督,也在基督内接触到一切需要援助的人。哲学的探索在接近存在的终极时宣告完成,以后是大跃入及永恒的合一。

马塞尔在领洗前两天(1929 年 3 月 21 日)写道:"支持我最大的力量,是我不愿站在那些曾出卖基督者一边的意志。"②这个意志在他 43 年后跨入永恒界时还是他坚持的原则。他虽然没有全部了解信仰的内容,也与天主教的官方哲学(士林哲学)气质不同,但却对基督毫无保留的关系,显示了绝对忠信的原则。是天主与马塞尔的合作,使忠信克服背信,给在混乱中奋斗的脆弱心灵带来了无比的希望。马塞尔不愧被称为 20 世纪人类的先知。

2. 奥斯定论神光

我们从两点来说明奥斯定的光论:(1)神光;(2)小光源。

(1) 神光

《忏悔录》第一页就强烈地透示奥斯定气质的特色,他的一句名言是:"我们是造来为祢的;我们的心得不到祢,就摇摇不安。"

人除非找到自己的根,并在其上奠下牢不可破的基础,不然无

---

① G. Marcel,*En chemin, vers quel éveil*,Gallimard,1971,p. 287.
② 马塞尔:《是与有》,陆达诚译,第 17 页。

七、奥斯定与马塞尔的光之哲学比较

法安身立命。

这种迫切的渴望表现在求知识、求智能、求真理、求幸福……上。他真是一个无法餍足的追求者。实在,他要找的是不变的真理与幸福,找其他东西,只是前者的代用品。当他得到了最大幸福和绝对真理,他就把以前30多年追求的宝贝,一样一样放下来。卷一至卷九冗长的篇幅都在描述他内心的挣扎:他看到了光明,但走不进去,因为被自身强烈的情欲羁绊住了,一直到一道神光长驱直入,才把他的黑暗一扫而光(第141页)。这道光是天主的恩宠(第134页),也是天主自身的临在。临在以光来表达,固是比喻,但非常恰当。海德格尔也喜欢把道的开显处称为"光域"①;除非人把自己移入此光域内,不然无法达到深度的理解,亦无法开显道的真谛。

奥斯定记载在《忏悔录》上的神光经验出现在他皈依之前(第112页),我们先温习一下这段记录,再加以分析:

> 在你的指导下,(我回)到我心灵深处。……在那里,运用我迟钝的神目,在我神目之上、理智之上,我看到不变之光。这不是任何肉目所见之光,这是另一性质的光。这个照耀万物的光似乎更强烈、更透彻。……它在我以上,因为它造了我;我在它以下,因为我是它造的。谁认识真理,认识它;谁认识它,认识永远。认识它的就是爱德。呀,永远的真理!呀,真正的爱德!呀,可爱的永远!祢是我的天主,我日夜渴望着祢。(第112—113页)

---

① Martin Heidegger, "Letter on Humanism", *Basic Writings*, Harper & Row, 1977, pp. 193 – 242, passim.

这种口吻非常类似柏拉图攀登理型世界窥见至善时的描写，总之，他们两人似乎都超越了凡境而进入过奥秘之境。奥斯定与柏拉图一样有形上形下之分，他也拾级而上，从肉体到"有感觉的灵魂"，再到"接受五官报道的内力"，此即觉察力或审辨，但它的可变性尚须依赖智慧，是智慧叫他选择不变的东西。奥斯定乃问："这个不变者的观念是从哪里来的？假使智慧对于不变者没有一种认识，它怎能说，不变的胜于变的呢？"（第117页）。他的结语是：

> 最后，在一种摇曳的光明之下，我寻获了至高无上的物体。于是，我就觉得："祢无形的一切，借着祢所造的有形之物，也可以明了。"可是，我仍不能凝目而视，我太软弱了，我终于又倒了下来，对于我所见的一切，只留下一个可爱的回忆。这一碟天上的佳肴，我已闻到它的香气，但我未能尝到它的滋味。（第112—113页）

人间的宗教经验是天国永恒福境的预尝，在灵修学上称为神慰；有些神修大师经常活在这种境界之中，他们的证道铿锵有力，震撼人心，因为人们可从他们身上体会神的临在及其效果。奥斯定有过多次神光的体验，因此，他的作品透显出不凡的智能，而他的生活方式亦彻底改变，这原不是他能力所能及的。新老两种意志终于统合起来，而血肉的需要升华成精神的创造力，给欧洲文化带来强大的推动力。

这种神光的经验在皈依之后一直持续下去，先与弟兄分享，后来在奥斯底的泰伯尔河的花园中与母亲莫尼加共沐在光内，再一次拾级而上。

远离了纷扰的群众,在一个疲劳的长途旅行之后,我们正在从事休养,预备渡海(返非洲)。在最温柔的空气中,我俩相对而谈,抛掉过去,凝视将来,在祢的面前,祢的真光之下,我们探求:那个目所未见、耳所未闻、心所未明的永生,究竟是怎么一回事。……我们谈话的结果是:在这样一个生活的幸福前,任何肉身的快乐,肉身的光明,都是不足道的。于是,我们心神转向造物飞去。我们拾级而上,数尽了一切有形之物,就是那个苍天……接下去,在称奇颂扬声中,我们又看了祢在我们身上的各种杰作。我们又穿越了我们的灵魂,到达丰富无穷的境界,在那里,性命就是上智。上智是一切现有、已有、将有的原则;可是它是无始的:现在的它,就是过去的它,也是将来的它。换句话说,在它,没有过去,没有将来。它单是有,因为它是无始无终的,曾存在,当存在,就是永远存在。我们谈论上智,景仰上智,我们的心,在一种高度的兴奋中,刹那之间,同它接触。最后我们只得叹息,放下圣神的初感,重返唇舌的世界,听有始有终的话。(第157—158页)

又一次柏拉图式的上升冥想,不过,这次是在主体际的交融中往上直升,更符合马塞尔的模式。对象是存在本身,而此处的天主圣言——永恒的智慧与柏拉图的理型不同,前者具位格性,能与其照明者产生"我与你"的关系,冥想的极处不只是理解,且是爱的共融。这份经验与喜乐肖似耶稣在大博尔山上与父密契交往的关系,连周围三个门徒也不想再下山(《玛拉基书》第17章)。

莫尼加负荷不了这份经验,她可以离开人世了:"我的儿子,为我,此生已没有快乐可言,以后我还有什么可做呢?为什么我还活着?我正不明白。我此世的希望,已完成了"(同上)。

这一次一次神光经验给奥斯定播下了无数种子，等它们在奥斯定灵魂的沃土中抽芽生长后，就会出现在他的著作中，这是他汲取不尽的财富，因为是由神所投资的，而那道光一直在闪烁着，使奥斯定勇往直前。

(2) 小光源

A. 小光源的故事

任何与大光源接触过的人多少都变成了小光源。马塞尔剧本中的隐修士射出惊人的圣德之光，他已是一个光源。在奥斯定《忏悔录》中这类的小光源不少，如西塞罗、盎博罗修（第78页）、新伯利西亚诺（第124页）、费克道冷（第124—129页）、庞底西亚诺及其朋友（第131—133页）。

上述数人中西塞罗是罗马大哲、文学大师；盎博罗修是米兰主教，道德学问一等，使奥斯定五体投地；新伯利西亚诺是给盎博罗修付洗者，他给奥斯定叙述了当代大文豪费克道冷皈依的故事。费氏用拉丁文翻译柏拉图的著作，又在高等学院中教文学，罗马的学术界在广场上建了一个他的铜像，可见他被尊崇的程度。这位学者研究多年后决定信主，有人劝他私下领洗，免得干扰罗马文坛，他全力反对，决意公开举行仪式，当他到达走上高台宣读宣言时，台下欢呼雷动，一片喝彩之声，他对罗马知识分子影响至巨。奥斯定问天主说："主，祢压低了天顶，天降了下来。祢手触山岭，山岭就冒烟。祢用什么方法，打入这样的一个心呢？"（第125页）儒利央皇帝禁止费克道冷教文学，后者欣然服从，"宁愿脱离学堂，不肯放弃使信徒口若悬河的圣言"（第129页）。奥斯定深受感动地说："我切愿步这伟人的后尘。"（同上）

由于恩宠尚未到来，奥斯定的两种意志在作殊死战。这时又出现了另一道光，此光的携带者是非洲同乡庞底西亚诺，他在朝廷当官。一次来访奥氏及亚别比阿斯，在奥氏桌上看到圣保禄的书信,使他大为惊讶,因庞氏已信基督,是个常跪着做深长祷告的学者(第131页)。庞氏说起有一次他和另三位官员陪皇帝去参加运动会。他们有段自由时间,就分两组到城边花园散步。另一组的两位朋友不知怎的走入一座隐修院,在那里找到一本圣安当的传记,一看之下,感动得五体投地,决定放弃红尘,专心事奉上主。待庞氏一组找到他们时,他们告诉自己的决心,并劝后者不要阻止他们。这两位新的隐修士现在还隐居在草棚中。

这样的故事对在肉欲中翻滚的奥斯定冲击太大了。在他们身上,奥斯定看到自己渴望活而活不到的生活。他觉得自己遍体疮痍,丑陋万分:

> 我看到那些勇往直前的青年,为救自己的灵魂,甘作全燔之祭,我觉得非常钦佩。他们的豁然而愈,相比之下,我更觉我的可怜又可恶。行年十九,我读西塞罗的荷尔顿喜阿斯,我始爱智慧。屈指数数,已十二个年头了。可是,我仍依恋于世俗的荣华,不知一心去寻求那个宝藏。……我尝恳求祢保持我的贞洁说:"请保持我的贞洁,可是,不要就付诸实行。"我怕假使祢答应我的话,祢就要根治我的偏情。……我所以迟迟不忍断绝世俗的希望,一心归向祢,是为了我还未能获得照耀我前程的光明。(第133—134页)

这些事件都把奥斯定领向最后关键,使他在内外条件充足时,终于向天主彻底投降。而那道久待的光终于透过阅读(《圣保禄①致罗马人书》中的一句13:13),而射入奥氏之心,使他挣脱所有的枷锁,投入主怀(第141页)。

---

① 新教译为圣保罗。

由此可见，除了最后一道决定性的大光以外，还有许多小光源的光也在照亮奥斯定，小光源的哲学可以在他身上得到印证。

　　B. 小光源的理论

　　人得了圣神而变成"小光源"（第 271 页），受造物一旦归向真光，自己"也成了光"（第 265 页），所以"我们是光"（第 266 页），可是与光源不能并驾齐驱，创造的智慧与受造的智慧不能相提并论（第 242 页），而真实的、不变的、永恒的光是在此生命结束时才能看到："我们将在那个灿烂难言的光里，亲眼见到圣子的真面目。"（第 267、269 页）这光是美的泉源（第 197 页），叫人得完全的幸福。"喜乐就是祢，幸福的对象是祢，幸福的理由是祢，幸福的路径也是祢。……我的天主，我的光，我的救援，祢是真理，这是从祢来的喜乐。众人都要这个幸福的生活，都要这个独一无二的生活，都要这个从真理来的喜乐。"（第 185—186 页）

　　我们再引用下面一段话来结束奥斯定对光和幸福追索的心理：

　　　　主，祢是无旧无新的美，我爱祢太晚了，太晚了。祢怎会在我内而我在我外？我在外边找祢，我追求妖艳的受造之物，破坏了我自身。祢在我身边，我却醉心于物，远离了祢。当知脱离了祢的一切，都不算什么。祢叫过我，祢的呼声震动了我的耳鼓；祢发过光，祢的光明驱逐了我的黑暗；祢散过祢的馨香，我闻了又景仰祢；我尝过祢的美味，我仍饥着渴着，祢感动过我，我对于祢的平安，觉得神火满腔。当整个的我，和祢结合之后，我再没有什么痛苦，什么疲倦可言。我的性命，在祢充满了它以后，将变成真正的性命。（第 189 页）

（四）结论

奥斯定与马塞尔是两位杰出的天主教思想家,他们留给后世的哲学遗产便是被信仰渗透过的理性思考及其成果。两位都在而立之年后才获得信仰,并珍惜这份迟来的恩宠,愿意为存有真理作见证。

由于信仰本身是接受光的照明,并把领受的光明照亮四周的黑暗,因此这两位学者都乐于为光作证,并且渴望帮助众多慕道的人获得自己已有的光。基本上,两人对光的领悟都依据《圣经》,尤其是《新约》中圣若望的著作,所以他们的光既是非受造之光亦为降生为人的圣言;在耶稣基督身上,他们体认终极真理,并甘愿奉献自己,在他们的字里行间闪烁的是圣言自身的光辉。

奥斯定的求道过程比较戏剧化,他对肉情的需要及桎梏成为他《忏悔录》一书中的主要资料;马塞尔没有涉足过不良场所,并且有过幸福美满的婚姻,是比较纯洁的人生写照。两人可以互补,而他们的主要经验确能反映人性整体的企望。

主体际性是存有的本质。这是马塞尔存有论的核心信念。奥斯定在与朋友及与母亲的深度交往中体认主体际性的真理,并从互为主体的关系中体认"绝对你"的临在,透显终极实体的光辉。奥斯定的学说与马塞尔在存有论上相合无间。

临在之体认有时会减少,甚至完全阙如,使有临在经验的主体陷入黑暗,这时忠信的角色突然显出,而忠信的力量来自临在。忠信的事实使我人相信人的尊严所在,而坚持在可变的世界之上有永恒不变的真理。神秘家屡次陷入难忍的黑暗中,耶稣在十字架上的大声呐喊,显出临在的另一面,存在最深的奥秘包含了"分裂"，在人类痛苦的极处可能有最大的光和最深邃的爱。"我与你"的真实要从圣言的生命中来彻底印证，我们可以沿着奥斯定和马塞尔的轨迹加深探讨人类的问题，使永恒的光辉更进入历史的核心，也给中国带来希望之路。

八、有神及无神哲学对比下的宗教观念[①]

《2000年大趋势》的作者奈思比在该书中这么宣称:进入2000年之际,形形色色的宗教在世界各地已如火如荼地复苏起来。

"二战"后婴儿潮出生的美国人,在20世纪70年代成了反宗教的一群。但是,同样的这群人,却在90年代末采取了与以往信念背道而驰的行动:有些带着一家大小重回教堂,有些则接受新纪元运动(the new age movement)思潮的洗礼[②]。

台湾地区也不例外,略举几个例子:

证严法师的道场变成众多佛徒的朝圣地,每个周末,三成以上开往花莲的火车乘客都是为了参见证严而去。

农禅寺最近一次禅修班聚集了40位国内政、经、学界之知名人士。

《远见》杂志记者孙秀惠报道:"根据(台湾)'内政部'最新资料,台湾目前有信仰的人已经冲破千万,十年前台湾的宗教人口不过115万左右,成长的速度可见一斑。"[③]

[①] 原载《哲学与文化》1993年第7期。
[②] 奈思比:《2000年大趋势》,尹萍译,天下文化出版公司,1990年,第277页。
[③]《远见杂志》1993年1月15日,第37页。

台湾地区基督宗教的发展比率虽不及佛、道等教，尤其差韩国太远①；不过，基督徒在政界和文艺界颇有声音，不断通过媒体传播自己的正义与真理的信念，加上大型的布道活动，在在激起信仰的波涛。王建煊、李国鼎、阮大年等都是大家熟悉的基督徒，他们的宗教信仰贯穿到施政理念之中。

随着辅仁大学宗教学系、所的成立②，"教育部"明确表示重视宗教的立场，未来大学中增设宗教类的通识课程是必然的趋势。对宗教的知识性研究会使人性精神本质更得阐扬，一面可以平衡社会上的物欲乱象，另可提升心灵境界，追逐精致的人生理想，使人充分发挥道德潜能，祥和的社会乃可成为事实。

哲学界参与宗教方面通识教育课程的设计和讲授，自然会着重在宗教哲学方面。而宗教哲学课程可大可小，有广义和狭义之分。在哲学系开的宗教课程是狭义的专业课程，例如：西洋中古哲学、奥斯定和多玛斯的专题讨论、新士林哲学、禅学、佛学之类。这些课程都须在哲学基础课程之后开设。若以同样方式在通识课程中讲授，不尽适合，故须另辟新径。比较可取之路是开宗教与人生，宗教与艺术、与文学、与科学等关联起来的课。这样做更能配合初学者的程度，并起有效的陶冶作用。

笔者认为可取之径之一是"宗教与人生"，而在"宗教与人生"中分别把有神及无神的人生观，加以比较与批判，使学生便于作自己的基本抉择。而有神、无神思想之两极对立莫过于存在主义学者中所出现的两组思想：19世纪的一组是齐克果与尼采，20世纪

---

① 见韩哲河博士《韩国社会对亚洲福传工作的影响》一文，载卢凤麟编著：《韩国教会增长面面观》，徐埃布尔等译，中华福音神学院出版，1985年初版，第44—45页。第二次世界大战末期，韩国信徒约30万，以后每10年倍增，目前（1985年）约850万，占全国人口四分之一。
② 1988年宗教研究所成立，1992年大学联招第一次招收宗教系学生。

则以萨特与马塞尔为主。围绕着这两组哲学家还有许多著名作家如卡缪、卡夫卡、德日进、雅士培等,然而为了深入探讨,两个学组的宗教哲学通识课程更宜缩小范围,集中探讨两组中的一组。笔者在这份报告中选择萨特与马塞尔一组。谨对这两位哲学家稍作介绍,包括以此内容开课之进路及可能达到的结论。

(一)萨特与马塞尔平分秋色

存在主义之"实"不受时间限制,东西古代及中古都有,但存在主义之"名"进入哲学历史倒是 20 世纪的事。缘起于 1946 年萨特发表的《存在主义是一种人文主义》[①],他把海德格尔和自己划入无神存在主义一类,而把雅士培和马塞尔归于有神存在主义的范畴。从此以后,虽然他以外的三位哲学家先后否认过自己是存在主义者,但似乎广大群众和历史作者不再放弃这个方便的归类,这四位哲学家为存在主义的正宗巨柱遂成不争的事实。

存在主义旗下的这四位作者为什么其中三位否认自己是存在主义者呢?主要因为他们不与萨特的思想,尤其是他的无神论认同。萨特从胡塞尔(E. Edmund Husserl, 1859 – 1938)及海德格尔处学到现象学方法和术语,但予以不同的诠释。为了使人彻底成为人,萨特不惜将人之根切掉,把西方文化中的终极基础割除,这就是他的无神立论。萨特之去掉神,主要为给人平反,使人不要卑躬屈节,做神的奴才。人要自己站稳、顶天立地、为自己决定自己的命运,并为自己的决定负责,必须先去掉神。

在萨特发表《存在主义是一种人文主义》时,同住巴黎,背景几

[①] 郑恒雄译,收入考夫曼编著:《存在主义哲学》,陈鼓应等译,台湾商务印书馆,1977年第四版。

乎相同的马塞尔(他比萨特大16岁)已皈依天主教17年。马塞尔于40岁时,因文学家莫里亚克(F. Mauriac, 1855 - 1970)的引介而投入天主教。在他的第二本形上日记《是与有》①中仔细地记录该年三月间一连串的宗教经验,他称之为"恩宠"经验,而在3月23日便领洗。此后的形上日记,包括《是与有》的大部分及1959年出版的《临在与不死》②,还有1933年的重要演讲"存有奥秘之立场和具体进路"③、两本论文集《旅途之人》④《从拒绝到呼吁》⑤,都以哲学体裁来刻画有信仰的人生观,似乎因着恩宠之经验,他幸运地找到了前半生40年之反省的高峰和核心。他成功地从人的生活平面和现象出发,挖掘现象之内涵,再凸显生命的深刻向度,而能超越纯理性思考的瓶颈,有所谓"后设现象学"(hyperphenomenology)⑥之称的奥秘哲学问世。

马塞尔的理论恰与萨特相反,认为神之存在及人的存在两者并无矛盾。神的存在可以补满人存在的缺陷,并使人内在的潜能与活力充分展现。人在神内也可以顶天立地,完成自己的主体性,但其进路却是人与人、人与神、人与万物的互为主体关系。互为主体性也被译成主体际性,旨在强调独我论的荒谬,而主体及其他主体因积极的关系而相互完成自己,达成之境界是比自我为大之"我们"。而神之角色即促成、深化、永久化人与人关系的奥秘。具体地说是主体在走出自我,真诚地开放自己,并与其他主体缔结友谊与爱的情境中,他体验到绝对和超越,并因此体验他能肯定永恒。

---

① 马塞尔:《是与有》,陆达诚译,台湾:商务印书馆,1990年第二版。
② G. Marcel, *Présence et immortalité*, Paris: Flammarion, 1959.
③ 马塞尔:《存有奥秘之立场和具体进路》,陆达诚译,《哲学与文化》月刊,第九卷第8、9期。参阅本书附录一。
④ G. Marcel, *Homo viator*, Paris: Aubier, 1944.
⑤ G. Marcel, *Du refus à l'invocation*, Paris: Gallimard, 1940.
⑥ 陆达诚:《马塞尔》,台湾:东大图书公司,1992年初版,第41页。

由于这类经验为无宗教预设的普遍经验,因此人人可及,只要读者不存成见,也能接受其诠释之合理性。马塞尔自己认为他的哲学一切人可以适用,虽然到他生命末期口授的自传中,他直截了当地肯定基督的信仰像一道光透射到他的思维系统中,并弥漫在他所有的存在冥想之中。总之,萨特称他为有神的存在主义学者一点不错。

萨特与马塞尔在20世纪前半部先在法国风云一时,60年代后,他们作品的英译本引起全球的读者兴趣;尤其萨特的反叛力及其多元化文学作品影响更为辽阔。不过他们二人究竟谁会在历史上留下更重要的一页,有待未来的人类来鉴定了。现代知识分子在自我陶冶过程中若能涉猎这两位学者的思想,必有助于人文基础之建立,整合知识,开拓视野,甚至做个人的基本抉择,因此可以是非常合适的宗教哲学通识教育的课题。

(二) 萨特的人学

萨特于1980年4月去世,享年75岁。出殡之日,巴黎有两万多人尾随棺后,沿途还有数万人吊唁,是文人葬礼中罕见的现象。萨特通过文学(小说、戏剧)、哲学及政治活动,使他在新闻媒体出现的频率极高,为20世纪最为人瞩目的哲学家之一。

存在主义基本上是讨论人的存在。不过,在讨论人的存在时却牵涉到了神的存在,问题在于神的存在究竟有利或有损于人的发展。萨特的看法是否定的;而马塞尔却是肯定的。萨特的人文主义是无神的,彻底地从人出发,也在人身上完成。既然是从人出发的思考,我们就顺着这条线索来回顾萨特的人学,然后从人到神,省视其神学的端倪。

萨特的人学不从哲学史中某一学派开始,而从自己生活的小天地中逐渐酝酿而成。基本上可以说：萨特的人是"无"，不是"什么"，但有成为"有"的倾向，并能被其他人固定成一种"有"。

这里牵涉到两点：首先，人是无；其次，别人使我成有，而使我失去原本的无性。

首先，为什么人是无？"人是无"指以意识来界定人，而意识不是空间中之一物，故能容纳、观照、表象一切有。意识在未动之刻是寂然纯无，既动之后，必有所对，而能知与所知之对构成能、所相应的意向性。在意向性中，意识不是纯无，因其对象之有而具有性。这种与有挂钩的现象使意识稍为安定，但意识还是要挣脱有的羁绊，回入无的天地。由此可见，意识之无并非老子之无，是既贫乏且有欲之无，一旦有了什么，又得放弃。这种川流不息的追逐及否定，使意识疲于奔命，永远不能安定。

在意识所对之有中，最特殊的是"自我"及自我之"过去"。这两种实况在西方哲学传统中原与意识绝对同一，但萨特却不以为然。意识既然是无，因此意识之核心并无所谓的"自我"，没有自我就没有"本质"，存在者即无自我的意识即自由，是一种能力而已。本质及自我是这种能力创造的成果，不是先天的。"存在先于本质"[①]即是此谓。"人首先存在着，首先碰到各种际遇，首先活动于这世界，然后开始限定了自己。一个人如果无法予以限定，那是因为人在开始的时候还没有成为什么。只是到后来，他才成了某种东西，他才把自己创造成他所要成为的东西。……人除了自我塑造之外，什么也不是。"[②]

一切已实施及已获得的东西，以及一切遭遇，后天地构成了人

[①] 参阅考夫曼编著：《存在主义哲学》，陈鼓应等译，台湾：商务印书馆，1977年第四版，第369页。
[②] 考夫曼编著：《存在主义哲学》，陈鼓应等译，第369页。

的内容,使原始的能力有了限定;但是存在不肯拘泥在"已有""已成",却要挣脱后者,迈向"未成""未有"及"能成""能有"的未来。

意识本身是无,且能将自身之外的一切,包括后天所得之内容及"过去",予以无化,不再受其影响,并以新的视野予以诠释,甚至否定之(最彻底的办法即自杀)。由此可见,为了未来,可以抛弃过去,而一旦未来成事实,也遭被抛弃之命运。人永远处在"有"与"无"之间,是无法克服的矛盾。

其次,别人与自己的关系又是怎样的呢?

萨特认为别人也是意识,也是一种能力,若别人把他自己固定在"已有""已成",就成为一种实体,不再清明自由。不过,别人也会在有无之矛盾间挣扎、动荡不定。既然人无普遍本质可言,萨特亦不急于去界定别人之本性。不过,在与别人接近时,别人的自由直接地会限制我的自由,别人要把我对象化,变成一种实体之有,为其意识所对。与别人相处时,自由受到威胁,甚至被迫出卖自由。从而有他的一句名言:"他人即地狱。"[①]具体地说,别人之在即别人对我的注视,别人的注视使我不安、慌乱、无地自容,使我不再自由,不再能自决。人与人的关系是相互束缚,主客对立的关系。争夺作主体的权利绝无宽容余地,因为别无选择,不当主体就会失去自由,沦为别人的客体。因此在别人的注视下,我应积极反攻,转被动为主动,把别人降伏,使别人成为我注视下的客体。萨特非常清楚,在意识与意识角斗之间,只有外在的胜利,因为内心深处之别人是无法成为对象的。别人有其中心,他是他自己的世界之中心。反注视之行为只是外在性的胜利,我仍有可能再被注视而沦为客体。德桑(Wilfrid Desan,1908－2001)在《萨特之哲学

[①] 萨特:《无路可出》,参阅颜元叔主编:《萨特戏剧选集》,台湾:惊声文物供应公司,1970年初版,第240页。

思想》中如此描述萨特之概念：

> 当我在我周围的物中发现无数可以被实现的机遇时(这就是为什么我会把它们看作工具)，我同时注意到别人也组织了他周围的世界，也在物中发现他自己的机遇。别人是一股强大的力量，他的力量遍布世界。他以一种具体的主体性的姿态出现，其内心深处永无法被我知悉。别人也是一个中心：他的整个生命也就是对其周围的世界的不断处置。他总是在，同时又总是不在。别人是一个"不在—在"：一个必须小心对付的东西。"我希望他永远是个客体，我恨看到他变为主体！但他却时常是主体。只有死人才能永为客体。"死人是被关在门外的人，他们是属于活人的。活人可以任意批判死人的一生自己却不会受到什么麻烦。①

在《无路可出》一剧中三个关在地狱中的男女，相互侦伺，相互窥测。其中任何一人之任何行为都受到另两个"别人"的制约，这是萨特绝佳的他人"不在—在"的例子。地狱中没有镜子，只能在别人的目光中看到自己，然而这个自己已被扭曲。三人中一对男女有求爱的欲求，但他们无时或息地受到第三对眼睛的制裁，这是一个同性恋女人的眼，她得不到的，也要毁掉。

> 伊娜：忘掉别人的存在？多么荒谬的事，我的每个毛孔都"感觉"到你在那里。你的沉默在我的耳中喧嚣。你可以钉死你的嘴巴，割掉你的舌头——却不能避免你"在那里"。你能停止你的思想吗？我听到你的思想象钟一样在走动，滴答、滴

---

① 德桑：《萨特之哲学思想》，张系国译，台湾：双叶书店，1965年初版，第59—60页。

答地响,而我也确知你听到我的。你躲在你的沙发里是很不错,可是你是无所不在的,而且每一声传到我的音响都被玷污了,因为有你在中途截阻了这个音响。还有,你甚至偷去了我的脸孔,你知道它的样子,而我不能!至于她,文斯蒂呢?你也把她从我这边偷去了。要是她和我单独在一起,你想她会像这样对待我吗?别这样了,不要用手遮住脸孔,我不会让你清静的,那样就太合你的心意了。你一直坐在那儿,一副出神的样子,像个瑜伽修士。而我就是不看她,骨子里都能感觉到——她在弄出各种声音,都是为了你,一直向你抛媚笑而你没有看到……嗯,我忍受不了这个样子,我情愿选择我的地狱,我情愿眼睛直看着你,面对面作战到底。①

地狱中如果可以自由地爱就不再是地狱了。然而人世中亦因别人之在,即地狱之在,所以不可能有真正的幸福。

(三) 萨特的无神理论

萨特心目中的神即巨无霸式的"他人"。此神以不可逆转的绝对主体方式与我对峙。人在这样一个大主体前永远无法翻身,永远不能转客为主,人永不再自由。

从萨特的自传及剧本"群蝇"中,我们看到萨特对上帝的印象像似他的外公:"一个高个子,满脸胡子的老头。"②当萨特犯错,如有一次玩火柴而将地毯烧着时,上帝的注视立即到来,看到他的作为。不过,萨特还能转败为胜,愤怒地拒斥被注视,而使自己从中

---

① 萨特:《无路可出》,参阅颜元叔主编:《萨特戏剧选集》,第 204 页。
② 萨特:《萨特自传》,谭逸译,台湾:志文出版社,1969 年,第 18 页。

解脱①。

在"群蝇"一剧中,宙斯神也是一个"有胡子的家伙"②。他的快乐即把莫须有的罪疚感如苍蝇般散布在城民中,使大家活在深沉忧郁的气氛中。甚至连只有 7 岁的小孩,想到"原罪"而不玩不笑③。而全国性的娱乐却是忏悔④。这样一种城邦生活简直是活地狱。

萨特乃用王子奥雷特斯的口宣布神的衰微⑤和死亡⑥,使人民因"代罪羔羊"⑦的出现而解脱折磨他的群蝇。这位新默西亚并不要做国王,却把使其臣民不快乐的因素随着自己永远离开。那时候,人可以挺立起,重获尊严和自由⑧。

神的存在与否在萨特的思想中完全来自主观的决意,只是我愿意祂不存在,祂就会不存在。下面一段话来自他的自传:

> 1917 年的一个早晨,我正在拉荷雪尔等候同学一齐上学,他们迟到了,我不知如何是好。过了一会儿,我决定想全能的上帝。立刻,祂跌入苍空不见了。我礼貌地、惊讶地对自己说:祂并不存在,我想事情已解决了。从某一点说,那是不错的。因为我从未企图使祂复活。⑨

---

① 萨特:《萨特自传》,谭逸译,台湾:志文出版社,1969 年,第 7 页。
② 参阅颜元叔主编:《萨特戏剧选集》,第 6 页。
③ 同上书,第 12 页。
④ 同上书,第 32 页。
⑤ 同上书,第 109 页。
⑥ 同上书,第 64 页,萨特之口吻俨然若尼采再世。
⑦ 同上书,第 65 页。
⑧ 同上书,第 82—83 页。
⑨ 萨特:《萨特自传》,谭逸译,第 183 页。

然而这个退隐的上帝还通过圣灵来控制萨特,但终于"我在地下室抓住圣灵并将它甩了出去"①。这个为自己和全人类驱神的英雄,使自己和一切人成为"完全的人"②。这就是萨特人文主义的终极成就。

(四) 马塞尔的人学

马塞尔的人文主义与萨特迥然不同。他主张"别人"不单可以不是地狱,还能成为自我成长的契机。人与人相处固然有主客对立及互换之现象,然而这并非人际关系的唯一真实。人与人可以缔立互为主体的关系,双方同时为主体,双方都保持自己的尊严,然而在开放、沟通及互动的关系中,双方都超越单一性而能把小我扩成大我,活到更沛的存在中去。

笛卡尔的"我思故我在",变成了马塞尔的"我们是,所以我存在"③。"我们"是个体与个体的结合,是一个新的单位,是人的真谛,也是人性向往的满全。

萨特的"我"在马氏的哲学脉络中是"他",即在"我们"关系以外的存在。因为,马氏认为除非人得到肯定、尊敬、信任与爱,人不可能成为主体。低于主体的人性存在便是"客体"式的"它"或"他"。纳粹政权下的犹太人便是一种"它"或"他"。他们的生活的确可用萨特的"他人即地狱"来描写。然而在"我与他"的人际关系之外尚有"我与你",此指关系之双方都以"你"来指称对方,给予对方自由空间,也以尊重的心态"注视"对方。这里的注视不同于萨

---

① 萨特:《萨特自传》,谭逸译,第184页。
② 同上书,第187页。
③ 陆达诚:《马塞尔》,第201页。

特的,因为它把一种生长的力量输给对方,使对方的生命充沛起来,使对方更存在。

马塞尔的人文主义不单强调存在,更使人活一种"更存在"的生活。他把"是"与"有"作了区别。"有"的累积不能丰富内在生命,拥有者往往被其所有的东西占有,而成为其所有的奴隶①。相反,人"是"什么才是人的实在,而在人与人真诚相处之刻,人超越其所有,而能达到其所"是"的高峰。

"是"的具体表现在于"充分地在"的能力。我人在尊敬或倾慕的对象前,生命的力量全然集中,向对方递呈一个完整的我,这时,"我"就变成一种"你"式之我。"你"式之我指不以自我为中心之我,而以对方为关怀的焦点,把自己像一件礼物般地赠予对方,使对方能自由地跨入另一个精神空间。就在这两种精神空间互移时,双方内在生命的内涵及视域不断拓展与扩大,而逐渐趋向所谓"生命共同体"的构成。

"是"常是"同是",其中也有"有"的定位,即当"有"经历了一个创造性转化的历程而综合到"是"中之时。乐器化入音乐家的"是"之中,不再是外在之"有"了。

互为主体性说明了人与人相辅相成的真理与需要。人与人不必只有相互折磨相互争夺主体宝座的关系;而能在一种知情意良性互动的情况下容让对方成为主体,亦同时使自己成为主体。

萨特把人看成"无",即不是实体式之有,空明灵觉,观照万物。然而这种"无"是缺乏,既不能安于"无"之匮乏,故要追求"有",但既有之,又不能收之(免失空灵性),故又必须逐之,乃堕入永无止息的得与失的欲求之中。萨特自认人是一种失败的存有。难怪德桑会说:"或许这是历史上第一次出现这样的意识形

---

① 马塞尔:《是与有》,陆达诚译,台湾:商务印书馆,1990年第二版,第153—159页。

态:它通过自己的无神论却不寻找颂扬人的力量。"①换言之,德桑认为萨特推崇的是一种失败的无神论,人的真谛无法在此封闭的系统中得到使人满足的论释。萨特的失败在于看不到主体际性的真理。

别人对我的注视必然是毁灭性的瞪视吗？一定不是。别人的慷慨、友爱、牺牲,一旦化成他对我的注视,就构成了我的幸福泉源。也可以说:"别人即天堂。"只要人间有真情,主体际性的断言是颠扑不破的。

（五）马塞尔的神学

萨特认为上帝即巨无霸式的"他人",而上帝的注视把人压倒在地,使人永无翻身之自由②。

马塞尔揭开了人的另一平面:绝对者是人与人的深度关系的基础。两个平凡的主体,如何因机缘而变成相知相契的"我们",其中另有奥秘。人与人之真诚开放和接纳,固然把人内在潜力大量开发,然而这种关系之可深可久不是有限的人自能保证的。人性的脆弱易变显示人借己力无法缔结永恒不变的关系。"绝对你"在主体关系底层给人支持,当主体与主体的关系达到最深的程度时,他们触及了自己的根源,这根源如深井之下畅流的地下水,提供水源并联结一切水井。马塞尔说:"这（造物者）是汇合缔结一切个体之线索的绝对中心。"③

中世纪圣多玛斯用客观性的推理思考,从果到因来证明神的

---

① Wilfrid Desan, *The Tragic Finale*, Harper Torchbooks, 1960, p. 132.
② Sartre, *L'être et le néant*, Gallimard, 1943, p. 295.
③ 马塞尔:《是与有》,陆达诚译,第221页。

存在。20世纪的马塞尔却用人性主体的深度经验来体证绝对与永恒。所谓"永恒不是无时间性,或恒久之延续",而为"时间之深度"①。时间之深度表现在人际关系之深度:"当我在时间中无条件地爱或做一件事时,此即永恒进入时间之内。"②时间之深度使某一历史性时间变成"绝对现在",亦即"永恒"留驻之处③。

换言之,马塞尔的上帝不是萨特式的大胡子老公公,亦非其不可抗拒的注视,而是自隐其身地使人深度邂逅的因素。袖是缔结"我们"之因素,是使人流露真我深我之机缘,因此神不必外求,袖就在一切"我们"之核心。袖努力使一切核心能向外移动,缔成有更大包容性的"我们"。人类进化之完成在于形成一个大家庭,变成一个"我们"团体;而一切小型的"我们"只是此"终极我们"的象征及准备。不断地开放、不断地提升、使人类充分地自我实现,这就是"绝对你"参与及主导的第二创造。

上帝的存在展现了人性的新的向度及可能性。神不单是人自我实现的助缘,还是必要的因素。人终其一生固然难免看到无数令人畏缩及难堪的注视,但无可否认地也接触过许多振奋人心、使人能解除心灵武装的青睐;这时,神的注视亦在这些青睐中播及我的身体和灵魂,袖以爱的慈晖来包容、宽恕、安慰、喜爱、鼓舞、再造我,这也是一份经验事实。人与人的深度关系反映人与神的密切关系,这种思考方式与中古哲人证明神存在之方式殊异,但其力量却不寻常,连有无神倾向的卡缪亦接受此类进路。

马塞尔体认过"绝对你"的注视,后者给他的是幸福和喜乐:

---

① G. Marcel, *Du refus à l'invocation*, Paris: Gallimard, 1940, p. 295.
② 同上。
③ G. Marcel, *Le mystére de l'être*, vol. I, Paris: Aubier, 1963, p. 209; *Présence et immortalité*, Flammarion, 1959, p. 32.

> 我终于被基督信仰所包围。我沉浸在里面,幸福地沉浸……

在我思想中出现了的光为我只是"另一位"的延长,祂是唯一的光,喜乐的圆满。我才弹了很久勃拉姆斯的钢琴奏鸣曲,从前没有弹过,这些奏鸣曲将常为我提醒这些难忘的时刻。我怎么能抑止"泛滥""绝对安全感"和"被包围"在深厚的爱中的情绪呢?

> 支持我最大的力量,是我不愿站在那些曾经出卖基督者一边的意志。①

萨特与马塞尔对"另一位"的描写,竟有如此差异,神学是人学之延长:萨特的人际关系是敌我,马塞尔的却是互为主体的,虽然后者并不否定人与人之间有冲突的事实。

(六) 萨特去世前的变卦

1980年萨特去世那年,他接受两次访问,一次是他的学生莱维(Beny Levy),访问内容分三次在《新观察周刊》(*Le Nouvel Observateur*)上发表(1980年3月10、17、24日)。另一次访问由同一周刊的记者莫尔纳(Thomas Molnar)所作。莫氏是马克思主义者,对着这样的一位记者,萨特作了惊人的告白:

> 我并不认为我是偶然的产品,也不是宇宙间一撮尘土而已,却是被期待、被准备、被预塑的某人。简言之,是一个只有

---

① 马塞尔:《是与有》,陆达诚译,第8、13、17页。

造物者可在此处置放的存有。而一个具创造力之手的观念是指神而言的。

这段告白激起萨特的情妇西蒙娜·德·波伏瓦(Simone de Beauvoir, 1908 – 1986)的强烈反应。她说:"我的一切朋友、萨特的一切同志,以及编辑同仁全都支持我对他的愤怒。"[1]

这件事的确说明了人在未盖棺之前不能被定论的真理。一生宣扬无神人文主义的萨特在去世前竟有如许改变,令人不可思议。这真是20世纪思想界的大吊诡、大矛盾。从萨特数语及波伏瓦的反应中,我们无可怀疑地看到萨特死前采取了有神论的立场,扬弃了一生追逐的无神主义。虽然我们无法详知这种改变的来龙去脉,亦不知这种信念影响到他的哲学理论到什么程度,不过,这项信息已够耐人寻味,而作种种猜测和思考。从尼采、马克思到罗素等哲学界攻讦有神论之辩,竟会在20世纪80年代结束在萨特的有神论身上,有神论竟变成了结辩的赢家!

在另一访问中,萨特坦承他给人设计的终极目标到头来是一个彻底失败。且听两人的对话:

> 莱维:你曾经说过,人们建立起一个未来目标,这个超越性行为最终也会失败。在《存有与虚无》一书中,你描述一个人全心全意建立起一个目标,但却没有任何意义。人建立许多目标,但是基本上,人只有一个目的,就是要变成上帝,变成自己的推动力,因而也构成自己的失败。

---

[1] N. J. Geisler, "The Collapse of Modern Atheism", 参阅 *The Intellectuals Speak Out About God* (Texas: Lewis and Standl, 1984), Ed. R. A. Varghese, 1984, p. 136。

八、有神及无神哲学对比下的宗教观念

> 萨特:我并未完全抛弃这个失败的观念。……每个人在实时的观念和实际的目标以外,还有一个更为长远的目标,我把它叫作绝对的或超越的目标,所有实际目标与这个绝对目标有关,才会有意义。人们的行动的意义也在于这个绝对的目标。当然,对于不同的人,这个绝对目标有不同的内容;但是,其绝对性却是共同的。希望是与这个绝对的目标联系的,就像真正的失败也是与这个绝对目标连在一起的。……绝望就是认为个人的基本目标是不能达到的,结果,人类的处境包含着本质上的失败。①

这一段话显示萨特看清了一个事实:如果他坚持他的无神论系统,他的绝对目标是无法达成的,他的绝对目标是变成神,终其一生,他体认这种目标是不可能达成的,因此持这种目标的人注定要失败。不过,从上面另一段访问中我们见到他已放弃了无神论,也可说他已放弃成为神的目标,而接受自己是受造及被塑造的事实,那么,他又以某种方式超越了无神论的矛盾,踏上另一个逻辑平面。从有神论的角度看末期萨特及萨特一生可以这么肯定:萨特的无神哲学内含的矛盾不能叫人达到圆满,但萨特自己放弃了无神立场,使萨特跃入另一平面,而不致全功尽弃。

萨特由无神到有神的心路历程,因为缺乏充分的信息故难以推论。至少,他用了自己的自由推翻了他过去的立场,证实了他的自由理论的逻辑。我们可以怀疑的是:萨特真是无神论者吗?是否在他无神的外壳下,他根本从未彻底甩去信仰的企向?若然,他只曾是一个反神论者,而从未真是个无神论者。

---

① 萨特:《萨特最后的话语》,台湾:谷风出版社,1980年,第23—26页。

（七）结语

　　有神与无神之争不会因萨特去世而结束，它还会继续下去，刺激两方去寻求更充足的理由来否证对方。不过，令人奇怪的是两方都有一个共识：即认定自己的主张更有意义。从而可知意义之存在及重要是无法否认的事实。有神论认为神的存在构成人及世界存在的终极意义，而否认神之存在是否可说否定生命的终极意义？

九、唐君毅的死亡哲学[①]

　　《前世今生》于1992年出版之后,入畅销书排行榜,两年来高居不下。座谈会、杂志专期纷纷出现[②],形成1994年的文化现象。接着,台大心理系两位教授合开"生死学探讨"的课程,报名人数听说超过150人,煞是奇闻。一向为国人避讳的话题,现今变成热门,从面对人生真实的角度来看,这无宁是一个健康的现象。西哲海德格尔一直强调,除非我人面对死亡,并作一基本抉择,不然我人无法活真实的生活。他把死亡看成人必须去实现的最后一个可能。

　　唐君毅先生(1909—1978)仙逝迄今已16年。1979年出版的《唐君毅先生纪念集》[③]中,有人称他为"文化意识界中的巨人"[④],伟哉斯言。笔者在30年前开始拜读唐师作品,时受他的爱国忧民

[①] 原载《哲学与文化》1994年第7期。
[②] 座谈会:"前世与今生的约会",神秘主义与科学对话,王溢嘉与高天恩1993年11月20日;"前世今生的对话",林治平与杨惠南,1993年12月12日;"生命轮回的奥秘",陆达诚与高天恩,1993年11月19日;"对谈生与死",杨国枢与傅伟勋,1994年1月8日。《哲学杂志》第八期专题即讨论此书,1994年4月。台湾大学开"生死学"首堂爆满。见《联合报》1994年3月6日。
[③] 冯爱群编:《唐君毅先生纪念集》,台湾:学生书局,1969年初版。
[④] 同上书,第508页。

的情操所震撼,觉得这样一位学者才是真正的哲学大师,才是文化界的巨人。稍后笔者有幸亲炙唐师,并有数次鱼雁往来[①]。希望这篇讨论他的"死亡哲学"的文章能得其真髓,并得唐师之助,使我们体认他死而人不灭,且生死两界可以相通的卓见,也以此体认与唐氏直接感通,使此知识得以圆满。

(一) 死亡哲学之问题何在

孔子忌谈怪力乱神,又说未知生焉知死,好像他把知识和智能限定于有生之年,对不可知者存而不论,更不去费力猜测。这种态度形成了儒家不谈死的倾向。

曾昭旭教授在《鹅湖月刊》中以"零简"为题说了下面一段话:

> 我七岁的儿子有一次说:"既然人都要死的,那为什么还要活?"是的,我们因此可以了悟人生的意义在于历程而不能定在任何目标之上,否则必引致人生终只是一场空之否定理论。[②]

曾教授没有回答他儿子的问题,却说,人生之意义应在生命这一段看。弦外之义是:生命虽有结束,但此结束及死后的情况是不可知的,故不必去求知;要平抚这类问题的好奇,只需充分地活好人生就可以了。

唐君毅先生虽然也是孔门弟子,甚至是当代大儒,却对生死终

[①] 唐君毅:《致陆达诚神甫书》,见唐君毅:《中华人文与当今世界补编》下,台湾:学生书局,1988年初版,第374—377页。陆达诚:《沐春风诉天志》,《鹅湖月刊》1978年第12期,参阅本书附录二。

[②] 《鹅湖月刊》,第109期,1984年7月,第50页。

极问题抱持不同的看法。他认为死的问题不但可问,并且应问。对死亡真谛的好奇是合情合理合法的。他说:

> 盖水火无知,人则有觉,水火可不问其始终,人则不能不问也。若谓人应求自然,不越自然所加于人之限制,则吾将曰:自然真加限制于吾人,则不应使吾人复生追索生前死后之心;吾人既有追索生前死后之心,则自然未尝加吾人以限制可知。若谓此追索生前死后之心亦即自然所赋与而加于吾人之限制,则吾人追索生前死后之心亦即自然限制中之正当活动,追索生前死后,正所以顺自然也。①

唐氏从而亦肯定宗教信仰中的超越要求,认为这些要求是正当合理的:

> 依良知为标准,我们可说一切高级宗教中之超越信仰,皆出自人之求至善至真完满无限永恒之生命之要求,求拔除一切罪恶与苦痛之要求,赏善罚恶以实现永恒的正义的要求,因而是人当有的。我们不能说此要求是人心所不当有。②

人对终极问题之提出有正当性,因为人的理性不能不追求"常",生命如果随死而消失,则为无常,也是违理。

> 吾人之思想行为盖皆在变中求常。一切科学艺术政治宗

---

① 唐君毅:《中西哲学思想之比较论文集》,台湾:学生书局,1988年全集校订版,第439—440页。
② 唐君毅:《人文精神之重建》,香港:新亚研究所,1955年初版,第583页。

教之可能,无不本于此。吾人既无往不于变中有常,则吾人之求吾人人格之常于变中,亦有吾人理性上应有之权。吾人人格若果一死即烟落销沉,化为异物,则实为有变无常也。故吾人求其不朽不堕断灭,实为论理上之应然。①

对生命不朽为正当合理之问题与否固可肯定,然而如何回答此一合理问题则又另当别论。因为生死两界如天人永隔,死之表象可见,死之本质则不可知,死后种种更非现象界之事,则吾人何以知之,何以答之,所答者是否是真相更令人怀疑。

唐先生认为不需要从死了解死,亦不必由彼界传来的信息去了解死后世界之谜,他说:"人对于人生之真了解,与对死者之真情实感展露出:一条由生之世界通到死之世界,由现实世界通到超现实世界,由生的光明通到死之黑暗的大路。此之谓通幽明的大路。"②唐先生的方法是兼用理性观察分辨亦用真情去体证。用理性去了解全面人生,就会看到人生的多面性,除了构成人的身体之物质外,尚有精神、心或道德主体,后者在有生之年一直表现超物质的能力,且直通宇宙本心,故不会随身体之毁损而消失。对于理性活动之考察,唐氏绝对站稳哲学家的立场,他的结论是可验证的,故有普遍价值。至于以真情通幽明,虽然似乎不合哲学常规,然而不是悖理的,因为人人可有以真情通幽明的体验,生死两界可借真情而沟通。真情不是幻觉亦非情绪,而是出自人心深处之道德活动,此活动超出理性管辖的范围,因此理性不能对之妄加判断,而循"常规"的理性只是工具理性,此处之我已是我之全体,本体之我。由这种生命体验开释出的知识远远超过理性之知。

---

① 唐君毅:《中西哲学思想之比较论文集》,第443—444页。
② 唐君毅:《人生之体验续编》,台湾:学生书局,1980年第四版,第89页。

不论用人生之现象分析或以真情体验后之绝对肯定,唐氏都未用超自然的启示或想象性的猜测来达到死后生命之谜的解答。至少在方法上,唐氏符合儒家的传统,这也是哲学异于宗教之处。

(二) 物质与生命

同人在一起便是同人的身体在一起。在活人世界中,身体与人是绝对等同的。身体不单是人的表象,人的工具,也是人自己。人之精神即心,心身如呼应,"呼是心愿,应是身行。心所愿者,直不只是此身之行,另无外在目的。则心身之关系,才呼即应,才应即止。处处道成肉身,处处肉身即道"①。肉身即道时非工具,心身二位一体是完美的结合,身体分享主体性,如马塞尔所言身体兼具"所有"与"所是"两性,我有我体,我也是吾体,而其工具性功能并不使身体丧失其参与"使用工具者"的主体身份,所以身体绝对地与心结合成人的主体性,精神(心)因身体而落实,能在时空中有其定位亦有其作为②。与道化成一体之身体虽有物质性,但非纯物质,身体之物质性随物质环境的影响,"向横的方向动",与"逐渐表现与向上的生命力相反之趋向。身体中物质的惰性,强到某一阶段,不能为生命力表现之工具时,生命便离开物质世界,而复归于其自身了。"③

这里讲的生命已是精神生命,精神生命需要身体来体现其自身并有各种活动;但它的活动方向不像物之横向,而是纵的往上方向。人内两种动向构成一股张力,也是一种活力的表现。横向之

---

① 唐君毅:《人生之体验续编》,第 117 页。
② 同上书,第 117—118 页。请参阅陆达诚:《马塞尔》,台湾:东大图书公司,1992 年初版,第 140—157 页。
③ 唐君毅:《心物与人生》,台湾:学生书局,1975 年增订版,第 74 页。

物生阻力，但阻力中仍使生命力表现出来。人的一切经验都在此张力中达成。与身体结合之心在生时获得各种经验，这些经验都化到生命中，不会随死而消失。他说："当我们死时，我们并莫有损失，我们是带着更丰富之生命经验，回归于生命世界自身了。"① 所以离开物质世界之生命力不是一"空洞的生命力"②。身体在人"死"后固然物化，但身体在生前之一切活动已丰富过人之全体，将与生命永存，因此也可说身体未全灭。"身体所留于心中之印象者亦属心，故身体亦有随心不灭者。"③ 换言之，身体参与人全体之活动所有之成果都已种植到主体之中，已进入不朽之领域。此说与天主教的复活神学之新解若合符节④。

身体中的物质性受物质定律之管辖，因此会衰弱与僵化。身体之惰性增加时，生命力之表现就受影响，但生命本身并未衰弱。到物质的表现能力完全消失时，生命就跃出物质之外，转化成另一种生命活动。唐先生用一个比喻来说明生命力之表面消失："犹如我们远远看见一人在绕山走，渐渐看不见，这只因为他转了弯，暂向另一进向走去，如果我们只以山之横面为唯一真实，我们会以为他已死了。"⑤ 事实上，普通人确说他死了，不过知道他未全死。所以我们在"死"之字上加一个引号。

（三）心之现象与本质

唐君毅认为生命不随物质死亡，生命无生灭，这是基于他对心

---

① 唐君毅：《心物与人生》，台湾：学生书局，1975年增订版，第76页。
② 同上书，第80页。
③ 唐君毅：《中西哲学思想之比较论文集》，第445页。
④ 黄凤梧编著：《人类的未来》，台湾：光启出版社，1975年初版，第118页。
⑤ 唐君毅：《心物与人生》，第82页。

的体认。生命分享心之恒常性乃可与心永垂千古。然何以知道心有恒常不朽之特性呢？此须自心之现象来透视。唐师先对心之本体作如下断语："我相信我心之本体是恒常、真实、清明、无限广大、至善、完满。"①这句断言是出自心理要求②，及与世界暂隔后默识自体而得③。

首先，心观照心外一切且涵盖一切。既能认识心外一切就不受身体所限。与心所对的是境，心境不分。心是困于有限之无限，其无限表现在打破身体与外物之互闭互隔关系，而在打破消除此两端限制时，自心世界自然显现。心的无限是"消极的无限"④，因为它只能在限中表现它破限的品德。限可破，则限为可生可灭之现象，心破限，心无生灭，为恒常存在者。

此恒常无限之心住何处？住于身内？唐氏说："说我的心限于我之身，真是何等的自小之说呵。如果我的心真限于我的身，我如何能对外界有任何认识。"⑤所以他认为心无住，也住在一切内，如上所说它涵盖其观照的一切，在万境中周旋。这时唐师体验到心之广大、清明、完美，乃忘却世界一切缺憾和罪恶，甚至可说："使我常觉神即在我之后，我即通于神、我即是神。"⑥

"我是神"基于"我通于神"，通于天心之谓，这时我心可有至广至大之境。我心通天心天理，亦在此通之中与古今一切之"合当然之道之心"⑦合而为一，因为天理天心是"原即自此一切人共有之

---

① 唐君毅：《道德自我之建立》，香港：人生出版社，1963年，第88页。
② 同上书，第90页。
③ 同上书，第100页。
④ 同上书，第97页。
⑤ 同上书，第89页。
⑥ 同上。
⑦ 唐君毅：《病里乾坤》，鹅湖出版社，1984年再版，第45页。

此理之交遍相摄而立名"①。如此:我心、天心、一切合道之心三种心合于一理。这是心之超越本质的形上基础。再从根源回至形体,唐氏由两种活动分出两种心,一是经验的心,隶属于现实存在之生命,亦即自然生命,其中有非道非理,故可灭可死,但另一为合道之心,此心不把当然之道虚悬于外,能见道、存道、体道,则随道不灭②。换言之,心若不求理求道,只求私利私益,则难以想象其能永存。

其次,心的活动虽借身体而进行,然亦不全受身体所限,故可破限越限。人的情感和志愿都是超限的。情感、志愿和认识使心搭上身外之境,而与之相合,这些行动不断消耗身体,而把身体生存之延续欲望加以否定。唐氏举捐赠遗体之例说:"他在生前之精神早已超乎他个人身体之存在与生死之问题之上了。在生前已超乎生死之上的精神,是断然不能有死的。"③

于是在生命过程中出现两种反方向的存在动向:"人以其身体之走向不存在,成就其生活与精神活动之走向存在,是即人之生活与精神活动,由人之不断去迎接'其身体之不存在以存在'之直接的证明。亦即人之有生之日,皆生于死之上之直接的证明。生于死之上的生,乃以最后之死,成就其一段最大之生,亦成就其生活与精神活动之最大存在。故死非人生之消灭,而只是人生之暂终。"④

人生之暂终是生命现象之暂终而非生命本身及精神之暂终。生命只转了一个弯,看不见了,但继续在山间行走。唐氏肯定人"死"后精神不死,此不死不是立功、立德、立言之不朽,而是人本身

---

① 唐君毅:《病里乾坤》,鹅湖出版社,1984年再版,第45页。
② 同上书,第44页。
③ 唐君毅:《人生之体验续编》,第91页。
④ 同上书,第92页。

之不死。没有身体之精神体称为"鬼神",鬼神有别于人,已入幽冥黄泉,但其精神之超越性未曾失去,其"在"仍可被感受:洋洋乎如在其上,如在其左右。与鬼神相通唯赖真情。

真情通幽明。鬼神之情按其生前关念之情之大小而定,生前关念一家一乡一国或天下万世者,死后之德亦然,故孔子、释迦、耶稣,情在天下万世。活人以诚敬之心祭亲人,使后者之情有所寄,而足慰其在天之灵。就在深度纪念及吊祭亡者时,超生死之心终能脱幽入明。两情相接之真实,反证有情者之生命存留,请听唐师之语:

> 怀念诚敬之意者,肫肫恳恳之真情也。真情必不寄于虚,而必向乎实,必不浮散以止于抽象之观念印象,而必凝聚以着乎具体之存在。既着之,则怀念诚敬之意,得此所对,而不忍相离。事死如事生,事亡如事存者,"如"非虚拟之词,乃实况之语。①

一方面,鬼神乃人本身之实体。此实体非由理智感觉来把握,而是由至情彰显的,至情彰至理及人之"大实",要先去掉理智感觉垄断知识之偏见,然后才能得由情入实之真见。另一方面,人鬼之通亦包括了与古往今来、东西南北海一切圣贤之心的相通,自尽己心时亦兼尽一切善士之心,"心光相照,往古来今,上下四方,浑成一片,更无人我内外之隔。肫肫其仁,渊渊其渊,浩浩其天。是见天心,是见天理"②。

---

① 唐君毅:《人生之体验续编》,第100页。
② 同上,第101页。

我心、众贤之心和天心三心合而为一,这是唐氏所谓"我即是神"①之真义。人非神,但心与心相遇时天人合一。

(四) 死的智慧

上节提及的是他人之死。唐氏强调他人"死"后仍然存在:成为有情的鬼神,情之大小依其在世时之情和德来衡量。鬼神与活人以情相通,而除幽明之隔。现在要谈的是个人之死。每个人都要面临个人的终极问题。死亡是一切生物的共同遭遇,知死却唯人有之,因知死而有怕死,甚至掩盖死。掩盖死指不愿面对必须要面对的死亡,尽量避免与死有联想的东西,比如医院不设四楼,红包不送四字数,亲人病危还骗他没问题。这种不敢面对死的生活态度逼人走向不真实,如果用逸乐散心来使自己麻醉,或随着大众求世俗化,免得面独,则更是"陷落"。这些面对死而产生的现象,是海德格尔《存在与时间》一书中对人生现象之描述,唐君毅照单全收②。人会死,人必死,然不知何时死,且不知死之样态,这就构成人对死之恐惧:存在之焦虑,原始的不安。

死之智慧乃肯定生命整体必须包含死。唐氏认为孔子言未知生焉知死;但海德格尔却说:"人如不真知死,则并不能知生。"③死在生的边界,在经验及非经验的分界线上,不在我之意识范围中。每一个人单独地去面临死亡,结束人生旅程,因此各人的死亡必须

---

① 唐君毅:《道德自我之建立》,第87页。
② 唐君毅:《述海德格尔之存在哲学》,见唐君毅:《哲学概论》下,台湾:学生书局,1975年第四版,附编第54—115页;讨论死亡部分,第82—88页。唐君毅:《人生之体验续编》,第114—115页。
③ 唐君毅:《哲学概论》下,第82页。

各人自己去解决①。以现实生命来说,人活在潜能与实现的过程之中,不断地把潜能实现出来,则人不断进步,愈来愈完美。死亡一面叫人不再有实现,一面也是人生之最后一次实现,如此,死亡成为人生最后之一个可能。揭开对死之掩盖,即"把死真实地接受下来。死是将来的事,然我在现在真知我将来必死,我即在思想中跑到将来,而人生即跑到将来的死之前。我把将来的死,在现在加以把握,我即把人生之最后的可能与人生之全体性加以把握。我真把死把握,我即可真不怕死,而自死解脱,自'死'自由,而可使我有真实的全体性的人生"②。

何以自"死"自由呢?他说从向外陷落与虚伪化中拔出,不再流失于人群之中;自由亦指从一些摇摆不定的泛泛可能与机遇心态中自拔。死亡虽若一种空无,但此空无可把人生之真实可能衬托出来,使人生超脱空无,完成真实。20世纪存在大师雅士培有"界限处境"说③。雅氏认为死亡、痛苦、挣扎和罪恶感使人走向真正的存在,亦即走向超越。受海德格尔和雅士培的存在思想启发,唐氏走出儒家的人生哲学范围,而能面对死亡并讨论死亡,且看到死亡提供的智能:死亡使人活得真实和完全。

唐氏认为不论是横逆之死或自然命终都包含善性,即死亡显现仁德。死亡之本质为善,何以知之?这是唐氏最后一书《生命存在与心灵境界》中第25章"天德流行境"中讨论的。横逆之死指一个生命被其他生命残害受苦而死,这类死确是一种恶,不能成为有价值意义者,但"在人的道德生活中,则人可有一所以自处其横逆之死之道。此则不外人能先以尽道存心,则其受横逆而死,皆是尽

---

① 唐君毅:《哲学概论》下,第86页。
② 同上书,第85页。
③ 黄藿:《雅士培》,台湾:东大图书公司,1992年,第110—113页。

道而死,而横逆之死即非横逆,正所以玉成人之道德人格者"①。换言之,客观之恶因遭横逆死者内心之道而得以转化,使此不善不仁之遭遇变成成就道德之机遇。横逆之死对不同德性之人有不同之后果,唯对存德者成为善行。

其次是自然之死。自然之死是寿终,是生命之休息。人工作一生,奉公尽责,有死乃能休息,休息本身为善。贤勇之士若把持其位使后世贤勇之士不能继守世间之业,不能得位,是不仁。相反,死使人让贤,而使人守仁,这自然之仁,上帝亦以之为善②。

横逆之死为善是针对有道德心的人而言,自然死之为善对一切生命而言。宇宙生生不息,人参与其创生工程,到一阶段,把工作及位子让给后继者,使后继者亦能充分发挥其创造力,推进宇宙整体的完美。死乃变成美德,成他人之美。

总之,唐氏常从道心整体来回观个别生命,在道心角度下,个人之志不因个人去世而失或彻底改变,个人通于道心之心愿常会有后起者继续完成之,故无悲可言。至于私志私愿因死而未了者,唐氏认为亦不足悲,因生命本身不随"死"而消失,必在此体内有一番实现方式,心不在此体内,它或暂不需此实现,或有其他实现方式。唐氏用乐器喻肉躯之用:"身体非其所执着的工具,只为一直接表现其心灵活动之一时之凭借,如弹奏心灵乐曲之乐器。若然,则此乐器,经一番弹奏,自有一番乐曲之声。若不弹奏,则乐曲和乐器,可同归于寂。若人亡琴破,则乐曲自在天壤,另有他琴弹奏。此中便使心身两无遗憾。"③可见天心、道心之永恒本质是唐氏体察一切个人本身价值完成与否之最后依据,个人之心结合道心,则

---

① 唐君毅:《生命存在与心灵境界》下,台湾:学生书局,1977年,第847页。
② 同上书,第847—848页。
③ 唐君毅:《人生之体验续编》,第117页。

个人志愿不会因死而失陷;却重回天道大流,而以其他方式表达或完成,乃无悲可言了。

(五)轮回:业种与投胎

轮回投胎是佛教的基本信仰,但也不限于佛教之内。《前世今生》一书由美国精神科医师魏斯撰写,涉及的人事均与佛教无关。古代希腊亦有轮回之说。中国传统一向不信人死俱亡,故信鬼神,但此死后生灵之会投胎转世,倒并非是国人的普遍信仰。唐氏秉持儒家立场,以非佛教徒身份来探讨轮回,颇见其独创性。上文提及唐氏相信有超越能力①之心体,以及与心体结合之生命不随身体之"死"而毁灭,却有"转化说",人在山中绕行,转一个弯就不见了,不是死了,而是转成另一种活动。循此思考,本亦可以推出轮回之假设,至少给轮回投胎说开了一扇门,即生命可入另一肉体来完成其未竟之愿、未了之业。然而唐氏未取此说。先从他对佛教轮回观之了解着手,再介绍他对此观点之批判。

唐氏认为佛教把"无明"看成生老病死之原,而以超世、出世去破无明以去求德行智慧。唐氏对无明说不予赞同,因为自然生命之向命终而死体现自然之仁德、礼让之德、义德及智慧②。又说佛家之无明包括不知其生之所以生,不知有前世及后世。唐氏认为

---

① 心之超越能力表现于良知无法客观化,见唐君毅:《人文精神之重建》,第579页;知人会死而超死,见唐君毅:《人生之体验续编》,第115页;起忘,见唐君毅:《生命存在与心灵境界》,第850—852页;死前努力不懈,见唐君毅:《中西哲学思想之比较论文集》,第441页;破有限,见唐君毅:《道德自我之建立》,第96页;忘掉前世是超越根源,见唐君毅:《生命存在与心灵境界》,第850页。
② 唐君毅:《生命存在与心灵境界》,第849—850页,"由其死以使继起之生命存在,得有其间之住"见自然仁德与礼让之德;"使自己之生命存在与其他生命存在,分别得其在时间中之位"见义德,不自觉地求自超越其生命之执着见智德。

"不知"与忘却是善,此待后述。总之,唐氏认为死亡是自然现象,不涉及无明或缺德。

至于死后之信灵魂不死则从心之超越能力、人之情和德推出,在"天德流行境"内更以观念之存说之。观念不随事境之变而消失,对去世亲人之印象亦然,其音容犹留于后死者之心目,"既念其生,即不忍其死,更依此情而望生者之不死"①。这种不忍之心固是主观的,但配合前面对人生前的超越活动以及人死后幽明两界以真情相通而得之"大实",则亦有超主观的全面论证功效。唐氏除前面一般性的推理外,更站到佛教立场上看六道超度的可能。他说:"推此情至乎其极,则对一切自然界之其他生物之死,亦不当谓其死后,其自身之生时所以成其生之功能种子,皆一死而无余;故必当谓此一切自然生命存在,皆有死而不亡者存,更有其来世,历无量劫,皆能成佛。此则佛家之悲情大慧,吾亦不忍否认之者也。"②唐氏把一切有情皆能成佛,与基督教之万物为人而造,只人能蒙恩得救之说比较,认为前者表现一更广大的慈悲心肠③。虽然唐氏本身的哲学信念可以对轮回转世有开放性,而他又肯定佛教比基督宗教有更大的慈悲胸怀,但他讨论轮回时并不以轮回为事实,而只以假设的方式出发,他对轮回提出的质询也说明了其假设的立场。可以说,唐氏相信鬼神存在,以及幽明可通,但未取轮回为绝对信念。

谈轮回首当其冲的是业(Karma)。业分行业及业种。唐氏如是说:

---

① 唐君毅:《生命存在与心灵境界》,第845页。
② 同上书,第849页。
③ 唐君毅:《人文精神之重建》,第585页。

> 行业有迁流而业种则潜存而不失,今生后世之业种乃相续而无间,因缘聚会,自当重视。千万年如瞬息,固不须忧其断灭。然善业种不灭,不善业种亦如之,苦乐之种亦如之。此生生世世善恶苦乐之种,杂糅而轮现,终无了期,亦未必能自忆。①

这段话了无新意,唐氏将之提出作为讨论的出发点。

业不灭,则投胎转世无终期。而转世者不能记忆前世之事,但必须承受业报。唐氏认为忘掉前世之事并非坏事,忘前世之作为,忘前世之善恶业,使人进入一种无知,倒可有原始的纯洁,而使天德更能畅流。超忘前生乃成"一'破空而出'之赤裸裸的生命,以存于天地之间。则其初不自知有此前生,亦不自知其根源,即皆同为表现其生命之先天的空寂性、纯洁性,而为一善之流行者矣"②。

其次,忘前知前念,可使本心空虚,心不满而虚乃能有新念新知。若一念永续而不能忘,千万年同一念,就不能超越,滞于已知③。此与萨特之无化意识内容以达绝对自由有异曲同工之妙似。唐氏之忘有破除限制之用:

> 我们所认识的对象,都只是一象征,每一象征之形色,只是表示一限制之破除,只是一心之本体表现之通路。若果每一对象之形色,均是心之本体表现之通路,则每一对象之形色,便都不会是心之本体所愿停滞之所。心之本体本是要破除一切限制,它破除了此种限制,还须破除其他限制,而表现

---

① 唐君毅:《病里乾坤》,第41页。
② 唐君毅:《生命存在与心灵境界》下,第851—852页。
③ 同上书,第851页。

于他处,造成其他现实世界中之通路。如果它停滞于一通路之上,它无异把它自己限制住。我想起了,当我心陷于已过去之对象时,则我们对当下之对象,便视而不见;于是我了解,心要有继续的认识活动,便必须忘掉过去。①

认识层次之生灭或有其必要性,但为存在层次来说,可被遗忘之生命部分显出此部分对自己当下生存关系阙如,那么可忘之前世不足够慰我有来生之念。

> 人已长大,自视其儿时与少年事,已若漠不关己,而视同他人之事;则今生之我视后世之我,亦另是一人。彼自生而我已亡;则恒情于此,仍将唯虑其今生之死亡未必能由其来生之必有,以自慰其情。②

此外,唐氏亦对投胎灵魂为有限数或无限数之问题提出讨论。他说:"若人之灵魂有一定之数,则一旦人之灵魂均投生为人之后,势必有男女配合不能生殖之一日。此殊令人不可解。"③若六道轮回,生物可投生为人,则又有三难:① 其他生物之灵魂如亦有定数,则亦会发生雌雄生物配合而不能生殖之事。②其他生物生为人,若此生物为犬猴,则投入人胎后,生下的该是犬猴之体,则发生人生犬猴,此为不可能。若生下为人,则此犬猴之魂必须与人之魂结合才能生人(或混合体),但上面已假定人的灵魂已全数投胎了,那么现在须与六道之一结合之人魂何处来呢?③有些低级生物,

---

① 唐君毅:《道德自我之建立》,第99页。忘能为善,但忘不该忘者则乏善可陈,且记而不必满,因所记非实体(笔者有感)。
② 唐君毅:《病里乾坤》,第41—42页。
③ 唐君毅:《中西哲学思想之比较论文集》,第435页。

其体分割后各成个体生存,如蚂蟥;而蚜虫一卵细胞可成一蚜虫,再加一精细胞亦成一蚜虫。"若谓一生物化为多生物时必有多生物之灵魂来,多生物化为一生物时必有多生物之灵魂去,则吾将问如何知之。若谓此据灵魂不可分合之理故知,则我将问:汝所谓灵魂不可分合之理究为何本,非本于高等动物之有不可分合之单独个体性耶？……若汝可本高等动物之不可分合性而主灵魂之不可分合,人又何尝不可根据低级生物之无不可分合之单独个体性主灵魂之可分合耶？是则主其他生物有灵魂,对于个体流转不朽论,非特不能救其难,且为之增加三难矣。"①

上面三难都出自灵魂为有限数或无限之数之辩,以及灵魂与其他的灵魂结合之难,灵魂自己之可分成若干或若干可合成一魂之问题。这些问题是六道轮回未曾思及,或大而化之者。唐氏却以哲学思辨追而不舍:"灵魂究竟有多少,实无由测也。"②唐氏在《论不朽》一文结尾时提出完善不朽应具备八条件,其中第六条是:"须承认个体流传有限度内之可能,并说明于何种限度内可能,且须说明投胎时与父母精神肉体之各种关系,而不悖乎各种科学所证明之事实。"③

由于笔者非佛教徒,无法解唐先生之惑,或许参与此次会议或有机会阅读此文的大德学者可以作个说明,使大众可以看到唐先生之问题不是难答的问题。可惜唐先生本人已无法听到了。

(六) 唐君毅先生的《病里乾坤》

马塞尔的奥秘哲学,认为某些问题不再是单纯的问题,而已成

---

① 唐君毅:《中西哲学思想之比较论文集》,第435—437页。
② 同上书,第435页。
③ 同上书,第446页。

为超问题性之问题(Metaproblematic)，亦即奥秘。所谓奥秘即把反省问题者本人亦包括在内之问题。对于奥秘，人不能取外在或主客对立的态度，因为主体本身无法把自己从这类"问题"中抽离出来，受苦、爱、绝望、亲人之死、希望等即是。

　　唐先生以哲学智慧分析死亡，深入精微，见解独到。但当他生了病，卧在病房里，知道会变成双目失明者之刻，他对人生的个人终极有了不寻常的体验。病苦及死亡之可能变成他的切身遭遇，也成为他的奥秘经验。这时他仍有一番反省，但这些反省及言说都非空论，而是出自肺腑的真言。其实，反观唐先生一切有关生命体验的文章都出自肺腑，因此都深刻动人，尤在《人生之体验续编》中的每篇文章。但面对自己的衰弱，有感而发而直接表达的当推《病里乾坤》。该书成于1977年2月16日至3月3日于日本京都医院，每日清晨写一节，共16日毕。其中第4节"忧患与生死之道"(第18—23页)及第11节"尽生死之道与超生死"(第40—47页)，曾为本文所引用。仍有余义可供参考，特简述于下：

　　唐氏首先提出："天之使我得此疾，正所以使我于失明之际，更从事于反省默证之功。"此"天"究有何义？命运？或自然？笔者认为是冥冥中之上天，是先秦时儒者相信之超越天。唐师秉持儒家立场，贯彻天道流行而人尽心知性知天，然在生死关头显示通过心及性而知之天并非自性，而是一能主宰他生命的更高源头。

　　其次他提到目疾带给他一极深之忧患感。顺此而想及失明后之种种悲苦以及死之来临，而直接论死："人生之忧患，莫大乎死，其他之任何忧患，皆不足与死相比。人有其他忧患而尚生，则必尚有不忧患者存。人之有其他忧患，或不免或可免，而死则人所必不能免。茫茫世界中之人，无一非未定死期之死囚。人能知所以对付必然不可免之死之忧患，则亦无忧患之不可免矣。"(第21—22页)一念而使自己超拔于忧患，此时寻找对付死亡之道。他发现有两件"当事",一为当养病,二为当了未了之事,如回信债、回人事应酬、校对已作之文章;苏格拉底临终前还托人还一鸡。两年"当事"之间尚能矛盾,而须以养病为先再酌情完成当了之其他事。

第 11 节中讨论业种及来生,发现有来生不足以慰自己,因可以忘掉此生之来生,可视此生为陌路,虽有业之因果联系但无情之联系,有如此来生不足慰我将死之生。但为解脱其忧患,他又回到儒家立场,即强调德及行当道。德使人通今生后世,如"心思之所及,其能通达于今生与后世,则系于人之德量,亦如人之心思之能通自己与他人者,系在人心之德量"①。至于行当道当理,使人合入超生灭之大道,乃能合之而成永恒普遍者。人若自感平日之心都为"非道非理之心者,亦当唯以求此心之死为念;并感彼当然之道之全,乃超越于其心之上而虚悬于外……若乍隐而乍现;乃切切于求见道,而不及自见其'见道之心';彼乃只视道或理为永存;而于人之能见道之心,乃成其为可有而可无者,而疑其可生可灭矣"②。反之,以道眼观其合道之心,则见道非虚悬于外,乃知合道之心非有灭有死之"现实存在之生命",亦非"经验之心"。今问此可从生灭中救脱我之现实生命之道,即非仅义理之道,何以有此拔生死之力,可否将此终极之道归于有终极位格之"绝对你",而此永恒不死之完美生命不单给予人合理之法则,且使人分享其完美生命,而在人死时,大伸援手,拔人于万劫不坠,使人"搭上另一人行之大道"?③ 自力与他力在生死之关卡能否浑然合一,人乃能超越死,合道而入永明?

笔者是天主教徒,有确定的信仰立场,此立场与唐先生之哲学

---

① 唐君毅:《病里乾坤》,第 42 页。
② 同上书,第 44 页。
③ 同上书,第 94 页。

立场没有冲突。个人之诠释，或许已违唐师原意，但亦可说是同情的诠释，是个人设法综合两种信仰的尝试。至于唐师之良知透天心，而人世间主体际经验构成的心与心之"互摄交遍"①，实可与马塞尔之主体际奥秘说比美，只是马氏设立"绝对你"在这心心辉映之中心，后者助人作最后一跃，结束人之形上之旅于永福之境。相信对真理绝对忠诚的唐师在我们之前已体验过这无法言宣之绝对临在经验吧！

基督信仰的内容或许与唐师某些理念有扞格，但基督信仰包含及开向的超越天，就像唐师一再提示过的"天主之无限之爱心""天主之无私"，而人应以"无限之爱心"与"天主之无限之爱心相契应，以知其密怀"②，唐师本人应是此语之履行者，他应为此类密契经验之过来人。对此文化伟人，我人只能噤声合什。唐氏比宗教人更为宗教人，还不清楚吗？唐氏赞扬"精神教会"说："基督教中，又有人主张于形式之教会外，有精神教会者，在此精神的教会中，正可包括一切在形式上不信基督教者，而肯定其皆可入天国"③，则此超形式之终极具何名不再重要，亦可以无名，唐氏绝对肯定地说："在遥远的地方，一切虔诚终当相遇。"④

我们相信这个遥远的地方并不遥远，人与人之心真诚相遇处，即此终极之处。愿唐师在此处启导我们体认永恒的生死真道。

---

① 唐君毅：《病里乾坤》，第47页。
② 唐君毅：《致陆达诚神甫书》，见唐君毅：《中华人文与当今世界补编》下，第376页。
③ 唐君毅：《人文精神之重建》，第588页。
④ 唐君毅：《我与宗教徒》，见唐君毅：《中华人文与当今世界补编》下，第277页。

十、从存有化角度来看德日进宇宙观的基督论[1]

（一）前言

德日进神父（Teilhard de Chardin，1881‐1955）曾在中国住过 22 年（1923‐1947 年，其中 1924—1926 年曾返法国），重要的作品都在中国写成，如《神的氛围》（*Le Milieu Divin*，1927）、《人的现象》（*Phenomenon of Man*，1940）。由于他坚持演化论，他的神哲学书籍要到他去世之后才得问世（1955 年）。到 1965 年共出版 16 本书。该年研究他的作品共 250 件。10 年内研究德氏的书目索引长达 94 页，两年后，即 1967 年，一年之内研究他的文章高达 404 篇[2]，这时期，在国际思想界，无人可与之匹敌。不单在他本行古生物学，及其投身的神哲学内，还在心理学、政治学、人类学、社会学等领域，他到处激起读者的兴趣，各界学者从他的思想中找到可资研究的灵感。由于他的出现，若说全球学术界都受到震撼亦

---

[1] 原载香港《神思》季刊，1997 年 8 月。
[2] 前述资料取自徐志忠：《德日进对人类前途的远景》，见王秀谷等：《现代先知德日进》，台湾：先知出版社，1975 年，第 105 页。

不为过，可谓不鸣则已，一鸣惊人。非洲塞内加尔总统桑戈尔（Senghor）曾说，是德日进把他从信仰危机中拯救出来，真是一针见血，他实可为20世纪基督徒知识分子的代言人。

德日进的思想辽阔壮大，几千篇研究他的论文都未把他写完，笔者仅选"宇宙性基督"一题来讨论，着重点在神学方面。但宇宙化基督之存在模式和行动，可用马塞尔的存有化概念（l'existentiel）来加以诠释，把两人的思想比较与综合，可说是本文的特点。是否可以成功，有待读者评估，至少这是一个尝试。

马塞尔在40岁时皈依天主教，笔者于1970年在巴黎拜访他时，见到他书房内有一张德日进的放大照片，表示两人有默契，今把两位哲人凑在一起，共为信仰作诠释，应是极有意义的事。"存有化"这个概念在其他哲学思想中亦被应用，意义却不全相同；而中文界稀有人提及，表示马塞尔思想在中国并不普及，或许这个诠释尚须斟酌，在没有找到更好的词汇前，仍用"存有化"一词，略加说明之，使其意义较为确定。

讨论宇宙性基督时，难免涉及德日进的其他关键思想和术语，在本文撰写的过程中，会逐渐引入并略略介绍。

德日进的思想跨越了宗教的藩篱，所以为各界学者乐以阅读及使用，但其"宇宙性基督"之概念是有基督信仰预设的，因此适用范围较小，其普遍性不及一般科学及哲学言语之大，这是此概念之局限。身为天主教神父，当然有信仰预设，因此在他整个思想架构之背面，出现了这个神学词，非基督徒学者如对基督宗教不持成见，并对人类命运高度关切，且有兴趣了解德日进，则"宇宙性基督"一词并不会构成无法克服的思路障碍；不然，亦可以比较宗教学及文化角度来品尝此词之义，至少对它增多一份了解，这是身为哲学教育者不得不提出的，或许教神学的老师不会考虑到此点。另一方面，有基督信仰的中国同胞有权利也有渴望对自己的信仰有更深一层的体认,使自己更能安身立命,更能综合世俗知识和心灵的祈向,并且能用当代知识分子较易接受之语言说明自己的信念。

(二) "宇宙性基督"(Cosmic Christ 或 Universal Christ)之本义

宇宙性基督指历史性基督死而复活之后,超越了一切限制,充分展现祂原有的神性,而与天主同有、同存于宇宙万物,成为宇宙的中心,一面推动宇宙及人类之继续演化,一面也成为演化之方向及目的,在演化之终极点吸引万物向上推进,终能汇聚于高峰点,德日进称之为欧米茄(希腊字母中最后一个字)。本来,德日进的整套言说可说是现象描述,从物到生命到人之出现,再由人的努力而完成人类合一,不牵涉宗教信仰,但在宇宙完成之刻,把欧米茄称为基督,就构成了某种局限性,因为终极超越为各种不同宗教信仰的人士来说,都可以把自己崇信的对象命名之;不过,除此之外,德氏理论仍能自圆其说,他的内在逻辑不至于使整体动摇。

宇宙性基督不属于科学和哲学,而属于信仰部分。德日进以基督徒的身份,看到世界之现象背后有一位具体化的神在支持及推动。创造工程之完结篇由基督主导。因此人化(hominization)[①]之庞大事业以基督创生(Christogenesis)来结束,而基督在复活后已化入宇宙,基督宇宙化也使宇宙逐步基督化,此时之基督是大基督,而非历史上之耶稣,是具有神性的宇宙性基督,在宇宙演化中,与宇宙一起成长与生成,因此欧米茄点为宇宙性基督生成之刻,也是宇宙超越现世性之刻,是完全基督化之宇宙耀入永恒之刻。

---

① Teilhard de Chardin, *Phenomenon of Man*, London: Coolins, 1959, p. 164.

"宇宙性基督"之名称故由德日进发明，但其内容完全来自基督徒的信仰，其依据是四福音和保禄书信。基督的先天神性是《新约》的特色。祂在降生之前是圣言，三位一体中之第二位，在降生之后，圣言取了肉体而进入人类家庭，分享人类的历史和命运。这一个阶段是历史性的耶稣，有血有肉，能为人受苦一直到付出生命。但当祂吐出最后一口气，高呼"完成了"（《若望福音》19∶30）之后，祂便从物质的束缚中解脱出来。复活以后的基督，虽然仍以个体的面貌显现给门徒，祂的新生命已不受时空局限，而为超时空的与宇宙化和同在的神性基督。耶稣升天时，门徒看到祂袅袅上升，被一朵云遮住，这时基督摆脱了个体形象，而完全与宇宙同化，就像天主原来的本性一样。此后基督仍能以个体之面貌显现，但在一般情况中，祂完全参与世界之演化，彻底地降孕（incarnation）到物质内促进一切元素之开发和实现，因此，祂真实的是："我同你们（和万物）天天在一起，直到今世的终结。"（《玛拉基书》28∶20）宇宙性基督之理论根据即为降孕、复活和升天的奥迹，这些奥迹根本是基督徒的共同信仰，没有什么新颖，只是德日进用富有活力的言语把它们活化起来。

历史上的耶稣已经完成了祂的使命，结束了祂的历程。宇宙性的大基督却一直要到欧米茄点才得以圆满，且听德日进自己的宣言：

> 从上至下震撼引导宇宙一切之元素的历程只是一个。我们更清楚地看出，基督君王，像是一个大太阳，在我们内心的世界上升起，披戴着世界的基督，或可称为"宇宙性的基督"。宇宙的一切，一步步，一节节地终于跟一个最深处的核心连系起来，"在祂内得以稳固"，从这核心涌出的活力，不仅在人类操作的"超性"和"有功劳"的高层中发生作用，降生成人类的天主子也投射其援救的高能量进到物质内，它深深地渗入，直

到低级能量的阴暗底层。这个"降生成人"的化工,要一直进行直到一切物体中所涵有的"被选元质"都受其化育:最先是我们的心神先被神化,再则,我们的灵魂因与耶稣相合而达到确定性的圆满核心时,"道成人身"的奥迹才算告成。那时经上的话才得印证:"那往上升起的,莫非就是那首先降来充满一切的一位。"①

德日进自己是个宇宙人,入耶稣会之后,到过英国、埃及、北美,来中国后去过蒙古、戈壁、红海,法属索马里和阿比西尼亚,也到过中国南部各地、长江流域、四川、广西、广东以及印度中西部、爪哇、缅甸等地勘查和挖掘②。在这些不同的地域,他有机会接触到不同的人民和文化,并在不同的山巅和海边瞻示过宇宙的奇妙,纤柔与壮美的景色尽收眼底,但他隐隐地看到这个宇宙与他崇信的基督是重叠与吻合的,基督无所不在:宇宙在基督内,基督在宇宙内。整个宇宙变成了一个被祝圣的圣饼。这个圣饼要在宇宙的祭台上被祝圣的,整个天地变成了一座圣殿:

> 这个大面饼像一个熊熊的火炉,不停地播射火焰。每当一颗火星辐射到树丛中时,即刻被一圈火圈包围起来。这样,一个世纪随着另一世纪,圣体圣事的饼(在一个接一个的司铎手中变得愈来愈大),这个饼被另外一个更大的饼紧紧包围,后者无限倍地更大,它即宇宙本身。宇宙逐步地被宇宙之素(Universal Element)所吸收。③

---

① 德日进:《神的氛围》,郑圣冲译,台湾:光启出版社,1986年,第46页。
② 德日进:《人的现象》,郑圣冲节译本,台湾:光启出版社,1972年,第13—19页。
③ Teilhard de Chardin, *Mon univers*, 1924, cited by Henri de Lubac in his *Teilhard de Chardin, The Man and his Meaning*, NY: Hawthorn Books, 1965, p. 58.

这幅近似神秘主义的描摹，把整个宇宙同神圣的联结关系表达无遗。司铎们用被祝圣过的手指，多次握过要被祝圣的面饼，以耶稣之言使之质变，变成耶稣自己；如今，他要再次握住包含整个天地的大面饼，以基督之言将天地祝圣，使物质整体变为神圣。这种灵视（Vision）强有力地显示深度信仰，德日进的神秘主义是彻底地把自己奉献给这个要被祝圣为基督圣体的宇宙，他的司铎使命就是要使这块大面饼充分实现其一切潜能，直至圣化的潜能，虽然他借用了天主教圣体圣事的言语，但比喻得恰当及真实，可谓上乘之举。一切有信仰的弟兄姊妹都因领洗而分享基督的司祭职，都可以像德日进一样，在宇宙圣堂和大地祭台上与一切司铎祝圣这个大面饼。具体地说，就是投入开发世界的洪流，不论在什么岗位，从事什么工作或研究，都可促进创造工程之完成，一面使世界更美好，一面使世界更升扬，使他日益肖似其创造者，使宇宙整体成为创造者的活肖像。

上面提及的灵视是德日进有此宏观的条件。他是一个可以"看见"的哲人。看见表象，也透过表象直达本体，表象乃成现象。德日进看的能力来自他的信仰和灵修，因此他讲过惊人之语："因着创化，更因着天主子降生的德能，为明眼人，在世上没有一件事是庸俗的了。对那些能看清楚的人，也就是说，对那些能在每一受造物中，分辨出在被选的存有中都含有一小部分的东西已接受基督的引力、因而踏上完成之道的人，一切都是神圣的"（Nothing here below is profane for those who know how to see）[1]，看不到的人是有祸的（To see or to perish）[2]。信仰给了我们这个"看见"的能力，看不到的人会停止进化，留于原点或倒退，

---

[1] Teilhard de Chardin, *Le Milieu Divin*, London: Collins, 1962, p. 66.
[2] Teilhard de Chardin, *Phenomenon of Man*, op. cit, 31.

放弃完成天国的努力。能够看见的人却不然,他不断见到天主的临在,对圣保禄来说,那"充满万有"[①]的就是基督;对德日进来说,宇宙不断地在基督化的过程中,直到大基督完成之刻(Plèrome[②],圆满)。

(三) 欧米茄——力拔山兮气盖世

欧米茄是宇宙万物进化的终点。由于信仰,德日进已把他设定为具位格的基督。这是整个基督奥体,包括一切信仰祂者,亦包括整个宇宙及其能量通过人类的活动而能整合到不朽生命中之万物。"祂在万有之先就有,万有者都赖祂而存在;祂又是身体——教会的头:祂是元始,是死者中的首生者,为使祂在万有之上独占首位,因为天主乐意叫整个圆满居在祂内,并藉祂使万有,无论是地上的,是天上的,都与自己重归和好。"(《哥林多前书》1:17—20)德日进发现在新天新地尚未来临之前,宇宙由创造者和复活者推动朝向一个目标行进。说"推动"亦可说"吸引"。基督在复活之后,虽以隐秘的方式,退到幕后,但祂的全部创造力都释放出来,不但与宇宙同在,且入宇宙核心,成为宇宙内一切能量之发动者,祂结合了物质中原有之潜能,再予以强化、升华,而实际上充分实现出来,这包含物质能与精神能,后者亦指伦理之造化。如此,整个宇宙更积极地"动"起来,大步地迈向原始创工之完成。基督不但只在物质之中心,亦在物质之顶峰,祂是宇宙之整幅肖像,祂使宇宙越过一切阻碍不停地向前及朝上伸展,气象万千,真可谓力拔山兮气盖世。

---

① 《致厄弗所人书》3:10。
② 德日进:《神的氛围》,郑圣冲译,第40页。

宇宙在动是绝无争议之事。但动得有方向，并从低到高地动，就不是"妄动"，而是"进化"。德日进认为在演化过程中人出现在地面之后，进化趋向人之分散、上升和汇合。分散指多元化：各文化、各民族、各宗教、各知识都充分发展，颇似球形之底部向上伸展时之分枝，但上升至球之赤道线时，其分枝已到极处，再继续往上，便到球之上半部，而趋向更高中心汇合①，这指各文化、各宗教间之大交流，人类交往密度大量增加，而逐渐形成国际性大型社会②，整个人类遂成地球村，大家休戚相关，互通有无，从小我到大我。这种摆脱自私的力量来自顶峰无尽之爱的力量，是那终极点之爱拥抱了万千众生，并使众生分享其无穷之施与性的爱（Agape）。终于，人能不受物累而坠落，却奇妙地往上提升。基督同时在顶峰吸引，也在物质中心开发，后者似乎是所谓的"自力"，前者则似"他力"，两者合作而达到真实的超越。

德日进非常乐观地一再宣称："凡上升的，必将汇合。"(Everything that rises must converge)③20世纪的经验告诉我人，这不是唯心论式的幻觉。欧洲经过两次大战浩劫之后，出现了"欧盟"；美俄冷战40年后竟能握手言和；东西德回归统一；两韩交谈出现曙光，甚至中国海峡两岸在不同意识形态坚持下逐显对话的痕迹。地球上的人在动，这是球面上半部之动，逐渐趋向汇合，德氏可称为先知先觉者。

---

① 德日进：《人的现象》，李弘祺译，陆达诚校订，台湾：联经出版社，1983年，第148页。"人化的临界面一经意识所突破，就由发散转为汇聚，并且可以说从此它不仅汇合为半球形且本身也成了轴。在那转捩的'赤道'下一半的发展是趋向多样性的状况；但一到那上一半时，即有继续成长和一去不返的统一。"（第222页）
② "由东到西，演化开始进入更丰硕繁复的领域，正借着众心的汇集而建构'一个心'。朝着超越国度与种族之分那一端的方向，人类以无可避免地开始走向合成一体的大运动。"（德日进：《人的现象》，李弘祺译，第227页。）
③ *The Future Of Man*, London: Collins, 1964, p. 192.

特吕巴克(Henri de Lubac, S. J., 1896–1991)神父发现德氏体认基督之大能来自祂的大爱,而宇宙性基督生自"耶稣之心之扩充"(the "universal Christ" was born from "an expansion of the Heart of Jesus")[1]。是降生为人的历史性耶稣,在十字架上付出生命时,祂无限的爱日后以长矛刺透之心的象征来表示:一颗为全人类牺牲自我之心,在复活及升天后,变成了全宇宙之心,与宇宙一同进化,与宇宙一起完成,宇宙多大,其心亦多大。祂的心是一个"火源"[2],炎炎爱火足以烧毁一切腐败和自私,而使万有终能因爱而联结。

德日进认为有此力拔山兮巨能的欧米茄一定不会低于位格性存有,而被祂吸引和凝聚的众个体亦不会失去各自的个性;相反,愈与此"众心之心"[3]结合者,愈不会失去其自我,反而"加深了自我的深度"[4],"越接近欧米茄点,它就越显然存其自我,越与其他意识不同"[5]。这与滴水入汪洋以及盐粒化入盐液完全不同,个体与欧米茄是同中有异,故能互为真爱及交流的对象。

演化的终点终于来临,就像人的意识脱离本能世界跃入意识之门坎,到达这终极临界点的人类也受欧米茄的吸引,完成了长期的创造和仁爱的努力,把他们的"机体的、属世的支持抛去,而转向那日益集中的超越中心。这就是大地精神的终点和完成"[6]。至此,宇宙逸出太极,跃入无垠之境。

---

[1] *La Parole attendu*, 1940, Cahiers Pierre, *Teilhard de Chardin*, 4, p. 28. Cited by de Lubac in his book *Teilhard de Chardin*, *Man and His Meaning*, see above, p. 47.
[2] 德日进:《神的氛围》,郑圣冲译,第120页。
[3] 德日进:《人的现象》,李弘祺译,第218、221页。
[4] 同上书,第212页。
[5] 同上。
[6] 同上书,第236页。

（四）神奇的"存有化"——回头一笑百媚生

"我父到现在一直工作，我也应该工作。"（《若望福音》15：17）复活后之基督如何工作呢？用什么言语来描述基督"化"此宇宙及其中之人呢？法哲马塞尔之"存有化"（l'existentiel）一词颇为恰当。何谓"存有化"呢？让我们来省视一下此词之义。

耶稣复活后，发显给一些人，尤其那些与祂同受苦难的弟兄姊妹。按《圣经》记载，第一位（圣母除外）得此殊荣者为玛利亚玛达肋纳。后者在天色还黑时就匆忙地提了一大壶香液到坟地去，却找到一个空穴，不见耶稣，就在墓外哭泣，曾与天使对话，不得要领，突然听到背后一声："女人，你哭什么？你找谁？"模糊的泪眼看不清还以为是园丁，她说："先生，若是祢把祂搬走了，请告诉我，祢把祂放在哪里，我去取祂回来。"耶稣对她说："玛利亚！"她便转身用希伯来语对祂说："辣步尼！"（参阅《若望福音》20：1—18）

耶稣一声"玛利亚"把她从幻觉中惊醒，她的心灵被复活者接触到，基督的叫唤把玛达肋纳的愁苦化为至乐，原先寻找的尸体变成一位有血有肉的活人。只要接触祂，会死的人顿时跃入不死之境。复活后耶稣的临在唤醒了生命中不朽的种子，使它突然抽芽，绽现永恒生命，分享复活者的满盈喜乐。这个事件是绝对的意外，无法设计的，是平白地获得的，受惠者从最深的底谷跃升至巅峰，脱胎换骨，变成新人，这种经验除了奥迹外无法名之，因它无法归类到日常生活之中，是异军突起的另类，是人生之高峰经验。复活的耶稣一旦接近一个幸运的灵魂，后者必会产生质的变化，化腐朽为神奇，真可谓基督一笑百媚生，见得复活的主耶稣，聆听祂的声音，就会跃出时间，暂时进入永福之境，这也是耶稣三爱徒在高山上见耶稣显圣后不愿再下山的原因，他们面见了至美。

十、从存有化角度来看德日进宇宙观的基督论

"存有化"(l'existentiel)即此类高峰经验之称谓。存在之物本来位于时空之坐标上,不是空无。但时空之有只是客观之有,不具价值含义。存有化是一个关键,存有化把低级的时空存在转变成有价值和意义的存有,通过深度的交流,麻雀变成了凤凰,玛达肋纳等待的尸体变成活生生的新生命,玛达肋纳自己从痛苦的深渊跃出,不再受死亡之威胁。存有化使已存在者更存在,更彻底地存在,更真实地存在。存在一词或无价值含义,但存有一词绝对有价值感。"存有"在马塞尔的哲学中不是客观或中立之物,而为"主体际性"(intersubjectivity)之义。一物之可以称为存有,并非只是一种存在,且是被珍惜、被尊重之"物"。存有化发生之后之存在,已非普通存在,而是一种翻新过的存在,它原有的内涵丰富地展露,在与另一存有交会时"互放光亮"。单纯地称它为存在是不表达其实况的,除非前面加几个形容词,如"真实的""充实的",甚至"喜悦的""崭新的",等等。

存有化指存在因某种机遇产生了变化。从一物变成一存在,因该物或该人接触到了存有。存有可以是一种生命境界,也可以是一个开放的生命体,用马塞尔的术语来说是一个"你",不是一个"我"或"他"。接触到一个"你"时,原本只为"我"的某人突然变成一个向别人开放之"你"来。这种互相开放、互相容纳的关系使生命丰富起来,充满喜乐,而此类经验来得如此突然和意外,更显得不合常理,马塞尔认为这是"初版的、空前的、无法还原且无法综合入任何以往的经验之中"的[①]。存有化使"涕泣之谷"中度日如年之众生突变,体会永恒临在人间的喜乐。其果远大于可指认之因,颇似国人所称的缘。

---

① G. Marcel, *Journal métaphysique*, Gallimard, 1927, p. 319,亦见陆达诚:《马塞尔》,台湾:东大图书公司,1992 年,第 125 页。

笔者一直认为这类存有化经验是被复活后之基督触及的经验。就像玛达肋纳一被耶稣触及，立刻破涕为笑，其他的幸运者也是一样，拥有巨能之宇宙化基督不断地在修复心灵、投射光明、抚慰创伤、复活垂死者。由于基督已摆脱物质的羁绊，已达大自由之境，如吾人所说它有神速、神光、神透、神健之能，故若为一无实体之"轻"（借用"生命中不能承受之轻"），但此神妙之"轻"可以不断点化凡人，使"不存在"（沮丧、失望、放弃）再获生机，而能存有化起来。复活之基督不断给人加油，使人猛进，这是一股爱的力量，它是永远不会用尽的，因为祂是创造者，力拔山兮气盖世，整个宇宙之继续进化都与祂之作工有关。

上面之描述亦可放到圣神身上，因为耶稣复活后，是圣神成为基督奥体的灵魂，不断活化这个大机体，不断产生新的创造。笔者认为圣神与宇宙化基督是永不分离之同工，祂们的活动构成存有的生机之源。

当生命从僵化到活泼，从昏睡到清明时，它便能自己运作。存有化是特殊时间，是"顿"式的恩宠时刻，是天主直接触及生灵之当下经验。其后之努力，是在恩宠中的自立奋发，是"渐"式地改造自己生命。后者是"宠爱"（habitual grace），前者是宠佑（actual grace）。宠佑之哲学名词即存有化，存有化之当下都使人体会永恒，而产生乐极忘返之感。这是最高层次的自我实现，自力化入神力之中，自我几乎全然消失，但这类经验之完成需要自由与恩宠之合作。一神信仰不同于自力宗教（佛教或当代新儒家）之说，而含天主与人互为主体性之经验，也是"我与你"全然相爱和交融的经验。在存有化之当下，神使自己隐失，受惠者在大跃进中不知是受了谁的恩惠，还以为是一种无法解释之缘或好命。从信仰的角度看，存有化是神性的存有者之作为，而基督即那一位 L'Existentiel。

从存有化一词可窥见宇宙性基督作工之特色,就像祂在复活后安慰及治愈一切门徒,今日,祂也以不显明的方式在无限的时空中改造人类,而使人有大喜大乐、有"神来之笔"式的创造活动、有意料不到之邂逅相会、有柳暗花明又一村之新希望……宇宙性的基督不停地作工,所以演化会继续,人类可以上升而汇合,凡人可以超越自私而度仁爱的生活,地球可以成为团体。德日进在各处都可以看到无所不在的那一位,而整个地球变成了一个等待祝圣而成为圣体的面饼。从这个大圣体中大量地射出的爱、力、光,使演化永不中止。而在演化的终点,这位隐藏的欧米茄的面容必会绽现,"祂有一个面容和一颗心"[①],就像保禄所言:

> 我们现在是借着镜子观看,模糊不清,到那时,就要面对面地观看了。我现在所认识的,只是局部的,那时我就要全部认清了,如同我全被认清一样。(《哥林多前书》13:12)

我们在欧米茄点看到的那位尊者实是一切人之原版,因为一切人是以祂的肖像塑造而成的。而整个宇宙到此临界点也肖似了这个原版,这实是大基督创生(Christogenesis)之刻[②]。

(五) 结论

德日进和马塞尔是 20 世纪两位法国天主教思想家,前者从科学走入神学,后者从哲学潜入信仰的奥秘。他们两人都被基督深

[①] "集合宇宙所有精神洪流之海洋不只是某物,更是某人物。而这位人物有一个面容和一颗心。" H. de Lubac 引其书 *Teilhard de Chardin, Man and His Meaning*, p. 13。亦见德日进:《人的现象》,李弘祺译,第 217 页:"有脸有心。"

[②] 德日进:《人的现象》,李弘祺译,第 246 页。

深地渗透过，都与复活的基督相遇过，都在灵魂深处被基督触摸过，这两位幸运的灵魂有力地把个人经验化成文字，将火般的思想通过文字镶入读者的灵魂里去，使读者也体会到那股火般的热情与无法抑止的圣爱，通过存有化体验而化入宇宙性之基督内，Oh Christ, ever greater! ①

---

① H. de Lubac, op, cit, p. 45, 原文在 *Le Coeur de la Matière*, 1950。

十一、牟氏逆觉体证与马塞尔第二反省之比较①

（一）前言

逆觉体证是牟宗三先生的重要概念之一。在他的《现象与物自身》《心体与性体》《中国哲学十九讲》《智的直觉》《圆善论》等书中都有提及。借这概念，牟先生把哲学的理论与实践配合起来，这是孟子以降，尤以宋明盛行的传统。这种功夫在儒学以外又是东方宗教，包括佛道均崇的修持法门，说它是东方灵修的主流亦不为过。从这个角度看，逆觉体证确可作为判别中西哲学差异的基准之一。

20世纪法国思想家马塞尔在30年代发展出第二反省的学说，第二反省是对第一反省之反省。第一反省是纯粹理性思考，重视客观和普遍性，基本上是知识论之工具。然而这类知识论之广泛使用，侵占及取代了存有论，致使人性真理无法洞见。马塞尔用存在经验出发，返回主体，借内敛功夫触及存有底基，而使知识回归存在，基本上是超客观知识论的还原工作，没有一般的反省义。

---

① 原载《哲学与文化》1997年第10期。

不论在其进路、过程及效果各方面来看,第二反省神似逆觉体证。把两者加以比较,可见"道"不孤,必有邻。这股西方哲学传统的逆流,一面反对理性称霸,一面给信仰的体验在哲学中予以定位,使逆觉体证式的第二反省成为欧洲哲学打破瓶颈、重获生命的契机。

这篇小论文共分"逆觉体证"和"顿悟"两点来对照牟、马二氏的见解,并希借此比较能直窥二氏的形上学。

(二)逆觉体证的意义

首先,牟先生在《心体与性体》第二册中有一节专门讨论"逆觉的功夫",把逆觉正名:

> 良心发见之端虽有种种不同,然从其溺而警觉之,则一也。此即是"逆觉"的功夫。言"逆觉"之根据即孟子所谓"汤武反之也"之"反"字。胡(五峰)氏虽未明言此词,然吾人可就其实意并根据孟子之"反"字而建立此词。此词是最恰当者,亦是孟子本有之义,并无附会。人若非"尧舜性之",皆无不是逆而觉之。"觉"亦是孟子之所言,如"先知觉后知,先觉觉后觉",此言觉虽不必即是觉本心,然依孟子教义,最后终归于是觉本心,先知先觉即是觉此,亦无不可。象山即如此言。故"逆觉"一词实恰当也,亦是孟子本有之义也。①

"逆"来自反,反即返,返回真实自我,是自觉和觉悟,汤武不能免,唯尧舜可免,因尧舜"性之",此指尧舜常尽心依仁,常"精诚恻

---

① 牟宗三:《心体与性体》第二册,台湾:正中书局,1978年,第476页。

怛,存而不放,故能随事而充之也"①。一般凡人多少都有过放其心而溺于流,所以要别人或机遇来点醒之,使他警觉而返,而再次体悟良知本心。体悟良知本心就是体证,牟先生说:"'逆觉'即反而觉识之、体证之之义。体证亦涵肯认义。言反而觉识此本心,体证而肯认之,以为体也。"②逆觉体证乃是收心而返,体察及肯认良知仁心之谓。由牟先生之解词,可见此词为他首创。

其次,牟先生有两种逆觉体证说,其一是内在的,其二是超越的:

> "内在的体证"者,言即就现实生活中良心发见处直下体证而肯认之以为体之谓也。不必隔绝现实生活,单在静中闭关以求之。此所谓"当下即是"是也。李延平之静坐以观喜怒哀乐未发前大本气象为如何,此亦是逆觉也。吾名曰"超越的体证"。"超越"者闭关("先王以至日闭关"之闭关)静坐之谓也。此则须与现实生活暂隔一下。隔即超越,不隔即内在。此两者同是逆觉工夫,亦可曰逆觉之两形态。"逆"者反也,复也。不溺于流,不顺利欲扰攘而滚不下去即为"逆"。③

内在与超越之分在于有隔与无隔,无隔者当下体证,有隔者,则须闭关静坐,逐渐修得;但后者证得之内容直探意识未发前之原始大本气象,故其体认更为彻底。体验"未发",按陈来先生之解释,是:

---

① 牟宗三:《心体与性体》第二册,第475页。
② 同上书,第476页。
③ 同上书,第476—477页。

……要求体验者超越一切思虑和情感，最大程度地平静思想和情绪，使个体的意识活动转而成为一种直觉状态，在这种高度沉静的修养中，把注意力集中在内心，去感受无私无情无欲无念的纯粹心灵状态，成功的体验者常常会突然获得一种与外部世界融为一体的浑然感受，或纯粹意识的光明呈现。[1]

　　陈来描写的"无私无情无欲无念"的意识真空境界，实与佛教之理想切近，都是通过逆觉而达到"空""无"。以后朱子从道南学派李侗为师，一直无法进入此"未发"界；李侗去世后，朱子转向程伊川的理性轨道[2]。不过，这种"未发"之界，却是返本复原的基地。西方现象学企图用"存而不论"（Epoche）逐入意识腹地，终能直观现象本源之纯意识[3]，与东方有异曲同工之妙。胡塞尔（E. Husserl, 1859-1938）通过此法建立知识论基础，东方人用此法为达到中和心灵之效果[4]，更接近马塞尔之构想。

　　高柏园先生按牟先生的内在和超越逆觉体证之分类，综叙了中国传统中儒道佛各师的体证形式。他把孔子和惠能放在内在类，把老、庄、神秀、达摩放在超越类。前者可在生命中当下体仁或证得般若，而后者都有退返（致虚收静、观复、坐忘、心斋、去执、壁观、禅坐、慎独）的工夫，都要求人摆脱世俗，通过闭关静坐而达彻悟之境。唯孟子兼有内在及超越两类体证。孟子一面强调"闻一

---

[1] 陈来：《心学传统中的神秘主义问题》，参阅陈来：《有无之境——王阳明哲学的精神》，人民出版社，1991年，第405页。
[2] 同上书，第407页。
[3] 邬昆如：《现象学论文集》，台湾：先知出版社，1975年，第111—266页。
[4] 《中庸》："喜怒哀乐未发谓之中，发而皆中节谓之和。中也者，天下之大本也；和也者，天下之达道也。"

善言见一善行,若决江河"之当下体证,又主张存夜气以养仁义(《告子上》)。高柏园加以诠释:

> 吾人在夜深人静之时正是生命无所牵引、诱惑之时,而此时也正是吾人良知得以自然发用之时,吾人当即于此时去体会良知之发用,并存养之、扩充之。……当吾人于深夜暂时隔开一切的牵引、诱惑,其实也就是暂时由日常生活中挣脱出来,而让本心良知得以充分发用,此暂时之隔不正是超越之逆觉体证之所以为超越吗?[①]

此外,高柏园又列孟子之寡欲(《尽心下》)来言其隔,借此隔将生命的负面气质加以贞定安顿。不过高先生认为不论孟子或其他持超越体证之大师都只把超越体证看成权宜之计,而非终极目标。换言之,撤离人间只是为了更好地回入人间,是入世法。这样,超越法又与内在法衔接起来了。或许内在体证之功力本就来自超越法之修炼,由"山不是山"再回到"山又是山"。

(三) 逆觉体证之果——顿悟

牟先生关于顿悟有精辟的论点,兹录于下:

> ……就本心性体之朗现而言大定,并无修之可言。一言修,便落习心,便是渐教。从习心上渐磨,纵肯定有形而上的

[①] 高柏园:《论牟宗三先生"逆觉体证"义之运用》,宣读于1995年12月30日"牟宗三先生与中国哲学之重建"学术会议上。该会议由鹅湖杂志社等单位主办,后发表于《鹅湖》1997年第259期,第5页。

本心,亦永远凑泊不上,……此大定如真可能,必须顿悟。顿悟即无修之可言,顿悟即是积极的工夫。(当然从习心上渐磨亦有其助缘促成之作用,但本质言之,只是顿悟。)……逆觉体证并不就是朗现。逆觉,亦可以觉上去,亦可以落下来。但必须经过此体证。体证而欲得朗现大定,则必须顿悟,此处并无修之可言。(修能使习心凝聚,不容易落下来。但从本质上言之,由修到逆觉是异质的跳跃,是突变。由逆觉到顿悟亦是异质的跳跃,是突变。)其实顿悟并无任何神秘可言,只是相应道德本性,直不使吾人纯道德的心体毫无隐曲杂染地(无条件地)全部朗现,以引生道德行为之"纯亦不已"耳,所谓"沛然莫之能御"也。"直下使"云云即顿悟也。普通所谓"该行则行"即是顿行,此中并无回护、曲折、与顾虑。……再该行则行中吾即受到此是义心之不容已……此觉亦是顿,此处并无渐之过程可言。觉到如此即是如此耳,并无所谓慢慢觉到,亦无所谓一步一步觉到,一、觉到是本心之不容已,并毫无隐曲地让其不容已;二、本心之纯,是一纯全纯,并不是一点一点地让它纯;三、本心只是一本心,并不是慢慢集成一本心。合此三层而观之,便是顿悟之意。①

牟先生这段话把顿悟之义阐明。首先,顿悟不同于渐修,两者间有异质关系,有突变性。其次,本心之纯当下顿现,没有时间性可言。再次,此顿现直下使顿行可行,完全省略理性之作为,不需再三分辨,权衡轻重,当行即行。而顿悟之效果是"朗现",然后是"大定"。朗现即清明,大定是安身立命。若然,哲学通过实践彻底实现人性,使人在情、意、理各方面得到满足。

---

① 牟宗三:《心体与性体》第二册,第239—240页。

这种异质之生命体验应可接近马斯洛(Maslow，1908－1970)的高峰经验说(peak experience)。林月惠女士参照李安德新著《超个人心理学》①作如下解释：

> 当人们在欣赏日落、冥观星空或品赏名画时，突然经验到一个"神入"(ecstasy)或忘我的境界。在那短短的几分钟内，时间、空间，甚至他自己的存在都突然消失了。他好似突破了小我限制，刹那间融入了美的本身或浩瀚无际的宇宙中。在那一刹那，他经验到难以言语的喜悦，意识境界的扩大。经历过这种经验的人，对自己及世界的看法会突然改观，生活也变得更有意义。②

马斯洛通过高峰经验之介绍，把他前期之人类五种基本需求(生理、安全、归属与爱、被尊重、自我实现)扩展到更高层次的自我超越需求。在此需求中，自我不再为中心，而有无私之心及行为。另外值得注意的是：马斯洛理会到这类顿悟会产生"神圣、善良、愉快的感觉……那样的平静、安全、充分享受内在的满足感。……较有整统感……较富创造性，最能拥有此时此地的感受……最能体会一切具足的感觉"③。这些描写补充了牟先生的"朗现"和"大定"。

马斯洛后来为了避免高峰经验中之误差，如有些人通过吸食迷

---

① 李安德：《超个人心理学——心理学的新典范》，若水译，台湾：桂冠图书公司，1992年。
② 林月惠：《聂双江"忽见心体"与罗念庵"彻悟仁体"之体验——一种"现象学的描述"之理解》，宣读于1995年12月30日"牟宗三先生与中国哲学之重建"学术会议上，后发表于《鹅湖》1997年第260期，第33页。
③ 同上。

幻药来达到刹那式忘我高潮,而改用高原经验(plateau experience),把该经验之神秘性降低,使它成为人人可及的生命事业[1]。笔者认为这种修改有损于顿悟之原意,并与牟先生对修顿之异质讨论不合。

至于顿悟之效果,尤其是释放、解脱、喜悦、安定等感觉是一切静坐修持者的共同经验,难怪静坐逐渐变成超宗教超文化之普遍内修功夫,中外贤者趋之若鹜。阳明之学生黄绾记其师说:"日夜端居默坐,澄心精虑,以求诸静一之中。一夕忽大悟,踊跃若狂者。"[2]阳明妹婿徐爱云:"已而大悟,不知手之舞、足之蹈。"[3]宋程颢早有同类感受:"存久自明⋯⋯天地之用皆我之用,孟子言万物皆备于我,须反身而诚,乃为大乐。"[4]可见宋朝学者对逆觉中喜乐的体认一点不陌生,此乐实是高峰经验中顿悟之果。

(四)马塞尔的第二反省

马塞尔以笛卡尔为第一反省的代表。笛氏之"我思故我在"中之"我思"变成第一反省之代名词。笛卡尔从怀疑存在到肯定存在,寻找的是客观的、抽象的真理。怀疑表示采取距离,客体化、对象化。然而"存在"是怀疑和一切思想之预设条件,因此证明之是多此一举。第一反省把个别性解消,而平面地以类(genus)的角度检查对象的合格性,纯为知识论的进路。如果把这类反省的使用范围无限地扩大,则存有及一切有关人的了解都会荡然无存。人

---

[1] Maslow, A. H. *Religions, Values and Peak-experiences*, N. Y. Penguin Books, 1970, pp. XIV - XVI.
[2] 《阳明全书》,卷三十七。
[3] 《阳明学案》,卷十一,第223页。
[4] 《二程遗书》,卷二上。

变成客体，也变成物。

第二反省是对第一反省加以批判，试图超越客体化的二元思考，寻获存有。此处之反省远大于反省之名，诸凡人的感觉、感受、意欲、思维、情意、信仰都可包括在内。第二反省之主体是具体的自我，从全面的体验出发，再返回深度内在，又借直观之助超克限制，达到光明和自由。此一过程恰可与牟宗三先生的理论对照，只是用辞不同，并因其对存有之见解不同而对人性之终极诠释亦有不同之处，但其过程若合符节。

为克服理性过分运作，马氏强调分而合之体验及表而里的功夫。所谓分而合，指存有化经验(l'existentiel)，即在某一当下，主体超越差别相，体验共融与合一。在人际关系中为邂逅、一见如故（或一见钟情）、临在。在人与景间则为神往、忘我、出神。主体由"我"变成对方之"你"，这是分而合。

表而里者，指具有存有化经验者将之内化，且深入内心，体会终极合一。从具体生活中撤离就是有隔，也是牟先生所谓的超越的逆觉体证。马塞尔把这种功夫看成体悟存有的绝对条件："我们无法把自己提升到'超越问题性事物'之层面，或奥秘层面，除非先经过了一段叫我们投入经验，再摆脱经验的历程。……我深信除非我们能够自我凝敛(recueillement，recollection)，我们绝无法把握存有之奥秘，也无法使存有论产生。"[①]存有论像中国哲学之体良知本心一样绝非一套知识理论，而须加上实践功夫才能契入。而所谓摆脱，即隔也，超越也。

自我凝敛乃成为第二反省的核心，进入凝敛之自我从经验世界往后退一步，把一切不属于自我本质的"所有""所作"都暂时放

---

① 马塞尔：《存在奥秘之立场和具体进路》(上)，陆达诚译，《哲学与文化》1982年第9卷第8期。参阅本书附录一。

下,而以"纯是"进晤"纯我"。马塞尔说:

> 在自我凝敛时,我面对自己的生命采取一个立场,更好说我使自己采取一个立场:我多少从自己的生命的地方退一步,然而退的方式并不像认知主体所作的那样。在这后退的行为中,我携带着"我之为我者,而这或许并非我生命之所是者"。这里我之存有与我之生命的不同就显露出来了。我不是我的生命,并且如果我能判断我的生命,那必先假定了我能在自我凝敛中越过一切可能的判断和表象层面,而与最内在的我再次衔接而致。无疑地,自我凝敛是灵魂中最不会令人吃惊的东西,它的要点不在于注视某样东西,它是一种凝聚力和整修内心的工作。①

"我之为我"即我之"纯是",把一切可与我分开之身外之物都分开了,而单纯一己地回入内心与"最内在的我"衔接。这里上场之"最内在之我"是否即中国哲学讲的良知本心呢?它是我,因在我内,又大于我,即不被我限制及包围,它像老子之道那样可展现于天地间,超越一切个别仁心与良知。马塞尔认为回入内心之纯我与此最内在之我可以缔结互为主体之关系,两者均以我称,但可衔接,表示非同一,可借意愿及努力而合一,构成内在的主体际性,而此主体际性使原来纯外在之自我得一基础而可免除外界的摆布,有屹立不拔之风貌。也在两种我的衔接中,我才超克分裂而达成一致性。这个神秘的"最内在之我"究竟是什么?

用哲学语言可说是存有本身,用信仰语言来说是"绝对你",或

---

① 马塞尔:《存在奥秘之立场和具体进路》(上),陆达诚译,《哲学与文化》1982年第九卷第8期。参阅本书附录一。

人与之作深度交谈的对象,是一种具有位格性的临在(personal presence)。换言之,即一神论信仰之神。从这里看,马塞尔认为信仰与中国哲学对同一经验之诠释分道扬镳,至少中国哲学没有如此明显的表达。内在之我是我之土壤和先验基础。内在缔结的"我与你"关系由爱来维系。"爱……把自我隶属于一个更高的实体——这个实体是在我心灵深处,比我自己更为我自己"[1],"在我内心深处有某样不是我的事物,它比我对自己来说更为内在"[2]。熟悉奥斯定自传《忏悔录》的朋友都对这类的话不陌生。马氏在20世纪50年代出版的一个剧本《我的时间不是你的》中,剧中人佛娜维小组有下面一段话:

> 我们愈走入灵魂深处,我们愈渗入那些不会发生变化的地区。新颖是商人作广告的用辞。但在内心的国土内——这是我的国土——没有人作买卖。这是默观的国土,恩宠的国土。[3]

由于绝对者临在于我灵魂深处,马塞尔的另一段话得以解释了:"自我凝敛实在是我借之再把我自己若不分裂之一致性把握住,然而这种再一次的自我把握具有放松和委付(abandonment)自己的效果。委付自己给谁?在什么前面放松?我没有办法在这个体验内加一个实体名词。我的思路在……的门坎前必须驻步。"[4]1933年,马氏在法国南部给哲学家年会演讲时,故作玄虚;但在其他著作中清楚地给了答案。在马氏的逆觉体证中,他面对的是他深爱及虔信的天主,在天主前他终能完全解脱因思维及人

---

[1] 马塞尔:《是与有》,陆达诚译,台湾:商务印书馆,1983年,第161页。
[2] 同上书,第116页。
[3] 参阅陆达诚:《马塞尔》,台湾:东大图书公司,1992年,第194页。
[4] 马塞尔:《存在奥秘之立场和具体进路》,陆达诚译,参阅本书附录一。

际关系所构成的劳累,而获得放松及休息①。此外,就在这内在一致性达成的时刻,人更深刻地体会到把自己完全奉献给天主的迫切愿望,而有上述的委付行为。

在讨论有顿悟效果的马氏直观之前,笔者愿意交代一下马氏对圣者的看法。牟先生认为"尧舜性之",圣人不需要逆觉体证;马塞尔心目中之圣者为从未丧失过天真或已超越"我思"、重返乐园之智者。两类圣贤都持赤子之心,每时每刻活在存有化的气氛中,不需逆觉而与存有直通。"这些大圣大贤历尽了人世百般经验,而在航行的末了终于回到儿童的幸福境界之中,好像回到人类良知的失乐园中一样。"②

这种心境与老子的"常德不离,复归于婴儿"(《道德经》第 28 章)同出一辙。不过马塞尔之婴儿观其来有自,他认为这些大智大德"与至高精神(即神)维持子女性的关系,而只有这种关系能够使人在一切事物之最后奥秘之前保持儿童的心态"③。

(五) 马塞尔的直观

自我凝敛是一种逆觉功夫,实践此功夫者不一定有体证。牟先生提出顿悟之说,提示在逆觉之"渐"与体悟之"顿"间有异质关系,是一跳跃与突变。马塞尔在第二反省的自我凝敛中提出直观,来说明自我凝敛之完成。

自我凝敛发生实效之刻,马塞尔称之为"被瞎的直观"④。"被

---

① "凡劳苦和负重担的都到我跟前来,我要使你们安息。"(《新约·玛窦福音》第 12 章第 28 节)
② 马塞尔:《是与有》,陆达诚译,第 219 页。
③ 同上书,第 218 页。
④ G. Marcel, *La dignité humaine*, Paris Aubier, 1964, p. 120.

瞎"(aveuglée)与"观"两词词义相反,如何可以联在一起呢?回入自我的主体在极度专注及肃穆的情态中,遇到了终极对象——最内在的"我"。这个地区产生了互动,主体之"见"受益于另一主体之"予"。另一主体的豪光遮蔽了主体的理性,使其有"被瞎"的感受,但却在此光中,圆熟了真正的沟通和体证。这不是获得一种新知识,而是洞察存在关系中的迷惑,冲破辩证的枷锁,走向超越的自由。直观中之光源非主体,而为主体内的终极光源之光。此光使主体整体改变,内外刷新,犹如重生。

这种直观对眼目来说,似乎强烈得令人无法睁目,但它颇能配合听觉,这是一种用聆听来体认之"觉"与"悟"。马塞尔描写说:"一种非常神奇的音乐和音在我身上苏醒过来,这是一种静观式的旋律,我无法为它找到语言。"[1]存有的密码不用视觉而用听觉去测知。形上学家应勉力找到可以安放自己耳朵去聆听存有讯息的地方,听到超感觉、超概念、超文字、言语的静默。马塞尔似乎鼓吹一种听觉性的直观(auditive intuition)[2],要人用灵性的耳朵直探存有的奥秘。或许这类体证太直接,因此禅师不立文字。马塞尔会说,要讨论这类直观,就像设法在一架无声的钢琴上弹奏一样[3]。

直观的结果是主体分享了存有之颠扑不破的稳定性格,并因存有之"投资",好像得到了存有之"加持",而能使主体纵身一跳,义无反顾地跃入另一高原,使真正的个人于焉诞生。"本体之次序

---

[1] 马塞尔:"Aperçu sur la musique dans ma vie et dans mon oeuvre", *Livres de France*,1965, 8 - 9, pp. 33 - 34。参阅陆达诚:《马塞尔》,第 59 页。
[2] 参阅陆达诚:《马塞尔》,第 59—60 页。
[3] 参阅马塞尔:《存在奥秘之立场和具体进路》,陆达诚译,《哲学与文化》1982 年第九卷第 8 期。稍前,牟氏又说:"一个直观的位置愈处在中心地位,它在其照明之存有愈深邃的地方作用,那么,它愈无法回归自己而把握自己的实在。"(参阅本书附录一)

只能被一个整体地切身投入一个存在处境中的人所体认……他可以肯定'存有',完全向祂开放,或否定存有而同时把自己封闭起来。就在这两难的情形中,人的自由显出它的真谛。"①终于马塞尔直截了当地称此直观就是信仰②,神力加上人力、恩宠(grace)与自由互动,使人达成最高超越,彻底解脱第一反省的魔咒,大量开发无私的爱及宽恕的潜力,生命终能圆熟。

在1929年3月5日的日记上,马氏写下这样的话:"今天早晨,我有了奇迹般的幸福感,我第一次清楚地经验到恩宠。……我终于被基督信仰所包围。我沉浸在里面,幸福的沉浸。……这实在是一次诞生,一切都变成不一样。"③两天后他记下:"我怎么能抑止'泛滥''绝对的安全感'和'被包围'在深厚的爱中的情绪呢?"④

在第二反省之充分实现之刻,即直觉达成之时,主体的创造力大量涌现,伴随的情绪是喜乐洋溢,而非焦虑或荒谬,这是马塞尔自承为其生命及作品的基调。兹引笔者曾写过的一段诠释来结束对"直觉"的讨论。

满盈感是创作时的情境,文思泉涌,正因为有资源,生命充实到满而溢的地步,就像探险者挖到了宝藏,一切痛苦均退去,主体沉浸在喜乐中,觉得自己完全饱满:"喜乐与取之不尽的感觉是相联起来的。"在创造的经验中,作者体会自己无限的富有而感到喜乐,冲毁了平凡的生涯。这种体认使马塞尔一再强调他与其他一些存在学者之基调不同。他不但不会像萨特和卡缪之用荒谬,也不苟同齐克果和海德格尔之焦虑;却认为存有的基调是喜乐,是存

---

① 马塞尔:《是与有》,陆达诚译,第111页。
② 同上书,第87页。
③ 同上书,第8页。
④ 同上书,第13页。

在之喜乐,这是在主体际性中充分发挥出来的喜乐。"我与海德格尔之间对存在的诠释有很大的差异,比较接近克洛岱尔(Paul Claudel,1868–1955),因为我愈来愈发现我们可以有喜乐和满盈的存在性经验。"①

(六) 结论

牟宗三与马塞尔是当代中西两位哲学大师,尽管他们有很大差异;但在"逆觉体证—第二反省"及"顿悟—直觉"两点上有极大的类似。两人都主张回入主体,体悟存有真谛,再充分开发人性潜能,活济世助人的生活。或许有隔之超越逆觉正是无隔之内在逆觉之充足条件,有深度内修而能处处体仁;到此阶段,几近圣人之无隔,亦如孔子之随心所欲不逾矩焉。至于马塞尔通过信仰经验而把逆觉体证之达成诠释为"我与你"之相遇,则不似牟先生之思维方式,但牟先生之良知本心究无"他我"性否,值得学者深究,本论文到此暂告一段落,供同好批判纠正。

---

① 陆达诚:《马塞尔》,第 235—236 页,其中两句引马塞尔的话,可参阅马塞尔:《是与有》,陆达诚译,第 91 页;及 *Entretiens Paul Ricoeur-Gabriel Marcel*, Paris: Aubier, 1968, p. 87。

十二、马里旦与马塞尔①

（一）前言

马里旦(Jacques Maritain，1882–1973)与马塞尔是法国当代两位颇负盛名的天主教思想家，两位都在盛年皈依基督（马里旦于1906年，24岁；马塞尔于1929年，40岁），两位都致力把信仰结合哲学，以期超越理性的限制，在不同的领域中，各有一番成就。前者成为新士林哲学或新多玛斯主义的领导人之一，后者被萨特誉为"有神存在主义者"②。两人都于1973年去世，以不同程度受到教会的褒扬③。马里旦毕生努力诠释圣多玛斯哲学，深得教廷青睐，曾任法国驻教廷大使（1945—1948年）。马塞尔从传统中逸

---

① 原载《哲学与文化》1998年第3期。
② 萨特：《存在主义是一种人文主义》，1946年，中译载于陈鼓应编：《存在主义》，郑桓雄译，台湾：商务印书馆，1967年，第269—296页。
③ 教宗保禄六世向马里旦所属的耶稣小兄弟会院长致哀："马里旦去世消息令我深深震动，他会一直是有极大价值的哲学家和基督徒的典型。对我个人而言，从他当驻教廷大使起，他就是我的至友。我谨向他愿意在其内度过生命最后一段的修会表达我深切同情和宗座降福的慰安。"参阅 *L'Osservatore Romano*，May 3,1973。马塞尔的追思弥撒在巴黎圣苏尔比斯教堂由 Daniélou 枢机主礼，在讲道时他称马氏为"最真实的基督徒"，是我人"思想和生活的导师"，参阅 G. Fessard, *Gabriel Marcel-Gaston Fessard Correspondance*，1934–1971，Paris：Beauchesne，1985，pp. 495–498。

十二、马里旦与马塞尔

出,另辟新径,在"大系统"哲学之外开创一片新天地,但始终未受正统派赏识,直至梵蒂冈第二届大公会议(1962—1965年),其思想才通过某些神学家之影响直接渗入梵二大公会议文献中,有过颇似德日进神父的遭遇。从此可见,二位马氏的哲学境遇相当不同,虽然他们都笃信天主教,但他们的哲学观点极难重叠,二位虽然努力尝试过对话,但似乎并无结果。二马未曾交合,并不影响他们的成就,各有各的欣赏者及追随者,并且客观地说,他们的价值都已被后人肯定。在今日重视多元及容忍差异的哲学气候下衡量,二马之未曾重叠毋宁是件好事,是丰富天主教文化的契机。从这个积极的角度出发,我们试着分析二马,并渴望找到可资中国哲学参考的信息。

本文将从马塞尔皈依的记载出发探讨存在哲学与新多玛斯哲学的辩证关系。存在哲学方面以马塞尔与杜博(Charles du Bos, 1882－1939)为盟,新士林哲学则以马里旦及其夫人拉伊萨(Raissa,犹太后裔,二人于1906年同日领洗,均热衷于圣多玛斯哲学,夫妇在哲学观点上几乎全同)为盟,另一位士林师辈是阿尔特曼(Altermann)神父。这位神父虽然名气不大,但本文提到的三位学者:马里旦、杜博和马塞尔都在皈依及领洗前后接受过他的指导。阿神父的确保全了上述三人的信仰;但在哲学方面,对杜博和马塞尔似乎只起了反面的影响,这两位学者虽然不满阿神父的态度,但对他的铎职和人格还是极表尊敬的。遗憾的是,如果他们遇到另一位像马塞尔稍后结识并通讯达37年(1934—1971年)的费萨尔神父(Gaston Fessard, S. J., 1897－1978)[1],那段与阿尔特曼神父的痛苦交往或许可以免去。因此本文讨论的二马思想局限

---

[1] G. Fessard, *Gabriel Marcel-Gaston Fessard Correspondance*, 1934－1971, Paris: Beauchesne, 1985.

在1929—1931年,到1931年时,双方心知肚明,不再勉强,各奔前程。要再过三年,马塞尔才遇到费萨尔,而充分得到后者的赞赏及鼓励,终于在天主教思想家的行列中逐渐稳定下来。本文的进路以历史为主,稍涉若干思想的讨论,如直观、真理、奥秘等。本文以叙述的方式来对比二马的心理和气质,对两位哲人均予以肯定。

(二)马塞尔的信仰与矛盾

马塞尔在缺乏宗教气氛的家庭中成长,但他天生倾向神秘思考。比如当他4岁母亲去世时,他会问别人母亲去了哪里,并渴望知道生死两界沟通之可能性。大学时,他主修哲学,硕士论文研究的是柯勒律治和谢林,博士论文则以"宗教之可理解性的形上基础"为题。由此标题可见其关切之点。身为无信仰(至少并未投入信仰)的研究生积极追寻终极关怀的本质。他阅读大量唯心论的艰深著作,把个人的心得以日记体记录下来,于1927年(38岁)发表为《形上日记》,而具体的表象则以戏剧为主,1914年(25岁)发表了《恩宠》和《沙土之宫》两个剧本,已有探索超越界的踪迹。不过,理性的运作压制了情感和自由,使这个研究生无法翻腾,更无法像庄子的大鹏鸟直冲天际。还好生命如活水,一波又一波地遇到新的开发点。先是第一次世界大战中与寻找失踪兵士的家属接触,体会到真实个体的活泼生命,把他人看成"你"的思潮一涌而出。从此,他无法再在抽象思考中给哲学画蓝图,他必须走出自我,与有血肉的"你"交往,才能体认存在的真义。换句话说,他在哲学的心路历程中已引发了一次哥白尼式的革命,他要打倒"我思"(cogito),而以"你"或"我与你"的方式来重估存在,这种进路稍后深得利科(Ricœur, 1913)的赞赏,认为马塞尔不像胡塞尔之封闭于主体性，而能达到与对象融通之主体际性①。但要到 1929 年的恩宠经验中，他才第一次体会到天主与他完全契合而有"我与绝对你"的切身感觉。这段经验在他该年 3 月 5 日、7 日、21 日、23 日的日记中有记载②。这份经验使他完全解脱了形上的披挂，而以最单纯的童语来表达，那是一份难以言宣的喜悦和重生。这段时期，他接触到了辅导过马里旦和杜博的阿尔特曼神父，后者竟让他在恩宠经验后第 18 天就领洗。由于恩宠经验的强度惊人，得此恩宠者的意志已完全成熟而能作此断语："支持我最大的力量，是不愿站在那些曾经出卖基督者一边的意志。"③40 岁的皈依者把往后的 43 年余生的方向固定下来，在信仰上他不再摇摆。值得一提的是他的夫人杰奎琳（Jacqueline）并未同日领洗（数年后皈依），并在 1947 年使他的丈夫成为未亡人。

阿尔特曼神父确定这位新皈依者的信仰无误，但并未预测到一个不曾反悔的抉择背后能够发生的知性纠葛。马塞尔在次年（1930 年）8 月 11 日给杜博的信上说："我曾向阿尔特曼神父诉说：我内心的大部分尚未皈依，它们没有受到 1929 年春天的恩宠经验所触及，因此我感到一种内心强烈的分裂之苦，这也是非常危险的事。"④奇哉，何以有此矛盾？究竟此"内心大部分"指啥？有此分裂和矛盾为何还要受洗？

四年后他把此矛盾之意义稍作解释。1934 年 2 月 28 日他在给天主教大学生联会的演讲中说了这段话："我绝不以为我是一个已经'到达'终点的旅者。……在我之内有一些最放松、最多获得

---

① Paul Ricœur, "Gabriel Marcel et la Phenomenology", *Entretiens autour de G. Marcel*, Neuchatel: La Baconnière, 1976, pp. 53-74.
② 马塞尔：《是与有》，陆达诚译，台湾：商务印书馆，1983 年，第 8、13、17 页。
③ 同上书，第 17 页。
④ Chardes du Bos, *Cahiers Charles du Bos*（今后此册简称 *Cahiers*），n. 18, 1974. 5, p. 43.

解放之部分已沐浴在光明之中，可是尚有许多部分还没有——让我用克洛岱尔的说法——被破晓时分几乎从地平线辐射过来的阳光所照明，换言之，还没有受到福音的熏陶。这一部分很能与在黑暗中摸索前进的其他心智缔交深谊。我们还可以反省得更深入一些。我想实际上没有一个人，不论他已多么强烈地被照明过，或已经抵达多么高超的圣德境界，他绝不能算是已经抵达目的地者，除非其他一切人都振作起来随着他一起向前走。"①

原来，他所谓的"未被照明"或"尚未皈依"乃指与他四周未皈依或拒绝皈依的人相应的自我部分。如此说，马塞尔的最深的灵魂核心已被恩宠触及和改造，但他对四周无信仰者的关怀却无法因自己的皈依而解脱。只要他感觉尚未找到可向那些摸索心灵投射光明的言语，他仍不是完全"到达"真理者。所以这里的问题是传递信仰的问题。已皈依的马塞尔觉得在教会官方神学内不易找到可以吸引信仰"消费者"的有力言语。

马塞尔在领洗前后接触的言语是什么呢？如果马氏不是高级知识分子，或许给他准备领洗的神父会用浅近的《圣经》言语来传递信仰内容，那是老少咸宜的生活言语。可是，正因为马氏是位有身份的学者，已出版过六个剧本，数篇艰深的哲学论文，及一本329页的《形上日记》，他的信仰动向，无人会等闲视之。他自己也认为哲学与神学是信仰之必要武装。为了配合已有的装备，他必须就教于一位或一些神哲学专家，结果他找上了阿尔特曼神父。后者曾指导过马里旦，他把两种哲学气质完全不同的学者凑在一起，使他们勉为其难地交往两年，最后"不欢"而散。阿神父本身也是新士林学者，他也是激发马塞尔反感的焦点人物。阿神父与马里旦夫妇虽然使马塞尔对天主教官方哲学敬而远之，但后者对信

---

① 马塞尔：《是与有》，陆达诚译，第 199 页。

仰从不动摇。德日进的演化论受到教廷和耶稣会的管压，生前无法出版其书，但他从未丧失忠贞服从的态度，也不放弃他的学术立场。马塞尔不至于像德日进那样受到"迫害"，但他对当时教会官方神学一元主义和对其他思想不宽容的态度异常反感，经过了两年的努力，最后他还是走出士林哲学的樊笼。1971年，即马氏逝世前两年出版的自传中，他说："我觉得不算夸大地可以说：罗马教会一直在我身上引发一种不信任感，因为她的教条主义和自称单独拥有全部基督信仰的真理。……当我自问我的信仰是什么时，我常发觉在确定感内也有所保留，一方面，原则上我肯定天主教有普遍性，但另一方面我无法隐瞒一件事实，即这种普遍性的要求在教会内部经常被破坏，或许屡次是在教秩的顶端处。"①他宁可做边缘的基督徒（Péri-chrétien）②，侧身于信者与不信者之间，使自己一面得到教会的支持，一面能够向不信者进言，使后者对信仰产生兴趣，或进入良性的对话③。

　　天主教的神学态度在20世纪30年代是非常保守的，神哲学培育以多玛斯思想为主。圣多玛斯是13世纪的伟大学者和圣人，发挥了理性认知真理的极限，奠定了神学的哲学基础。不过在中世纪除了圣多玛斯以外尚有其他大圣，如圣奥斯定、圣波那文都拉（St. Bonaventura, 1217 - 1274），密契主义有艾克哈（或译埃克哈特，Eckhart, 1260 - 1327）等传统。中世纪之后的观念论、经验主义、唯心论等思潮不断向信仰挑战，也提供许多崭新的观点与思路。教会却以"对手"（Adversarii）视之，以护教学（apologetics）的方式将异己者判为"异端"，其书为禁读之书，而逐渐与当代文化隔

---

① G. Marcel, *En chemin, vers quel éveil*, Gallmard, 1971, p. 141.
② P. Ricoeur, G. Marcel, *Entretiens Paul Ricœur-Gabriel Marcel*, Aubier, 1968, p. 89.
③ Ibid., p. 82.

开，构制一套局外人无法渗入的系统以求自保。这种现象一直到20世纪50年代还是非常强烈和明显。一些有原创性的公教思想家一面局限在正统的束缚中，一面努力挣脱，并设法以较能被教会当局接受的言语来诠释信仰，这种努力旨在使天主教的信仰再次普遍化，成为人人可及的言语，而能在现代人心中有效地重建信仰，并将之扎根。马塞尔皈依得早了一些，30年代有对话意识的神职尚少，马氏遇到的阿尔特曼神父和马里旦夫妇都无法给新皈依的哲人圆满的诠释。如果马塞尔在士林哲学外绕圈子，不得其门而入，与其说问题出在士林哲学的内容，毋宁说是该哲学的某些传递管道缺乏机动性，这种情形在二三十年后，即在教宗若望二十三世出现后（1958年）会大为改观。

（三）杜博与马塞尔之契交

杜博与马里旦同年（1882生），于1927年（45岁）皈依，比马塞尔早两年。1922年因爱好音乐，二人（杜博与马塞尔）初次邂逅。1927年至1936年间的通讯有21封信已发表[①]。从中可以读到二人心灵的完全契合，几乎看不到任何分歧点。两人年龄相差7岁，杜博以文学和伦理关怀为生命主要取向，马氏则重哲学，其他方面不论对柏格森的强烈喜爱，对生命中悲剧性的重视（杜博通过尼采，马塞尔则借实存体验），欣赏圣奥斯定，热衷于灵修与密契，关心当代人的需要而求改善信仰言语的急切心情，主张具体哲学，重视感觉和情绪等。二人对天主教定圣多玛斯为官方神学都有极大的困难。总之，这两位新皈依的学者在不断地交流下，形成一个思想共同体。我们几乎可以从杜博中读马塞尔，反之亦然。正因如

---

① Charles du Bos, *Cahiers*, op. cit., pp. 25-56.

此,在探讨马塞尔与马里旦的关系时,我们可以从杜博的文字中取得大量相关数据。另一方面,马里旦夫妇与杜博自 1927 年至 1937 年间曾有 8 封书信(已发表的),从中可知二人间的相互赏识、尊重、信任以及坦诚表达的不同观点。1931 年的信缘结束在杜氏与拉伊萨(马里旦夫人)讨论真理之纯洁性与悲剧性的差异上,此后他们不再讨论下去。不过杜氏对马里旦一直尊敬有加,六年后致马里旦夫妇之信上提及他准备写一本《马里旦和理智的圣德》的书,大概他觉得马里旦对存有的纯粹思考契合来自马氏的圣洁生活,从这位哲人身上他可以体认圣德的光辉。可惜这本书因杜博去世较早(1939,享年 57 岁)而未见出版。

就杜博喜欢读奥斯定、尼采、柏格森、马塞尔等作品,可知他的气质与马里旦截然不同。他爱的是人格型、生命型、直觉、感性、人性关怀课题,就是以后流行的存在哲学。他渴望的那类形上学在马塞尔身上完全体现,或许马塞尔皈依之后的主要思想都是这个思想共同体的成果,马氏为其执笔人而已。杜博性格温和、善体人意,故能与自己哲学性格迥异的思想家,如马里旦夫妇交换观点,也作二马间的桥梁。1931 年 2 月 21 日马里旦读了杜博讨论马塞尔的文章后向杜博致意:"您自称不是哲学家,但我必须承认您在批评的天分上极有才华,因为您可以内在地、明晰地、完全令人满意地重建一位形上学家之思路历程,这位形上学家也是我们的朋友。"①至于杜博则在他以后出版的《日记》第四册中,把马里旦描写成愈来愈"透明",整个人散发出一种"慈幼会会士式的温柔"(une douceur salésienne)②。这可说是他对后者的人格的最高的

---

① Michèle Leleu, "Deux amitié fraternelles: II L'architecte", Jacques Maritain, *Cahiers*, op. cit., p. 74.
② Ibid., p. 75.

评价了。

由于杜博这位好友的居间调和，思想比较强项的马塞尔也能接近哲学背景完全不同的马里旦夫妇。其实马塞尔在皈依后主动要求阿尔特曼神父指导，并设法接近马里旦，愿意随从后者学习天主教的神哲学思想。马塞尔对马里旦的关系可谓君子之交，但对阿神父的强制性颇难接受，对马里旦的夫人拉伊萨屡表不耐。因着阿尔特曼和拉伊萨的负面影响，他对士林哲学产生了一种抗拒的态度。1938年杜博在芝加哥演讲时提到：或许圣多玛斯是圣人中大圣，我人可以同他一起祈祷，但不必按其不妥协的规律去思想。思想是天主的恩惠，天主的思想不是别人的思想，即使是最大的圣人的思考①。阿尔特曼在1929年指导杜博和马塞尔时强调多玛斯思想绝对足够诠释天主教信仰②，严格审查（censure）一切不符合圣多玛斯的思想③，绝对服从罗马④等态度，在在引起马塞尔的不满。总之，他们两人的交往无疾而终。

马里旦夫人拉伊萨是马塞尔和杜博接触天主教的另一考验。拉伊萨与她丈夫都专精士林哲学，两人一起切磋而进步，深入多玛斯思想的殿堂。丈夫的性格比较平和，因此虽然立场鲜明，态度却温文尔雅。妻子容易激动，反应直捷。爽直本来是优点，但有时会伤害交谈的对方，而使交谈中止。如果杜博、马塞尔和马里旦三人单独讨论，有些僵局是可以避免的，因为马里旦非常欣赏杜博的为人⑤，后者足以调和二马间在任何观点上产生的紧张。拉伊萨却

---

① Charles du Bos, Jacques Maritain et Gabriel Marcel, ou peut-on aller de Bergson a Saint Thomas d'Aquin? *Cahiers*, p. 103.
② Charles du Bos, *Cahiers*, op. cit., p. 74.
③ Ibid., p. 73.
④ Ibid., p. 50.
⑤ Ibid., pp. 74–75.

不然，心直口快，要调解也来不及了。德沃（Andre Devaux）在一篇名为"杜博、马里旦、马塞尔，或能否从柏格森到圣多玛斯？"[①]的文章中提到两则往事，这是德沃在拉伊萨于1963年出版的《日记》中找到的记载：

先是马塞尔和杜博在1929—1930年间为了顺从传统，辛苦地（pénible）投入不可或缺的（indispensable）对圣多玛斯思想的研究。拉伊萨描写在贝尔佳耶夫（Nicolai Aleksandrovich Berdyaev, 1874-1948）家中，马塞尔、杜博与他丈夫马里旦（稍后吉尔松也参加）进行了一场"悲剧性的战争"（une lutte tragique）。后来马里旦加注："他们是我的朋友，但是他们反对我与拉伊萨一直坚持认为唯一真理（l'unique vrai）的哲学态度。"

另一次，也在贝尔佳耶夫家里，马塞尔宣称："我不够资格卫护同一律"，拉伊萨看到在旁的杜博有赞成的姿势而大为不满，戏剧化地响应两人：否认由理性可获得人的本性获救之原则，与伯多禄（或译彼得，Pierre）否认耶稣一样严重。

那次场面相当火爆，马塞尔在自传中承认他本来可以更深入地学习圣多玛斯思想，但非因"懒惰"，而因"不耐烦"而放弃了这份努力。而马雷夏（Joseph Maréchal, S.J., 1878-1944）神父的作品比马里旦的使他更易达到这个目的。德沃总结说：没有杜博，二马很可能不曾邂逅，而两者的友谊也在杜博去世后似乎不再继续。

（四）二马信仰同，志趣、思路均异

前文已提及二马之异同，现在更仔细地予以说明。

[①] *Journal de Raissa*, Desclee De Brouwer, 1963, p. 206, 见 Charles du Bos, *Cahiers*, op. cit., p. 91. 马塞尔在自传中提及此事，称拉伊萨热昏头脑（fanatique），见 *En chemin, vers quel éveil*, op. cit., p. 141。

由于杜博和马塞尔是思想共同体,因此在把二马比较时,也把杜博的见解放入,以补足马塞尔未明言之处。

首先要提到的是直观问题。杜博在17岁时因友人介绍而读柏格森的《意识的当下与料论》(1889年),立刻着迷,自称17岁(1899年)认识柏格森的那天才是他真正的生日[①],之后他花30年的工夫研究柏格森[②],"我的思想在其深邃处完全仿照柏格森,同柏氏的交往构成我此生最大的快乐"[③]。杜博和马塞尔先后在巴黎的法国公学接受柏氏教诲。马氏把他的第一本哲学著作《形上日记》题献给柏格森和霍金(William Ernest Hocking, 1873 – 1966,美国哲学家)。1959年柏格森大会中,马塞尔在演讲时回忆50年前柏氏散发出魔术般的力量,触及自己心灵深处,使自己饱和,至今难以忘怀[④]。马塞尔形成具体哲学后重用 Immédiat 和 existential("当下"和"存有化")两概念[⑤],应与柏格森的直观、生命冲力、创造力、开放意识等见解直接有关。其实那一代不少大思想家都是他的学生,包括德日进、普罗斯特(Proust, 1871 – 1922)、贝玑(Péguy, 1873 – 1914),甚至马里旦[⑥]。对他的狂热若说横扫20世纪初期的法国精英,亦不为过。

马里旦夫妇于1904年结婚,1906年6月11日一起接受天主教洗礼,1908年从德国海德堡大学学成归国,随道明会神父克雷利萨研读圣多玛斯的神学大全,大彻大悟,决定终身投入圣多玛

---

① Charles du Bos, *Cahiers*, op. cit. , p. 64.
② Ibid. , p. 72. 同处他表示愿以同样时间研究圣多玛斯。
③ Ibid. , p. 88.
④ G. Marcel, *Bulletin de la Société française de philosophie*, *janvier-mars*, 1960, pp. 27 – 32.
⑤ 我的博士论文题目是 *Conscience et Mystère*,副题为 *La phénomenology de l'existentiel immédiat*。
⑥ 赵雅博:《马里旦逝世周年祭》,《哲学与文化》1974年第5期,第51页。

斯的研究中,由于过分地拥戴多玛斯,对其他思想颇有批判和排斥的态度。1914年写成《柏格森哲学》,认为柏格森与天主教思想互相凿枘,乃"毅然放弃对柏氏学说的服膺,对柏氏的学说加以激烈的批评"①。马里旦对柏格森之批判不但无法说服杜博,且使后者逐渐疏离马里旦服膺的多玛斯思想。而杜博与马塞尔的观念接近,也使二马产生了鸿沟。其中比较明显的歧见是关于直觉(或直观)的看法。马里旦重视理智在直观中的运作,而反对那种神秘性的直观,这种对理智力量的肯定多少承自其师圣多玛斯,有关细节请参阅本研讨会高凌霞教授的论文:《马里旦的存有直观》。

其次是哲学的切入点的不同。马里旦的理智运作直接进入纯粹思维的领域,企图通过概念寻获存有的真理;马塞尔经过世界大战的洗礼,放弃了抽象进路,而改用具体进路,他从人的悲剧遭遇着手,扣紧生命之荒谬、绝望、背弃承诺等实况,逐步进入存有之殿堂,终于找到超越人生负面现象之可能途径。从主体际性之认定到人与"绝对你"之交往而能作不反悔之断言和承诺。其间尼采反而成了迈向最高希望的跳板。从悲剧性存在经验出发探讨存有的方法绝不会为马里旦夫妇欣赏。后者寻求的是纯粹真理,通过清明思考而获得,就像人与天主的关系可以直接通达一样。拉伊萨给杜博的信(1931年3月12日)上说:"真理愈能抽离情感的色彩,它愈能引发我的喜爱,因为真理之光,在我看来愈纯洁,愈有透人心坎的力量。从我领洗开始,我一直努力除掉生命中个人的悲剧面向,以免它们遮蔽客观真理。"②第二天杜博就给拉伊萨回信,告诉她尼采对悲剧的强调协助自己体认存有,在对人类整体的关

---

① 赵雅博:《马里旦逝世周年祭》,《哲学与文化》1974年第5期,第49页。
② Charles du Bos, *Cahiers*, op. cit., p. 85.

怀中,悲剧绝不可少①。此信之后两人断讯,可见杜博和马塞尔的哲学焦点不是"纯粹真理",而是关切人类命运的真理,颇似中国儒家传统的忧患意识和人文关怀。如此,二马之两种不同的生命形态就很难相合了;不过,最后还是异途同归的,因为他们的终极关怀绝对相同。

马塞尔的其他关切,如思想与存有、真与爱、概念的感性因素、主体优位等②都无法与马里旦的思想相符。甚至在奥秘的界定上,马里旦只套用马塞尔之"奥秘与问题"区分之名称,而不采用后者对奥秘之定义③。简言之,二马的焦点不同而构成了两种不同类型的哲学。马里旦以理性为主,清晰明洁;马塞尔推崇经验,关怀民生疾苦。一个是冷媒体④;一个是热媒体。马塞尔肖似齐克果力求可为之生且为之死之主观真理。杜博和马塞尔服膺柏格森之言:"所谓创造,首先指兴奋(émotion)。"⑤这种"兴奋的情绪"在马塞尔和杜博是哲学的原动力,也是直观要素。马里旦圣洁超人,类似天使;马塞尔注重人性,力求全人企向之满全。试用一段笔者在他处发表过的话结束这段讨论:

> 马里旦的清晰纯洁和马塞尔的热情奔放全然不同,后者若火把,照亮黑暗散播温暖,给人激励的力量,使人投入存在的核心,彻底地去活。他所教的不只为叫人理解的理论,而且叫人兴奋地活出这套理论来,若一个可点燃其他火炬之火炬。⑥

---

① Charles du Bos, *Cahiers*, op. cit., p. 84.
② Ibid., pp. 92 - 97.
③ Maritain, *Sept Leçon sur l'être*, Paris: chez Pierre Téqui, 1934, pp. 8 - 9.
④ Charles du Bos, *Cahiers*, op. cit., p. 100, Devaux 引马里旦《柏格森哲学》之语:"哲学家绝不应当被激动(S'émouvoir)。"
⑤ 同上,引自 Bergson: *Vie et littérature*, décembre, 1935.
⑥ 陆达诚:《马塞尔》,台湾:东大图书公司,1992年,第251页。

(五) 结论

　　把杜博加入马塞尔之行列虽然不合题旨,可是从马塞尔的主体际性的存有诠释角度看,亦有其内在意义。杜博之名未远播法国之外,大概因为没有英译,也缺萨特论马塞尔般的言辞来增加其知名度,但他在法国的思想界中占有一席,本文原可定名为:杜博、马塞尔、马里旦。由于国人不谙杜博,而将此名省掉。杜博性情温和,广结善缘,但他不因此而改变哲学观点,他坚持马塞尔的立场,重视内心经验、情感、直观、爱,文学、音乐,他与马塞尔都比较喜欢奥斯定而远多玛斯;在同代天主教的思想家中,他们都比较爱读布隆德(Maurice Blondel,1861-1949)、马雷夏、吉尔松(Étienne Henri Gilson,1884-1978)、贝尔佳耶夫、吉东(Jean Guitton,1901-1999)、吴斯特(Peter Wust,1884-1940)、克洛岱尔,但无法与马里旦深契。

　　两位马氏去世至今已有25年了,两位留下的丰富遗产,同属于天主教的传统。当代的哲学爱好者大概不会偏于一面,而会同时截取二哲之长来平衡自己的思想与生活。马里旦和马塞尔都是追求真理者的杰出典范。重视士林哲学的辅大系所是否可以吸取存在哲学的活力来重创士林哲学的高峰呢?让我们一起努力吧!

十三、马塞尔[1]

马塞尔生于 1889 年，巴黎人。他的父亲是法国政府的重要官员，担任过国家博物馆馆长、国家图书馆馆长、国家美术馆馆长，也当过国府资政和法国驻瑞典公使等要职。他从小随父母到处游历，参观过不少充满艺术和文化气息的都市，周旋在政治界及文艺界人士之中，他的文化资源特别雄厚。马氏 4 岁丧母，只记得母亲在黄昏时分给父亲弹钢琴的身影。50 年后他在自传中写道："母亲永远神秘地留在我身边。"这个经验后来形成他的临在哲学。

父亲娶了姨母，他们没有生孩子，使小马塞尔感到难以忍受的孤独，他用想象结交很多玩伴，8 岁时甚至写过一个小剧本来与想象中的弟兄姊妹对话嬉玩。有一天，克胜孤独要成为他哲学主题之一。此外，后母亦无法回答"妈妈去哪里了"这问题，使他决定有朝一日自己要找到该问题的答案。可见母亲的去世带给他多大的思想影响，几乎可说决定了他未来哲学研究的基本路向，塞翁失马焉知非福。

20 岁他就获得哲学硕士学位，研究的主题是：柯勒律治与谢

---

[1] 原载《哲学大辞书》，辅仁大学出版社，2000 年。

林(Coleridge et Schelling)。博士论文研究的是:"宗教之可理解性的形上基础"。第一次世界大战中止了他的工作,以后他没有再写,因此他没有博士学位。倒是在大战前后研究过程中写的日记后来出版了,成为他的成名大作:《形上日记》(1927年)。为什么他不能继续原先的研究呢？因为其间发生了一件大事,需要说明一下。

马氏因健康关系不能上前线打仗,就留在后方,在红十字会工作。他帮助来寻找丈夫、兄弟或儿子消息的妇女联络前线,这些失踪的兵士往往已经丧亡,面对这些痛苦的妇女,这位年轻的学者首次遇到了所谓的存在。存在不再是一个概念,而变成活生生有血有肉的具体。前者是"他",后者是"你",颇似马丁·布伯的哲学所表达的:真实的人是不能被抽象的。另一方面,他体验到自己从自我中解放出来。他已不可能回入出卖真实的抽象里去,他已从理性哲学皈依到存在哲学里来了。从此以后,他用自己的词汇来陈述自己的思想,终于形成了自己的原创哲学。

战争中的另一经验是灵媒。借着占板使亡者回来告诉未亡者彼界的事情。多次尝试的成功使他无法怀疑。这类经验逐步进入他的作品,包括哲学和戏剧的创作之中。对于存有为主体际性(Intersubjectivity)的灵感,不少来自这个经验。简言之,战争彻底改变了他的哲学方向和内容,这就是他无法再继续完成抽象式研究的原因。通过这次灵媒的经验,使他初步得到了母亲去世后向后母所提的问题的答案。

战后不久,他认识了杰奎琳,邂逅发生在巴赫音乐会中。自传中有这么一句话:"杰奎琳之进入我的生命,使我有了一段充满欢娱的日子。"童年的及苦读经典时的孤独劳累都成了过去式。"你"的体验日益加深,对存有的解读愈趋确定:存有不是别的,是爱的奥秘,是主体际性。

成家后一年他写了一个剧本叫《别人的心》。剧中男女主角在婚后数年一直没有小孩,就领养了一个男孩。这简直是他自己的写照,因为他自己也是没有子女而领养了一个男孩。我人可以肯定他在借"剧"发挥。从这个剧本中我们可偷窥他的闺房秘密,其中的幸福实在值得我人羡慕。太太酷爱文学和音乐,二人是绝配,一起阅读,一起聆听美妙的音乐,啊!这真是人间天堂。其他的存在思想家可没有他那么好运。难怪他对生命充满积极信念和喜感,这是与以荒谬、焦虑、空无为基调的存在派全然不同的调调,他是不能归类的异类。

太太很会速记,把丈夫在钢琴上弹出的即兴曲记了下来,后来他说:"这些乐曲有一天要编入我的作品全集中。我深信那些能聆听我音乐的人,会在那里找到一道可以照亮我作品中最个人及最秘密部分的光明。"

夫人于1947年去世,音乐即兴创作灵感逐渐消失。主体际性还是不折不扣的真理,至少对这位作家而言。

音乐使他获得爱的幸福,也使他获得信仰。

1929年马塞尔40岁,3月间他得到一个使他不再怀疑的恩宠经验。契机是莫里亚克(F. Mauriac, 1885 - 1970)的信。之前马塞尔为莫里亚克的小说《神与金钱》写了篇书评。莫氏是天主教作家联盟的主席,得过诺贝尔文学奖,读了他的书评后,问他为何不参加自己的团体。马塞尔觉得这个邀请似乎来自上天,把他多年来感受的倾向推了一下,使他终于投入了信仰。

早在16岁时他就买了60—80首巴赫的圣曲(Cantates)。其中《受难曲》(Passions)带给他基督生命的强烈震撼。他认为巴赫给他的宗教影响远超过巴斯噶(Pascal, 1623 - 1662)。14年后(1919年)在巴黎马赛教堂聆听巴赫的《受难曲》和清唱剧时,神性的爱和力量再次感动了他,为他11年后皈依天主教作了准备。他写道:"那处在我内心景致中的音乐瀑布多少映现了我虔信的上天。"

终于,决定性的时刻来临了。在《是与有》中他坦直地记下这个不寻常的经验:"我不再怀疑。今天早晨,我有了奇迹般的幸福感,我第一次经验到恩宠。这是些惊人的话,但都是真的。我终于被基督信仰所包围,我沉浸在里面,幸福的沉浸,但我不愿意再多写了。然而我觉得需要再写一些,有种乳儿牙牙欲语的印象……""这实在是一次诞生,一切都变成不一样……这世界从前已经完全存在,但现在终于露面了。"(1929年3月5日)"在我思想中出现了光只是'另一位'的延长,祂是唯一的光,喜乐的圆满。我才弹了很久勃拉姆斯的钢琴奏鸣曲,从前没有弹过。这些奏鸣曲将常提醒我这些难忘的时刻。我怎能抑止'泛滥''绝对安全感'和'被包围'在深爱中的情绪呢?"(3月7日)"今天早上我领洗了,内心有一种我不敢奢望的情境:虽然没有什么亢奋的感觉,但却体会到一片安详、平衡、希望和信赖的心情。……神的临近给我带来晕眩之感。"(3月23日)

从深度临在到忠信的路是存有的逻辑,是走得通的,虽然还需要主体的自由持久的合作。领洗前两日,他写道:"支持我的最大力量,是不愿站在那些曾经出卖基督者一边的意志。"

主体际性哲学在信仰内获得了终极的支持和基础。天主成为他的"绝对你",这一位"绝对你"要进入他所有的深度关系之中,亦即存有经验之中。到这里,他的存有论终于有了定点,在人与人及人与神的经验上,他完整化了他的哲学历程。

(一) 进入存在

存在有两义:其一是时空之有,与"无"相对;其二是成为具价值含义的有。科学之对象为时空的客观之有,主客对立情况下的对象都是如此的,你我壁垒分明,马氏称之为"我与他"或"我与它"关系。第二种"有"通过了一个关卡,使前者转化成"我与你"的关系,即价值的存有。这个关卡叫"存有化"(existentiel)。什么是"存有化"呢?笔者试作解释如下。

Existentiel 指生命中的突发事件,使某种生命深度获得揭发,某个潜能得以开显。普通而论,这个经验伴随着一种有相当强度的情感,可说情感获得了大解放。这是一种意外的感受:喜悦甚至大喜,新颖感、充实感、美感,"初版的、空前的,无法还原到且无法综合入任何以往的经验之中"。"存有化"颠倒了原有的次序,自我逸出自我意识之上,马斯洛(Abraham Harold Maslow,1908-1970)会说是"高峰经验"。在这经验中时间从同质的变成异质的,"此时此刻"已变成不能归类的时间单位,马塞尔甚至称之为"绝对现在"。绝对现在要成为个人未来历史的中心或顶峰,要进入未来的每一个时间单位中去。临在是不会死去的,可以说是某种永恒。

在"存有化"发生前,某主体已存在,"存有化"使他迈入更深和更高级的存在;也使某类"不存在"变成存在。什么叫"不存在"呢?此指原先为非价值或极低价值之物变成了有价值或高价值的东西,同一物身份不同了,麻雀变凤凰。在"存有化"的当下,"他"化为"你"。一物,一景,一地,一关系,一团体……都变得不寻常起来,令人刻骨铭心、毕生难忘。忽现的灵感贯通了许久的思考,突发奇想,悟到出人意表的新观念、新发明。无法沟通的绝路,豁然洞启。积年的仇恨得以消解,尽释前嫌……啊,妙哉!妙哉!"存有化"法力无边,这是一个马氏存有论的绝对关卡,真正的存有哲学从此开端。

(二) 第一和第二反省

第一反省是一般的反省,是理性的、抽象的、客观的,以认知为主的心灵活动,马氏以笛卡尔之"我思"代表之。此法先怀疑,再肯定存在,马氏认为此类作为多此一举,因为存在是思想运作的绝对预设,是怀疑行为的绝对条件,人可怀疑其他的东西,但不能怀疑存在。"我思"对"存有化"之可能性大有杀伤力,它使人停留在低级的存在,随着怀疑而来的是不信任和永不休止的批判,这些作为使人永困于第一反省内,所以"我思"是存有的克星。此外,第一反省也包括抽象行为,这原是知识论的任务和功能,马氏认为抽象对获得知识固然重要,但对存有之伤害无以复加,因为抽象即不参与,即自我中心,且求不"给"而获,知识论的态度一旦转用到存有论,就可不折不扣地逐出存有。具体地讲,抽象使人远离深度的人际关系,使主客对立的关系模式永远称霸,同人来往只为获得知识,把别人当作数据中心或工具,他者因而沦为客体,永无翻身的可能,这是充斥"问题"的世界,"奥秘"远遁。马塞尔有一个剧本叫《破碎的世界》即描写失去存有后之世界实况,颇为生动。

什么是"奥秘与问题"间的区分呢?

"问题"是主客对立关系中可加以处理的东西或事件,这是第一反省的本色。"奥秘"反之,"奥秘"是置己身于物内,发生的"问题"绝不可能在我前或在我外,这个"问题"为"超问题式的问题",可说是与我绝对休戚相关的问题,主客融合为一。要举例子不难,爱、邂逅、忠信、背信、剧烈的痛苦、绝望、死亡意识等均是,而存有与人的关系即此类关系。使存有成为客体的思想运作者都出卖存有,因之马氏极力反对第一反省;第一反省解构奥秘,使生命平面化,使意义与价值系统崩溃,他说:没有奥秘之处,人只能苟活。

如果第一反省出卖奥秘,那么何物可使人重获奥秘呢？马氏提出第二反省来救助。第二反省建立在一种觉悟的基础上,即当主体体认第一反省带来的困境之后,决意走出死胡同时才有转机之可能。存有化是一种机缘,可欲而不可求,但它确给人开一通道,在一般情形下,需要广义的存有化的助援。这就是临在。临在转化了关系模式,使主客对立改成互为主体的关系,"你"终于出现了,情势顿时改观。第二反省不让反省回入抽象世界,却要深入存有的数据中。

"你"有深浅,最深者直捣黄龙,潜入存有腹地：体会对象之价值倍增,从"其有""其为"到"其是",达其人格的核心。"你"解放我内之"你性",亦解放了我内最大的爱能,因此我能够无条件地爱与付出,马氏称之为"可全在性"或"可全给性"(disponibilite absolue 或 absolute availability)。奥秘的焦点是两个互为主体的"你"间的关联,临在亦为"绝对者"的临在,是这关联使两主体之关系改变,两颗单子的窗户终于洞开,沟通终于达成。

"同在"表达这份亲密关系的充沛感受。"我们"亦具备了真实性。存有的本质即主体际性,至此明焉。

(三) 逆觉体证

"逆觉体证"是牟宗三先生的用词,为说明一种心灵的修持功夫：退入自己内心深处,体验超越和自由,这是中国静坐之道,宋明理学和禅修均用之,马塞尔与牟氏异曲同工。不过他并不像佛教徒进入一个"空""无",而是进入一种比存在化更强的临在中。当主体把自己从各种关系网络中解脱出来,而持其"纯是"回入生命原点时,他与自己的本根结合,进入无言及自我临在之中。主体将其"纯是"的深度经验带入核心,后者使其贞定,不再漂失,这里会洞现一种"神圣感",类似宗教经验。自我与此神圣对象密契,深入存有腹地,乃在此处得以建立其颠扑不破的主体性。主体性者,主体际性也。对象是绝对存有,"绝对你",心灵的终点。奥斯定的"比我更内在"的那一位,就在逆觉体证中被体验,这是被深爱的体验,整个人乃脱胎换骨,这才是奥秘之所在。第二反省在此得以完成。

马氏把这个功夫称为"凝神"(Recueillement),或可译为"自我凝敛"。凝神与一般说的反省大不相似,称它为第二"反省"实在有些牵强;但它的确把第一反省从死胡同里救了出来,使理性不出卖存在,并且抵达生命的深度,找回失乐园。所以马氏直截地说:人除非通过第二反省,无法进入奥秘之境。换言之,世界之所以充斥"问题",乃因人停留在纯客观的理性运作之中之故。

(四) 被瞎的直观

就像存有化之爆发,凝神在其核心亦有类似的情形,马塞尔称之为"被瞎的直观"。直观原指突然的洞见,像似"得来全不费功夫",使人豁然贯通。艺术家、大科学家、宗教家都会有之。长久的辛劳终于有了成果,存在进入了存有,存在开花了,这是不可思议的经验。第二反省在深度的回归自我时,也会有类似的奇迹;不过马氏在直观上加了一个"被瞎的"形容词,这表示什么呢?表示这个洞见不是寻常理性运作之果,而是有了"他者"的参与。这"他者"非外在于我,却是如圣奥斯定所谓的"比我更内在于我者",这"他者"自有其光,其光照入我的理性,使理性得以超越自己的局限,一跃踏上存有,许多事突然明朗化,理智看到了,也看懂了。理智接上了另一光源,此光太大、太亮,以致理智似乎无法再像平时那样独霸,而从绝对主动到相对主动,甚至被动,一直到绝对被动的程度；但这种角色的转移，使理性达到它的最高目的，也是它的完成。与绝对你的绝对结合使人建立自己真正的主体性。这是最终的互为主体性：人与神（绝对你）的绝对结合！

第二反省借此光之助而超克第一反省。存有的富有源源不绝地输入"此有"（借海德格尔之词），存有对此有的投资，使此有具有新的装备，足以作超越自己能力的承诺，此承诺亦超越时间。刹那乃成永恒，此刹那即奥秘刹那，它不会成为时间之一单位，或未来的一个过去，却永葆其现在性，马氏称之为"绝对现在"。这是生命的高峰，永存在未来的每一个现在中，继续其主导功能，临在不死即是此谓。

存有之光是内在地体会的，但光源非我，我承受光的恩泽，我之"视"受照亮，而后有更高级的"视"。此光源非我，但在我内运作。他力与自力汇合构成同一力。自力得"他"力之助而超越其限，此第二力实为神助。第二反省借"恩宠"得以竟功，故若将第二反省称为"第二力反省"，大概不算违反作者原意。

（五）创造性临在

逆觉体证在直观达成时大功告成。此时的充沛感伴随着灵感而至，灵感指思想中创新观念汹涌而出，新者自旧者中脱颖而出，但亦可是全新者。这是分享创造者本身的创造力，创造性活动实具超越性。

创造性活动可分事功及自身两种。事功的创造指各类有创意的成品，如写作、绘画、发明等。自身之创造指一个生生不已的新个体，常保清新，常活在存有化中，这是一种人人可及的生命创造。马塞尔不惜用很多笔墨来讨论这个课题。这种人才称得上存在者。大体来说，这种人是充满爱、热忱及内心自由者，换言之，他是别人的"你",他对别人的关怀使他不再以自己为中心,他变成了一个新光源,使别人分享其光。他的生命基调是喜乐,不是海德格尔式的焦虑,亦非卡缪式的荒谬,更非萨特之呕吐,希望的哲学可从此点推衍而出。总之,马塞尔的存在哲学与其有同名的作家大不一样。

由于临在之根植于存有,故此有借存有之助不致朝令夕改。存有的恒持性使受惠者执善固执,从一而终,这就是忠信,是承诺和践诺之力量的来源。不过他加了一个形容词:创造性,此指其忠信非墨守成规;相反,他的忠信充满活力和创意,不停开发潜能,呈现新的方式,危机逐一化解,柳暗花明又一村。

(六)新天新地

回到存有即回到被第一反省作用前之乐园,那是纯粹的一元世界,没有对立,单纯质朴,一片童真,处处是存有化般的存在,我与他者结合成为"我们",仇恨消解,爱能大现。啊,这真是喜乐洋溢的时刻。老子之言如:"常德不离,复归于婴儿""专气致柔,能婴儿乎?"在此充分获得体证。辩证思想的任务告一段落,让位于爱和信任。通过犹如中心单子(莱布尼兹,Gottfried Wilhelm von Leibnitz,1646 - 1716)的媒介直通一切个别单子,即与一切个体都能沟通,如天真儿童之无碍,处处是岸,福哉!

马塞尔认为只有爱能使人获得关于人的真正知识。客观知识论出卖人的真实,最多只能产生科学性的对物之知,因为由客观知识论得到的关于神及人的知识是"他"或"它"的知识。当爱参与认知行为时,"你"或"绝对你"才会出现,我人才有对人的真正认知。

西方哲学一直偏好客观,真正的人学无法在主流传统中立足,宗教稍来弥补此缺点。其实宗教给思想开出一条通往天国的大道：神只能是爱的对象，我人只在恳切的祈祷中才能逐渐接近天主，才能体会这位"绝对你"对你我的深爱，也在深度的祈祷中，我人与一切生灵相通。事实上，人与人间发生的一切深度关系，都是"绝对你"的恩泽，都是"绝对你"参与的结果。诚如马氏所言："爱环绕着一个位置旋转。这个位置既不是自我的，又不是别人的，这就是我称之为'你'的位置。"（《是与有》，第 161 页）他又说："可称为奥秘的东西，并非是爱的对象若其所是，而为爱所包含的关系形式。"（《形上日记》，第 226 页）他在另一处说："依我看来最真实的哲学思想位于自我与他者的接头（jointure）之处。"（《存在与不朽》，第 23 页）简言之，临在即神的临在，奥秘即神进入人或人与人的关系中的奥秘。人被真爱时，是被真神所爱。"绝对你"以隐秘的方式一直都在深度的关系中，也一直在促进此关系。卡缪曾说：我对神的客观论证完全无动于衷；但从关系模式来探求天主的存在，我会非常热衷。

这是一条值得我人重视及开发的形上之路，马氏可为我人的向导。

（七）结论

施皮格尔贝格（H. Spiegelberg）在他的大著《现象学运动》（*The Phenomenological Movement*，1980）中，描述了现象学运动在德国的各阶段之后，用 200 页的篇幅来叙述法国现象学，而列马塞尔于榜首，然后再列萨特、梅洛、利科诸人，可见马氏在现象学史家心目中的地位。该书作者在马塞尔一章结束前写道："马氏的《形上日记》显出了真正的现象学的特色，尽力使这些现象明朗化，并具对永恒的哲学问题找到新角度和新进路的能力。"

另一位作家郝林（Jean Hering，1890－1960）写道："我们相信可作如下断语,即使德国现象学不为法国所知,法国本身也会萌生一种现象学,而这种可能性大部分来自马塞尔的影响。"

我们用不多的篇幅介绍了这位当代的存在大师,由于他坚持反对西方哲学重理性思考的传统,一直未被经院主流学派纳入正规的学程之中。但在研究者心目中,每年各国有不少高质量的马学研究问世,表示他的思想一直有极大的吸引力,他的原创性进路已被大部分当代哲学所吸收,影响层面遍及神学、心理学、社会学、政治学、管理学、教育、传播的理论和技巧,在人文和社会科学领域中他的观念几乎可说无远弗届。他的灵活思考和对现象的鲜活警觉赢得后生的普遍喜爱。此外,他活化了存有的概念,开展超越工具理性的第二反省,结合灵修与思考……都给现代人提供存在的启示。我们可以断言:马塞尔的哲学不会随流行而消亡,却会恒久地被尊重和欣赏。

十四、生死与价值[①]

静宜大学举办这次"生死与价值"研讨会,从医护、教育、文学、文化、哲学与宗教诸向度来讨论这个主题,非常有原创性。本人被主办单位邀请担任主题演讲人,觉得受宠若惊,亦有惶恐之感。我虽然在辅大宗教系所开过两次"生死学",在此新领域,我还是一个初学,谈不上专业;不过由于长期研究过存在主义,而存在思想中不乏死亡的论题,因此就大胆地接受了邀请。在这次演讲中我设法把我所知的有关信息作个说明,也希望在其他同仁的论文中学到有关生死的新知。

生与死都可成为"价值"吗?这个问题连5岁小孩都能回答:生是价值,死则免谈。价值是"善",是人之所欲的东西。实际上,没有人会欲死的,除了少数濒临失望边缘的可怜"虫"。死亡就像一只过街的老鼠,人人喊打。由于死亡终点站无人可以逃过,因此对之产生各种情绪:反抗、惧怕、悲伤、焦虑、不安、无奈、放弃……全部都是价值和意义的否定和绝灭,人间的伟大和可爱在死亡前都变成泡影,一切都化为毫无意义的荒谬。

另一个大吊诡是这个人类共同的噩运,人人为之头痛的问题

[①] 原载《辅大宗教研究》2001年第3期。

居然是没有答案的,至少死去的人都不回来告诉我们"彼界"的消息。如果有人起死回生,那么我们会说他非真死,而他提供的信息不见得是真正的死亡信息。

宗教的内涵有一大部分触及"彼界",但这类"真理"并非人人接受,宗教对死亡的答案只为信此教者是真理,其他的人或不信或嗤之以鼻。不过虽然宗教的答案没有绝对的确定性,为了心灵的需要,还是使人趋之若鹜,因为有个答案总比什么都没有要好。信仰是另类知识,它的可靠性虽可质疑,但接受之后产生的效果倒也不小,亦可惊天地泣鬼神。基本上它们使信者脱胎换骨,对有死之生萌生无敌的希望,不屈不挠地活下去。死亡的威胁被信仰解除了,信者不怕死,为他们,死是"往生",死是迈入永生的门坎,死是真正生命的开始,死是人的第二生。对他们而言,死亡把人引入终极幸福之门,后者既是人的绝对价值,那么那扇门自然是有价值的了。换言之,死亡有没有价值的问题,在信仰的脉络中是可以谈的。因为如果通过死亡,人可拥有完美的生命,而生命如上所述是人的绝对价值,那么死亡便是促成此绝对价值的条件,当然也是一个价值了。

由此可见,想从纯理性推论死亡的价值是一条不易走通的路,但借着信仰去推论同一问题,倒是有路可循。有信仰支持的哲学思考,多少可以帮助我们进入问题的堂奥,甚至对无此信仰者,亦能提供颇有意义的建议。本文不从信仰出发,而从被信仰支持的理性来讨论"死亡与价值"的问题。我们预设从这一角度来看死亡,后者不但可具意义和价值,甚至可成为超价值和超意义,可与"高峰经验"相比。本文的立场和进路是略略倾向信仰的哲学思考。

（一）儒家忌谈死亡？

孔子的名言"子不语怪力乱神"及"未知生，焉知死"，使人以为儒家只谈生不谈死①。学者解释为：孔子避谈超自然（怪力乱神）为了使人重视已有的能力来克服困难，不崇尚迷信②。至于知生知死的问题是或因当时对话的情境不适合谈③；或可谈，但因孔子未全知晓而不谈。孔子表示乐意接受别人的开示，故说："朝闻道，夕死可矣！"整体来说，孔子的关切点确实不在死亡，而在此世善生。

20世纪新儒家大师唐君毅先生跨出了孔子的设限，他不只谈死亡，还肯定死亡具有积极的意义。唐先生精通中西哲学，尤谙当代存在思想，所以他一反儒家给人的一般"不谈死"的印象，却滔滔不绝地谈死。

首先，他认为询问有关死的种种问题是人的天赋权利。水火无知而不问，人则有觉而不能不问：

---

① 曾昭旭教授提及他的当时8岁的儿子问他人既然会死为什么还要活。曾教授告诉儿子说人生的意义只在历程，不能定在一目标上，否则到头来会感到一场空（参阅《鹅湖月刊》1984年第109期，第57页）。杜维明教授持不同看法："知生的起点不必涉及知死，知生的极致则不得不包括知死。"（参阅《儒家的人文精神的宗教涵义》，《鹅湖月刊》1999年第廿五卷第4期，第28页）

② 傅佩荣教授诠释孔子之"敬鬼神而远之"说："明智的领袖应该承担现世的责任，靠实际的努力来解决百姓的困难。敬畏鬼神而保持距离，可以避免人神混杂，互推责任。比如，遇到洪水，要设法疏浚，不必求神问卜。"（《儒家生死观背后的信仰》，《哲学年刊》1994年第10期，第39页）

③ 关于"未知生，焉知死"，傅教授说："向孔子问及死亡的是子路，子路是个鲁莽好勇不善思考的人，孔子为了因材施教，便答以'未知生，焉知死'，不愿跟他多谈死亡。"（同上书，第32—33页）

> 盖水火无知,人则有觉,水火可不问其始终,人则不能不问也。若谓人应求自然,不越自然所加于人之限制,则吾将曰:自然真加限制于吾人,则不应使吾人复生追索生前死后之心;吾人既有追索生前死后之心,则自然未尝加吾人以限制可知。若谓此追索生前死后之心即自然所赋与而加于吾人之限制,则吾人追索生前死后之心即自然限制中之正当活动,追索生前死后,正所以顺自然也。①

哲学可以追索生前死后的谜,宗教也有此权利吗?唐氏认为:

> 依良知为标准,我们可说一切高级宗教中之超越信仰,皆出自人之求至善至真完美无限永恒之生命之要求,求拔除一切罪恶与苦痛之要求,赏善罚恶以实现永恒的正义的要求,因而是人当有的。我们不能说此要求是人之不当有。②

解脱了死亡的禁忌之后,如何谈死呢?唐氏首先确定人死后精神不与肉体同归于尽,而能在脱离肉体之后,独立生存,成为"鬼神"。

在哲学界的学者中用纯哲学的思考或体验达到此结论者不多,唐氏是一异类。他怎样推论人死后灵魂不死呢?他用观察及深度情感来"证明"。

先说"观察"吧!唐先生举许多例子说明人在生前所有的精神

---

① 唐君毅:《中西哲学思想之比较论文集》,台湾:学生书局,1988年,第439—440页。
② 唐君毅:《人文精神之重建》,香港:新亚研究所,1955年,第583页。

活动都是超出肉体以外的,比如,妙龄少女出门前打扮半天,不只想她的肉体,更是想在别人心中留下好印象。同理,除了生病以外,人的一切活动常是超越肉体的:我们的精神展向花草、云彩、建筑、事业、成就、子女、夫妇朋友关系、国家之富强、人类的和平康乐、历史文化的发展与悠久、真善美诸价值、古今人物和神灵①。肉体因不断消耗能量而逐渐衰竭,从存在走向不存在;但精神愈行愈健,在肉体瓦解之刻达到自身最大的完成,彻底获得解放,超越肉体而独立自存,是为"鬼神"。

人生前精神的超越活动显示的性格,在人死的刹那有更惊人的超越表现。弥留的老人指点后事、战场上受重伤的士兵关切同伴的危险、革命家在床头策划未来……"此处人明知其将死,已走至其现实生命之存在的边缘,于是其平生之志愿,遂全幅凸出冒起,以表现为一超出其个人之生命的,对他人之期望、顾念、期盼之诚。此期望、顾念、期盼之诚,直溢出其个人之现象生命之上之外,以寄托于后死者。此即如其精神之步履,引至悬崖,而下临百仞之渊之际,蓦然一跃,以搭上另一人行之大道,而直下通至后死者之精神之中。"②活入别人的精神中是不朽方式之一种,唐氏不停于此地,他一再强调人死后不死之精神是独立地存在的。

独立存在的"鬼神"是通过"深情厚意"与活人相契的,而这种相契的体验使活人不能怀疑去世亲友之泯灭。我们虽无法知道鬼神身在何处以及其实况,但通过真情交流可确知其继续存在着。鬼神在生前对世界有的照顾关念之情,死后仍绵绵不绝,不断与世人通播;活人如果有心,也以深情厚意响应鬼神,则人鬼世界仍能打成一片。唐氏特别提出祭祠来说这类的沟通,他认为如果我们

---

① 唐君毅:《人生之体验续编》,台湾:学生书局,1993年,第101页。
② 同上书,第104页。

在祭祠中，以严肃诚敬的心追念祖宗、圣贤，我们的情与鬼神的情直接相通，感到有一股真情从自己心中冒出，盹盹恳恳，不能自已。同时亦感到这股真情射向一个肯定的目标，而与那个被追念的对象结合，他说："真情必不寄于虚，而必向乎实，必不浮散以止于抽象的观念印象，而必凝聚以着乎具体之存在。即着之，则怀念诚敬之意，得此所对，而不忍相离。"①这种经验可称为"真情通幽冥"。唐先生对于这种生死两界间深情的描写异常深刻，一定是他本人再三体验而构成如此不可动摇的信念，借此他断定灵魂不死是千真万确的终极真理。

灵魂何以可在与肉体分离后继续生存？唐先生认为因为该人生前修德行善，已与大道相合，而道为永恒不死的生命，故合道者，都可不死②。这个道理道家亦有。庄子妻死鼓盆而歌，因为他相信自然大道不亡，入大道的人亦随道不亡③，唐君毅先生认为亡者像走山路的旅人转了个弯，我们看不到他时，便以为他死了，其实并非如此④。不过唐先生在讨论死亡时始终保持哲学家的身份：对亡者的实况不作解释，也未取立场。

笔者选择唐先生的观点作反省死亡价值的出发点，因为唐先生本身生命的仁厚真朴足以成为吾国关心此题的同仁的典范。为讨论生死难免要越界探入"云深不知处"，但唐先生用的深情厚意之进路非常合乎人性，虽然其结论多少涉及超理智的层次，接近于信，但其信非妄信，有其立论的基础，因此可成为我们讨论生死价

---

① 唐君毅：《人生之体验续编》，台湾：学生书局，1993年，第110页。
② 唐先生说："人心果真见道，而同时能自思其见道之心为何物者，正当由此道之永恒而普遍，而知其与道合之心，亦永恒而普遍。"（唐君毅：《病里乾坤》，《鹅湖月刊》1984年第5期，第44页）
③ 郑晓江：《中国死亡智慧》，"生死齐一的智慧"，台湾：东大图书公司，1994年，第68—69页。
④ 唐君毅：《心物与人生》，台湾：学生书局，1975年，第82页。

值的导引。真情与"临在"异曲同工。临在经验中透显的"你"亦是不死的。接下来，就让我们进入有关"你"的思考吧！

(二)"你啊！你不会死！"

20世纪20—30年代，德国和法国两位作家分别把他们的思考成果公诸于世。一位是马丁·布伯，另一位是马塞尔。各人在出版自己的书之后，才发现了对方，而互有似曾相识的感觉。归纳来说，他们的哲学都强调一种人与宇宙、与他者的深度交往。好像人的灵魂（本体）参与到表象（当下）之中，层层的面具都一"剥"而光，灵魂在几乎不自觉的情况下亲自登场，进入与他者、与物、与神的关系中。这种经验叫"临在"，是心与心的"邂逅"，整个地施与受，绝非商品式的买卖，本身是无价的。人若有如此的经验，才体会何谓真活、何谓真正幸福、何谓价值。

临在中出现的对象已从时空存在（存在的初义）一跃而成价值性的存在："你"。"你"不同于"他"（陌路，或否定我，置我于度外者），也不同于"我"（笛卡尔式的主体，与他者形成主客对立关系的主体）。这个临在的"你"整个地"在"我面前，是亲在、是灵在。在互识与互爱的刹那间，双方的武装全部解除，不含杂质的纯我出现了。"我"已不重要，自我意识完全消失，取而代之的则是"我们"感。马塞尔的"你"超越了此人他人，而是这个包容你我的整体，是联结你我的那个"结"，是那个联结的"关系"本身，这才是他提倡的奥秘之焦点[①]。

[①] "爱环绕着一个中心位置旋转，这个位置既不是自我的，又不是别人的：这就是我称之为'你'的位置。"（马塞尔：《是与有》，陆达诚译，台湾：商务印书馆，1990年，第161页）

十四、生死与价值

其实这个"联结"并非如此神秘,用另一称谓可把它的意义明朗化,可称之为"绝对你"或大写的"祢"。马塞尔心目中的"你"的终极构成因素,应是此隐在的"绝对祢"。此"绝对祢"以绝对爱的魔棒,点石成金,促成临在。"你"由"祢"而生。而深情中颠扑不破的稳定感即来自"绝对祢"的绝对"加持"。

"你不会死!"这句断言来自马塞尔的剧本《明日之死亡》[①]中的对白。全句是这样的:"爱一个人,就是向他说:你啊,你不会死!"笔者对此断言作过一番诠释,谨录于下面:

> 马氏之能下这个断言,表示他理会到人通过爱而有超越物质内一切限制的能力,人因爱而否定死亡,否定一切能将爱情腐蚀的因素。这是对一种忠贞的爱所作的断言。它的价值完全系于爱……"亲人之死"是一个参与我生命、塑造我的历史、而现今仍活在我身上、继续塑造我者之死。这样一个亲人不会死,因为我拒绝他死——拒绝把他看成绝对虚无;"同意一个人死,即以某种方式把他交于死亡。真理的精神禁止我们作这样的投降和出卖的事。真理的精神即忠信的精神,忠心于永恒的爱的精神"。
>
> 这样的断言对客观有效性的要求置之不理,不求证,亦不愿求证。这是一种先知性的断言:"你不会死!"肉体之毁坏只能碰及"你"以外的东西,而不能损及"你之为你"。[②]

这个不会死的"你",用传统的语言来说就是"灵魂",不过这是

---

① G. Marcel, "La mort de demain", *Les trois pièces*, Plon, 1945, p. 194.
② 陆达诚:《马塞尔》,台湾:东大图书公司,1992 年,第 284—285 页。其中引用马氏之语取自 *Homo viator*, Paris: Aubier, 1945, p. 194。

一个被肯定、被爱、被尊重的灵魂。问题在于被谁肯定、被谁爱和尊重呢？如果只被一个或多个亦会死亡的主体肯定、爱与尊重，这样的断语是有效的吗？这种表达愿望的断言会使存在永留吗？这个疑问挑出了"绝对祢"的角色来。上面提到过"绝对祢"与"你"是同步的。"绝对祢"是"我们感"两端的你的联结因素，是处于爱的中心点的"隐名氏"，也是使某一存有从身为"他"到别人的"你"的促成因素。如果"你啊！你不会死！"这句话出自此绝对存有，其法力就无与伦比了。一个人的永恒性是被永恒者肯定的话，则已非凡人的愿望而已，而为必然的事实。当一个特殊的个人以肯定的口吻作此断言时，他隐隐地在传达"绝对祢"在推动和支持他说这句话的意愿，因此是会有真实的效力的。不过如此讨论已把位置移到理性的边缘，"你不会死"应是一种有信仰者的信念，在信仰的范围内，它一定是颠扑不破的真理，至少表达了度信望爱生活的人的绝对信念。

马塞尔告诉我们：爱使人逸入超越生死的境界，在那个特殊的时空中，"你啊！你不会死！"是一句有意义的话，这句话是切入永恒世界的有效进路之一。

（三）濒死信息的探视[①]

20世纪下半期，西方世界突然对于死亡学（Thanatology）大感兴趣，出版了很多有关的书籍。有一些医学院的精神科教授研究濒死经验，作了详细的记录，整理成书，拍成纪录片，公诸于世。

去年（2000年）10月28日台湾《中国时报》有篇文章《死而复

[①] 本节大部分参考关永中教授《濒死——雷蒙·穆迪〈生后之生〉的启示》一文，此文发表于《辅仁宗教研究》2001年第3期。

生?濒死经验医学话题》,由孙安迪医师执笔,他提供有"离体感受"的濒死者的统计数字:

> 哈特于1954年发现在一群美国社会学学生中有27％有过离体经验;1976年格林在牛津大学学生中发现34％有之;1979年美国弗吉尼亚州(Virginia)向一千名市民及学生发送问卷调查后,发现14％的市民及25％的学生有之;奎内斯在英国及荷兰的调查中13％及18％有之。[1]

20世纪70年代开始出现的美国生死研究泰斗穆迪医师(Raymond Moody)提到他在医学院讲课时,每班30人中会有一人知道或有过死而复生的经验[2]。另一位林格教授登报寻找死而复生的人,结果找到102位,其中48％(49位)有过濒死经验[3]。虽然不是100％的人有离体经验,但以上的统计数字已达到使我们不能忽视的程度。

有过濒死经验而重回人间的复生者是否真的死去过?如果他们没有真死,他们的信息可靠吗?

濒死而复生者的确未真死,因为真死的人不再回来;但他们有过灵魂与肉体分离的经验,就这经验而言,他们已是"死亡"过来的人了。他们没有真死,但是他们真正地离体过。由于这些死而复生者的报道,我们多少掌握了在真死前可能发生的征象。

穆迪医师搜集了150个他亲自经手的个案,对象是重伤、意外事故或病重而"死"者。他归纳了15个要点,现将比较重要的陈列

---

[1] 《中国时报》2000年10月28日。
[2] Raymond Moody, *Life After Life*, New York: Bantam, 1975, p. 15.
[3] 参阅关永中〈濒死——雷蒙·穆迪〈生后之生〉的启示〉一文之注89。

于下：

> 濒死者离体而浮到空间。
>
> 见闻别人处理弥留的自己。
>
> 剧痛（如有）后，无苦痛了，有：温暖、轻松、舒畅、憩息的感觉。
>
> 听到声音，因人而异，可有：铃声、狂风雷电声、交响乐……
>
> 身轻如燕，飞速穿越很长的黑洞或深井。
>
> 黑洞尽头一片光明，与一慈祥光亮的灵体相遇，后者问他有否为爱而生活过。他体会被原谅、被爱……此外，他也遇到一些亲人。
>
> 全景式的生命回顾，巨细靡遗。
>
> 决定要不要回人间：第一反应是不要回来，但理会自己尚有责任或使命要完成……
>
> 飞越黑洞，回入体内。别人发现他如梦初醒，他复生了。

这样的故事对第一次听到的朋友简直是神话，怎么可能发生这样的事呢？对啦，因为我们周围很少有人作这类研究，但当这类的报道愈来愈多时，它逼得我们不能不正视之，并且它的可能性是非常高的。

其实，除了快速飞行有些奇怪之外，其他并不太特别，有信仰的人会觉得这一切很符合他们一直相信的情况，包括遇到光明灵体以及回视自己的全生，体味被爱与宽恕。不过如果这一切是真的，死亡就变得不甚可怕了。死亡对基督徒来说本来不可怕，它原是自然现象，使人开始害怕死亡的因素是罪。德国神学家拉内（Karl Rahner S. J.，1904－1984）说："罪遮掉了光，使事物失去可被理解的条件。罪抹黑了人的一切经验,尤其死亡经验。"①耶稣的救恩至少部分地可解释为把人类从死亡的惧怕中解放出来。比如上述的那位慈祥的光明灵体来到濒死者面前,他是来欢迎他,不是来罚他,虽然知道后者并非完美无瑕的人。这样的灵体应是谁呢②,不想亦可知道。至于对一生有"全景式的回顾"更是合理,罪人在回顾中自察而悔,取代了被神审判。总之,体会到平安幸福的濒死者都不想再回尘世。既而因使命而回来的人都彻底改变了,他们的生命有了坚定的目标,在品德和知性上不断求进步,他们不再为自己而活,却为别人而活。濒死经验的报道使我们得到许多有关死亡的信息,使我们更肯定死亡不是绝灭,而是一个偌大的体认价值的时刻,值得我们善度一生来争取。

对于自杀和地狱,甚至"炼狱"式的"空间"亦有一些描述。

自杀者未顺时机逃离职守,是一个未成熟的灵魂,无法在失去肉体的情况下完成未完成的任务,要忍受的困扰程度加深。他们的感受基本上都是消极的:恐怖、悲哀、失望……所以死而复生者都极力反对自杀。

至于地狱的故事更是出奇。罗林斯医师(Maurice Rawlings)在他《超越死亡的门》中提到救回一个已入地狱的濒死者的故事。那个 48 岁的病人在急救中,每次清醒时大声喊叫:"我在地狱!""请不要停止救我!""每次你放弃急救时,我便马上返回地狱""请为我祷告!"这个病人被救回来以后,不复记得往事,大概这些经历

---

① "Death" in *The New Dictionary of Theology*, ed. Joseph Komonchak, Saint Paul Publication, 1991, p. 273.
② "这么强的光……是一个用光凝成的人! ……一种惊人的确信涌出来:'你正在神的儿子面前'。"(李齐:《死亡九分钟》,陈建民译,中国主日学协会,2000 年,第 57 页)不同的宗教徒对这位发光灵体有不同指认。参阅 Raymond Moody, *Life After Life*, p. 59。

已被封入潜意识里去了。罗医师写道：

> 当我全然意会到他是何等地诚恳与极度惊恐时,我也惊慌失措起来。伴随着后来一系列充满恐怖的个案,促使我萌生一份迫切感去写此书。现时我确定死后有来生,而不是所有的来生都是美好的。①
>
> 地狱中有些被记忆的光景可列于下:黑暗、混乱、火海、魔鬼统治、绝望的呐喊、相互叫骂等。②

真有炼狱吗？穆迪和李齐两位作者未用"炼狱"之名,但他们的记录中有确可归入炼狱式的境界描写。他们说有些灵体尚未解脱,受困于其所执、所恋和所贪之物中；另一些善灵尚未达到圆熟而不能进入至乐光明的世界,但他们活在希望中,穿着长袍,浑然忘我,研究科学、音乐、天文……③

人死后不死,会按自己的"业"去接受果报(借用佛语)。那个光明灵体究竟是谁,不同的宗教会建议符合其信仰的人物,这是无伤大雅的。重要的是这个神秘灵体充满慈爱,不斤斤计较人的过去,给人温馨与被接纳的感觉,这个灵体叫人自察是否虚度或善度了一生,在回顾全生时,每人自作判断。达到了终点站,所见到的是那么美好、出人意表的新天新地,难怪他们都不想回来了。

这样的描写有证据吗？研究者说有,即病人能说出弥留期间,房内发生之事的细节:进出的人,讲的话,穿的衣……以后对证,的确符合当时的实况④。

---

① M. Rawlings, *Beyond Death's Door*, New York: Bantam, 1978, XIII.
② Ibid., pp. 85 – 103.
③ 李齐:《死亡九分钟》,陈建民译,第 93—94 页。
④ 可参阅关永中《濒死——雷蒙·穆迪〈生后之生〉的启示》一文。

(四) 终极抉择的理论

1962年博罗什(Ladislaus Boros, 1927 – 1981)用德文发表《真理的刹那:死亡的奥秘》①,三年后英文版问世,博罗什立刻成为举世瞩目的人物。他用若干当代哲学为经纬,发展出一套别出心裁的死亡理论。他认为在死亡的刹那,人借他最后一次,也是最彻底的一次抉择,来给自己生命画上句点。这个抉择不一定为别人所知,但确使人完成自己,犹如海德格尔所说的死亡是使人实现最后一次潜能的时刻②,是人成长的最后阶段③,也可说是人的第二次诞生④的时刻。这种对死亡的积极看法当然有其依据,需要一番解释才显出它的道理来。

"最后的基本抉择"是博罗什的假设,他要把这个总抉择与人一生大大小小的抉择串连起来,后者是前者的练习和预演,前者才是正式演出,决定人的永恒。

---

① Ladislaus Boros, *The Moment of Truth*: *Mysterium Mortis*, London: Burns & Oates, 1965.
② 唐君毅诠释海德格尔说:死是使人生"一切可能不再可能的一种人生的可能。死封闭人生其他之可能。其他之人生之可能,皆可由死而封闭。然死之可能本身为人所不能逃。由是而死之本身,是人生之必然实现的可能。死是一不可征服的、绝对的、人生最后所唯一必须实现的可能"(唐君毅:《述海德格尔之存在哲学》,《哲学概论》下,"附编 精神、存在,知识与人文",第84页)。
③ 库布勒·罗丝:《成长的最后阶段》,孙振青编译,台湾:光启出版社,1978年。
④ 参阅 Kathy Kalina, *Midwife for Souls*, Boston: Pauline, 1993. 本书作者是安宁疗护师,她把自己说成是临终者在其"死"时,即其第二次诞生时的助产士。Roger Troisfontaines, S. J., *I Do Not Die*, translated by Francis E. Albert, New York: Desclee, 1963. He says: "The first pregnancy are not enough to make a man. The first pregnancy prepares him only for bodily birth. It is during the second pregnancy — the time allotted to him in this world — that he prepares himself for spiritual birth. The first birth destines him to death; only the second will lead him to life. We are born to die, but we die to live. Death is man's birth: his birth to life everlasting." (p. 185)

他从意志、理智、情爱、记忆和对美的向往等心灵活动来看人必有一个最后的终极抉择的要求,亦在这个终极行为中,人获得上述各类的心灵行为的最高的表达①。

1. 布隆德(Maurice Blondel,1861–1949)的意志行为的分析

意志生而有各种欲求,需要得其所欲。这种有具体对象的欲求,布氏名之为"所意志",所意志之欲求得到满足之后,就会萌生新的欲求。每一欲的需求被感受及满足,都有意志的参与和抉择。而人的一生就在其欲求中穿梭,在永不能满足的情况中寻求短暂的满足。显示欲望有一个追求无限的根本欲望,布氏名之为"能意志",它不追求这一个或那一个美善,却瞩目于无限及绝对的美善,颇似柏拉图(Plato,507–427 B.C.)的真善美理型。布氏又认为此能意志是一种隐性的(non-thematic)意志,是前意识(pre-reflective)的"自然欲求"(natural volition)。自然欲求出于事物本性,是事物不能不求的需要,如向日葵之求太阳、呼吸之需氧气,故有无限欲求的"能意志"所求之无限美善亦必存在。而此对无限美善的欲求之满足不会在这个有限时空中实现,因此时此刻所意志醉心于各种当下的需求,不与能意志相合;它也不会在永恒界中发生,因为那时人已与无限者结合,已无欲求也不再选择了。唯一可能的时刻是死亡的刹那,此刹那是永恒与时间的交界,唯在此刹那,所意志解脱了有限物和有限欲求的羁绊,一纵而与能意志相合,而能全心全意地渴求自己内心最深刻的需求,即永恒及超越一切之无限美善。此终极抉择在"此""彼"两界的会合点上达成。一"择"九鼎,一劳永逸,不再改变。此"择"决定人的永恒。

---

① 本节数据由关永中教授提供,见《死亡的一刹那——一个超验法的探索》,《哲学与文化》1997年第廿四卷第6、7期合订本,第510—554页。

2. 马雷夏(Joseph Marechal, 1878–1944)的求真分析

理智在追求知识时与意志雷同,即终不会知止,它永不停止地继续追求更多知识,以致渴求无限的知识,马氏称这种本能为"智的动力"。理智普通并不直接追求"无限真",只是在它追求各种知识时,无限真在认知背景中若隐若现。智的动力若不得此无限真,它会永远追逐下去,永不会满足于已得之某一知识。只有在得此无限真的情况下,理智的潜力才得全然释放和彻底满足。亦在此刻,理智的驱力达到认知的顶峰。但这样的一刻无法在尘世达成,因为无限者不会在有限的时空里与理智全然相会,只在此生与来生的交接处,才能长驱直入,彻底照亮认知者,使他不但洞识,并且面见终极真理。这种求无限真的需要也来自"自然欲求",即人不能不求者,而只在死亡的刹那才能有机会在永恒之光中陶醉在无限的知识中。死亡就变成获得最高知识的黄金时刻了。

3. 柏格森(Henri Bergson, 1859–1941)的知觉说和回忆说

柏格森发现人有一些从未充分发展过的认知能力,在特殊的情况中会出现,如第三眼、顺风耳、千里眼、神通等。记忆也一样,一件突发事件能把遗忘的大批往事从意识底层彻底翻身,像法国小说家普罗斯特(Marcel Proust)[①]由一个平凡的童年经验翻出可写七厚册的往事一样。人的记忆是一个大仓库,可以储存大量物品,在时间的某一点上,轰然出现。在死亡的刹那,人摆脱了生时有限处境的羁绊使知觉延伸到一切空间,也使记忆重现一生的经

---

① Marcel Proust(普罗斯特):《追忆似水年华》,共七册,台湾:联经出版社,1992年。张启疆写道:"……《追忆似水年华》里的马德兰小饼干:勾动回忆瀑布的火药引子……"(《想象文字在灵魂里的酵变》,《联合报》副刊2001年5月31日)

历,此刹那是其一生的知觉和记忆的顶峰。上节穆迪教授在记录死而复生者的濒死经验时所提到的"全景式的生命回顾",在柏格森对记忆的反省上获得非常有利的理论支持。

4. 马塞尔的"纯是"式的爱

马塞尔对死亡的讨论除了上面介绍的"不会死的'你'"以外,也开启了另一对术语来分别两种爱。一种是以"有"的方式去爱。"有"即占有,基本上以自利为主,被爱的对象是满足欲望的工具。另一种爱以"是"的方式去爱,即以对方之"存有(你之为你)",只为对方本身的好处去爱对方,因此是一种不计回收、不计私利的奉献式的爱,后者可以为爱而牺牲自己。马塞尔以为人虽有以"是"式爱人的理想,实际上达到此理想的人少之又少。普通人的爱中兼有这两种成分,即有施亦有受,奉献与欲望兼具,因此是不纯粹的"是"式的爱。但在生命终点之刻,人不能不把一切执着放下,包括自己的身体及附带的欲望,此时人有可能达到纯爱的境界,而能有完全无私的利人之爱。这样的一个行为是人性的高峰行为,是人在现世时很难做得到的最高标准的伦理行为,是人性道德的最高完成。

5. 美的向往全然满足

博罗什用贺德龄(Johann F. Holderlin, 1770 – 1843)的诗作范本来解释这部分。诗人和艺术家得天独厚,能见他人之未见,能欣赏及赞叹宇宙无法言宣之美,且能诉诸文字或艺术,使此奇美得以保存及永传。但这类经验都是惊鸿一瞥,稍纵即逝,无法被人占有。诗人乃深感无奈,怀乡之情充斥五内,并且难以忍受缺乏至美的庸俗环境,一心向往天界,渴望与至美结合。死亡之刹那是诗人还乡之刻:回到美的家乡,面见至美。贺德龄记述这种心情:

> 诗人的诗心比常人更接近大自然，
> 也比常人更感孤立与凄愁，
> 展望死亡的怀乡。

总而言之，死亡的刹那是人能投入一个一生中唯一的、彻底的、圆满的行为的时刻。因为：意志之抉择开发了"能意志"的终极祈向，把一生大小抉择综合在一起，在此终极抉择中，人的一切愿望获得整体的满足，意志的潜能达到了最高的实现。理智在"此""彼"两界的临界点受到另类光源的照明，得以洞察形上及形下一切事物的本质，理性得到完全的满足而终能憩息于安宁之中。知觉和记忆开拓无限时空，使其能觉性和记忆的能力充分展现，至少对自己的全面的真实面貌有清晰无比的知解，提供意志善作终极抉择的条件；而此时全生之善或恶的总量会使人易于投向一个终极方向，这个抉择是一生行为的总"业果"，在现生末了选善或选恶是可明察秋毫的，多少亦包含了业的"现世报"。至于马塞尔把灵肉分手之刻看成人能以纯爱作纯"是"式的全然无私的爱的奉献，也是值得吾人注意的反省。真爱在"是"与"有"两端间的争执终于尘埃落定，爱乃止息于大爱之内。怀乡的想望不但是诗人和艺术家的专利，也是众多生灵共同的梦想，尤其是信仰虔诚的宗教人士，他们的一生即是走向这个家园的旅程。一般人虽然向往，但不急于早去，时机成熟时就能安然撒手而归。生命的终点站为他们是真正生命的伊始，现在，面见大美的幸福时刻终于来临了。博罗什把死亡看成人作最后一次抉择的假设实有依据，这个假设给人终极完成的保证。就像海德格尔所言：死亡是要人去实现的，而人在最后一次实现自己时，人参与自己永生的"判决"，人以某种意义来说还是自己的主人。

（五）高峰经验

博罗什分析的死亡刹那恰好配合了马斯洛的"高峰经验"（peak experience）。这位一生推广"超个人心理学"的心理学大师把死亡看成"温馨的"事件（sweet death）。中文可以译成"快乐死"。他认为高峰经验有很多地方非常相似死亡。要了解此语的意义，我们先需了悟何谓"高峰经验"。研究此学的专家李安德教授（Fr. André Lefebvre, S. J.）写道：

> 当人们在欣赏日落、冥观星空或品赏名画时，突然经验到一个入神或忘我的境界。在那短短的几分钟内，时间、空间，甚至他自己的存在都突然消失了，他好似突破了小我，刹那间融入了美的本身或浩瀚无际的宇宙中，在那一刹那，他经验到难以言喻的喜悦，意识境界的扩大，那是一种极美也极令人满足的经验，与日常经验截然不同，他好似捕捉到另一面的吉光片羽。经验过这种经验的人对自己及世界的看法突然改观，生活也变得更有意义。①

马斯洛在生命末期的作品中倾向比较缓和的表达，不再强调感受的强烈度或时间的长短，开始用"高原经验"（plateau-experience）一词。"高原"比"高峰"给在高端的体验以更长的延伸和稳定。高峰和高原经验虽然平常人也会有，但在伟人、天才、圣贤、英雄、神秘家身上更为明显。高峰与高原经验的效果是："艺术创作、深刻创见、科技上的突破、人格的转变、新的融会贯通、忘我

---

① 李安德：《超个人心理学》，台湾：桂冠图书公司，1992年，第192页。

的奉献、博爱的行为、改变生活方向、对人类的积极贡献、为使命献身的更深热诚……"①

在这种背景下,马斯洛把死亡与高峰经验比较,觉得两者有相似的地方。很多高峰经验中有的情绪,如"惊讶、敬畏、敬重、谦逊、臣服,甚至叩拜"②,也会在濒死者身上出现。马斯洛把死亡说成是"甜蜜的":

> ……死亡或会失去它的可怕面相。"入神"蛮接近死亡经验,至少单就其经验含义来说。在高峰经验的报告中常有人提及死亡,那是一种甜蜜的死亡。……我往往听人说:"我觉得我能乐意地死去",或"无人再能告诉我死亡是件坏事"。经验到甜蜜死亡的人逐渐不再感受死亡的可怕。③

死亡使人做真正的完整的人的行为(human act),使人圆熟。另一方面,从濒死者离体的研究中我们得知:漂浮出去的灵魂经过长长的暗洞后进入一个光明的天地,被一个慈祥的灵体欢迎,这个会遇可说是我人的灵魂与神的邂逅。那位灵体的面容一定是似曾相识过的,因为祂是一切真实面容的原型啊。那么那一刻的喜乐应是人一生喜乐的总和与最高峰,怎么还能不是人的高峰经验呢?人生前大大小小的类似经验,只是这次经验的彩排与预演罢了。如果死亡确实提供给我们如此不可思议的机遇,那么死亡绝对是一个价值了,并且一定还是人的最高最大的价值,因为在死亡的关卡处,我们不但脱离苦海,进入福境,还要遇到那位位格化的真善

---

① 李安德:《超个人心理学》,台湾:桂冠图书公司,1992年,第280页。
② A. H. Maslow, *Religions, Values, and Peak-experiences*, Arkana, 1994, p. 65.
③ Ibid, p. 76.

美本身，而这次邂逅会使我们获得至乐。死亡啊！你的芒刺在哪里？

（六）结语

中西哲学，我们以唐君毅和马塞尔为代表，都叫我们看到：人死后不死，且可以深情通幽冥，借忠信于临在而体认"你"之不死性。这些反省在在显示：爱必克胜死亡。医学界提供的濒死信息更排除了我人对未知世界的不安感。去过彼界的人居然快乐得不想回来，那么我们为何还要贪生怕死呢？如果在生命末刻我们的全部潜能都充分展现，投入最后的一次总抉择，而这个总抉择要决定我们的永恒的话，这个抉择攸关实在太大了。而我人一生行为都是这个终极行为的预演，则这个总抉择实由我人自决，它是易或难、向善或向恶，这是关键，也是福音。让我们好自为之、好自准备吧！

死亡能否成为我的高峰经验，要看我如何活此一生；但一事可确定，若我勉力避恶行善，则我的生命末刻必为高峰，那将是我与至爱者相遇之刻，那将是吾人超幸福的时刻，体会爱的极致的时刻了。

上述反省在讨论过程中不知不觉地从哲学转向了信仰，最后达到死亡是最大价值的结论，并且这里牵涉到的信仰似乎局限在有神论的格局里面，不过我想要把人人怕惧的死亡说成价值，且是人生的"最爱"，舍此别无他途。在此谨向无此信仰的听众或读者致歉，希望从该信仰诠释的死亡对这些朋友亦具意义，亦能成为他们重新反思生命价值时的参考。

十五、马塞尔的剧本《破碎的世界》
——一个存在性的诠释[1]

（一）前言

这篇文章是为诠释学所作的一个范例，它的焦点是借由对马塞尔的名剧《破碎的世界》的诠释来了解诠释的技巧。笔者选择此一剧本，因为这一剧本含义丰富，可供吾人逐步深入，一展诠释之长；再者，这也是详示马塞尔哲学的文学性的良机。

诠释学有其自己的历史，我们可以轻易地举出几位大师之名：狄尔泰（Wilhelm Dilthey，1833-1911）、施莱尔马赫（Friedrich Daniel Ernst Schleiermacher，1768-1834）、布特曼（Rodolf Karl Bultmann，1884-1976）、海德格尔（Matin Heidegger，1889-1976）、高达美（Hans-Georg Gadamer，1900-2002）、利科（Paul Ricoeur，1913-2005）等，来说明它的发展史。胡塞尔（E. Edmund Husserl，1859-1938）本人也许不能被称为诠释学家，但他的思想确实是当代诠释学的发祥地。他的弟子海德格尔和利科是诠释学派的领导者。他们两位代表了两种哲学背景：一是现象学；另一则

---

[1] 原载《哲学与文化》2010年第2期。

是存在哲学。海德格尔是我们这个时代的现象学大师,而利科的哲学思想则受到法国早期的存在哲学家马塞尔极大的启发与影响。稍后,他才投入胡塞尔的作品作深入的研究。海德格尔把现象学用到存在哲学,为解释"存有"与"此有"的含义。利科则从解释学的语言与现象学的洞察来深化存在哲学。他们两位都把两个不同学派的精髓作了整合,企图发展出某种具有原创性的哲学思潮。今天如果我们要把一位哲学家贴上诠释学家的标签,我们先该指陈他与现象学或存在哲学的关联,才能竟功。不然的话,他或许可以称哲学大师,但与诠释学只有遥远的姻族关系。

这就是为什么在本文中我们要指出马塞尔是法国现象学的先驱的原因。然后,我们也将指出马塞尔的诠释学方法。

(二)马塞尔是个现象学家吗?

狭义地说,马塞尔不是现象学家。现象学的创始人是胡塞尔,他的学生是谢勒(Max Ferdinand Scheler, 1874-1928)、海德格尔、哈特曼(Eduard von Hartmann, 1842-1906)、兰德格雷贝(Ludwig Landgrebe, 1902-1991)、芬克(Eugen Fink, 1905-1975)等德籍哲人。稍后,法国哲学家如列维纳斯(Emmanuel Lévinas, 1906-1995)、萨特、梅洛-庞蒂(Maurice Merleau-Ponty, 1908-1961)、利科等也加入了这个行列。他们有的亲炙过胡塞尔,有的只是通过勤读胡塞尔的作品(包括赴德进修),而将自己转化为此新学派的追随者。然而马塞尔既非其一,又非其二。他在求学阶段从未跨出国门。但是由于德文是他的第一外国语,他可以用德文阅读原典。因此我们在他的哲学和文学作品中看到他引用过海德格尔、雅士培,甚至胡塞尔。但他似乎比较没有受胡塞尔的影响,也许这是归因于他特殊的气质、兴趣与对生命反思的样

十五、马塞尔的剧本《破碎的世界》——一个存在性的诠释

态。我们或许可以说,那是因为胡塞尔关注的是认识论的问题,而马塞尔所关心的是生命本身。但令人诧异的是《现象学运动》一书的作者施皮格尔贝格①在介绍法国现象学时,竟把这位非胡派的哲人放在法国现象学家的首席,把他视为法国现象学运动的始祖。此外利科在他的《马塞尔与现象学》②一文中清楚地指出胡、马二氏的异同。利科不避讳地采取偏向马塞尔的立场,显出他自己的哲学更具存在性,而非胡塞尔的认识论式的。无疑地,1973 年该文发表时,利科是当时承自现象学而发展成诠释学的数一数二的人物。就以这个学派的主导者而言,利科明显地在扩大现象学包含的范围,他认为纵使一个并未直接与胡氏现象学有关,但深入地细察过存在现象的哲学家,可当之无愧地被称为现象学家。他应当完全赞同施皮格尔贝格关于马塞尔的观点。施氏说:

> 马塞尔的《形上日记》确切地显示给我们该书作者的思考模式。马塞尔生动活泼地记录一个个新鲜、令他诧异而前哲从未接触过的新现象。新现象引申出新的问题,再激发出新的视野。他不轻忽半途出现的困难。他最在意的是不要压制这些不寻常的现象。因此《形上日记》名符其实地显出一种真实现象学的特色:渴望发现新的及被忽略的现象,努力使它们明朗化,企求找到新的角度和新的进路,将之综合入有永恒价值的重要论说中去。③

---

① H. Spiegelberg, *The Phenomenological Movement*, The Hague: Martinus Nijhoff, Third revised and enlarged edition, 1980, pp. 448 – 469.
② Paul Ricoeur, "Gabriel Marcel et la phénoménologie", *Entretiens Autour de Gabriel Marcel*, Neuchatel: La Baconnière, 1976, pp. 53 – 74. 此文发表于 1973 年 8 月下旬的一次哲学圆桌会上,马塞尔也在场,两个月后马氏去世。
③ H. Spiegelberg, *The Phenomenological Movement*, p. 463.

假如马塞尔是个现象学家,他是一个与胡塞尔非常不同的现象学家,也与其他现象学家殊异,不论他们是存在哲学家与否,因为以内容及文体来说,他有无法归类的原创性。利科在前述的论文中对马塞尔与胡塞尔两位大师作出清楚的分析:

> 30多年来,我一直追随着这两位老师。事实上,就在1934同一年,我在 *Ideen* I 和《形上日记》发现了胡塞尔和马塞尔。此后,我总不休止地追随着这两位老师,我一直要还我欠他们30多年来的债。我翻译了胡塞尔的 *Ideen* I ,于1950年出版,也写了一本比较马塞尔和雅士培的书,于1948年出版。①

这些陈述清楚地展现了现今已成西方哲学大师的利科与胡、马二哲的关系。他认为在他早期哲学的旅途中曾受惠于这两位大师的启发。马塞尔和胡塞尔两人创造性的概念与非传统性的方法学使年轻的利科着迷,却也决定了他往后的哲学视野。那么这两位现象学家的主要内容是什么呢?它们之间的相似点与差异点又为何呢?为何利科在评估两人时,会倾向马塞尔呢?

施皮格尔贝格列举数个现象,是他写马塞尔的现象学一章中所提到的:死亡、自杀、恐惧、生命、神圣、焦虑、身体、有、投身、参与、见证、可全在性、归属、创造性的忠信、邂逅、家庭,等等。

利科集中关注一个特别的观点:有。

利氏认为对马塞尔而言,在其"所有"与其"所是"两者之间的区别,足够说明一种新形态的形而上学。因为从人的身体到其存有之间的内在关系,是与有的隔阂终于被超越了。"我的身体"不

---

① *Entretiens Autour de Gabriel Marcel*, p. 53.

仅是一个我可拥有的事物，它更侵入我这拥有它者的自身。"我的身体"是我的主体际性的共同拥有者。"我的身体"与我共同拥有我所有的"有"。"我的身体"就是"我"，因为"我"不是纯精神，而是一个与身体结合到密不可分的精神，我是一个"取体存有"（incarnated being）。"我的身体"与"我"的一元关系（immediate）是一个"有"参与"是"的特例。从这里，他逐渐发展出与"问题"不同的"奥秘"的概念。我的身体和我的关系是"奥秘"，不是"问题"。我无法把它界定、把它分析或化约。从"身体"概念的深入思考，他把概念导入存在，使"是"与"有"的讨论落实，而成就了马塞尔式的存在哲学。"有"牵涉到渴望占有和害怕失落，"是"引发的是同在、互为主体性、临在和爱的正面经验。

利科在上述分析中看到马塞尔与胡塞尔在强调现象学进路及方法上有类同之处，如描写的重要、本质分析的兴趣，以及转移想象的技术等。但利科立刻指出他们两人在出发点上已有所不同。这是有关还原（reduction）、放入括号等观点。为了使事实的本质明朗化，胡塞尔要求研究生暂时悬置对实在界的自然信任，把感觉、信念及存在性的关联放入括号。客体在意识之流中化为意向性的"所知"（noema）。大量的意向性行动的汇聚构成了客体的可认性，而得以把握客体的真义。

另一方面，对胡塞尔来说，主体性也是在意向性中发现的。自我在意识之时间流中意向着一个意义。还原所启示的主体不在延续的时间中，而是一种注视着某物的能力，借之，意识能扣住过去的印象及预测未来的经验[①]。主体与客体有"能知"（noesis）与"所知"（noema）的相应关系，两者在同一个意向之意识流中是同质的。意义是被意向的，而不是意识本身。利科称胡塞尔的现象学

[①] *Entretiens Autour de Gabriel Marcel*, p. 57.

为意义的哲学①。

利氏认为马、胡二人的原初动作不难解释。对马塞尔来说,这是"含意性的有"(having-implication)②,对胡塞尔来说,这是还原。二人虽然都尽力地要通过直观描述或推理,捉获现象的本质,但他们的研究成果大不一样。马塞尔反省"有"的现象,使他了解"是"的无法剥夺的本质。临在的前逻辑的经验走在怀疑之前。存在的完整意义只在临在中启示出来,那是一种彻底投入的情境,一元化参与。这种经验是认知和寻获意义过程的绝对预设。他者的存在性的启示不是客观式的合法、隔离或独立的自我,却是在互为主体之临在中的一个"你",或一个潜在的"你"。此类关系发生在存在场域,而非在意识内。此处意向性指向一位活生生的他者,而不是一个意识流中之"所知"。马塞尔的鲜活情境与胡塞尔的理则处境截然不同,后者被马塞尔评为"思想针对着自己给客体赋予的绝缘"③。绝缘不是别的,而是临在关系的破裂。如果说还原是把存在的联系放入括号,那就是破裂。原先不能还原和简约的临在被简约了,为了使一个合法的、客观的实体出现。如此的还原变成一个制造客体的有力机器,为增加客观全体的内容提供服务。保持距离、无关心、拔根(déracinement)等概念就随之而来。利科不加思索地说:"还原只能是使现代思想呻吟之拔根体验的一种说辞而已。"④

马塞尔的哲学似乎要给"神圣的"存有保留无法被知识论企图

---

① *Entretiens Autour de Gabriel Marcel*, p. 58.
② 马塞尔以后用"奥秘"代替"含意性的有"。后者在《是与有》中出现,主要为与"占有性的有"作对比,以人之身体为例,说明身体不是被有的,而是"同有者"。身心同为其他一切"有"之"有者"。参阅马塞尔:《是与有》,台湾:商务印书馆,1983年,第152、154、157页。
③ *Entretiens Autour de Gabriel Marcel*, p. 60.
④ Ibid., p. 59.

入侵的空间。这就是他强调的存有相对于客体性的优位。活生生的身体、您、深沉的感觉、存有化(existentiel or existential)①的经验都是此类的现象。它们顽强地抵抗逻辑思维。这些现象一旦中了客体化的毒,就泡沫化地不见了。因此能为科学认知大显功能的还原和放入括号,绝对不会使存在繁荣,而这才是马塞尔的主要关怀。

另一个可以比较马、胡二人思想的要点是互为主体性。利科诠释胡塞尔的主体际性如下:胡塞尔的主体性概念分割在普遍性和特殊性之间。普遍性是使它的知识论功能最后得到合法认可的基础,而特殊性则来自它的彻底的时间性结构。这种矛盾引发了胡氏的主体性概念。如果主体必须是最终的基础,唯一可行之道是找到一种集体的、普世大公的团体,其内的个别主体可增至无限的数目,由他们一起来承担普遍性的职责②。

因为胡塞尔的主体具有时间的特性,所以它的普遍性就必须由团体来加以保证。缺乏了这样一个团体的支撑,这个主体在还原过程的终点会使人发现它根本无法具有作认知基础的功能。但如何去找到具有科学有效性的团体呢? 他的答案是感知世界,这便是一个主体团体的共同世界。但原则上感知世界是应当被置入括号的,为照明直观的本质,这个方法就包含了矛盾。它不去寻找互为主体的实相,却努力建立一个彻底和超验的自我(transcendental ego)及一个以自我为主的世界。唯我主义(solipsisme)在这种情况下是无法被克服的。因为与我不同的观点都被排除到括号里去了。自我与他我是绝缘的。自我的经验成为唯一的原始经验,而

---

① "Existentiel"说明无价值或低价值之人或物在一次际遇中突然改变成有价值的存在。参阅陆达诚:《马塞尔》,台湾:东大图书公司,1992 年,第 123—130 页。
② *Entretiens Autour de Gabriel Marcel*, p. 62.

他我的经验是从上述的原始经验中引申出来的。利科的分析使人看清原初的唯我主义在胡塞尔的方法中，不但未被消除，反而更被肯定。利科宣称："如果我们不从他者不容置疑的临在出发，我们永远不会与这个临在重新联接。"①

自此以后，利科偏向马塞尔的立场愈形明显。互为主体性不是一个概念而已，它是一个具有存在性格的人生实况。它是一个要人去活出来的真理。要把这个现象完全相符地书写出来，似乎无人可取代马塞尔这位存在思想家。这也是马塞尔对现象学的杰出贡献。

马塞尔认为"他我"（the other ego）的实在不是通过探测或推演而得的，却是靠爱和忠信的经验感受到的。利科对马塞尔发现一个令人悸动的词汇"你"大加赞赏地说："马塞尔不尾随着知识论的论调称别人为'他我'，但说'你'。这个借自呼吁（invocation）的一个极美的单字，直接地显示出他改变哲学进路的意愿。"②这个"你"的上场，就像以前的"我"，为一个全新的存有学揭幕。这是一种有交通性，涵容着人与人之间难以理清的关系形上学。简言之，人的存在满布着戏剧性的情节。在戏剧的对话中呈现的绝对不是抽象的主体。在戏剧中每一角色的原来面目都得保留。有关于这些人物的真谛是通过他们的思想和感觉直接说出来的。那时候，他们一个个的"你"还没有转化成有关"你"的理论或哲学。存在的戏剧开展得非常自然，不必预先筹划。言语、动作、思潮搅在一起呈现为一个存在一致性。正因如此，我们观察到原创思想和突发言语的爆现（pensée pensante, parole parlante），和新的字一起异军突起，使智能、价值和意义终于诞生于人间。主体们一一投入同

---

① *Entretiens Autour de Gabriel Marcel*, p. 65.
② Ibid.

一的剧情中,寻找一个可以把他们从往往令人绝望的处境中获得解放的真理。他们找到了"我们"这词来取代了"自我"。胡塞尔的自我不是这样的。利科说:"从胡塞尔的还原滋生的自我,是一个对一切保持距离的思想者,可以说,是不躬身参与者。"①

到此阶段,胡、马二氏的全景清澈可见。马塞尔对存在的存在性探索远远超出了胡塞尔现象学的狭隘的关切向度。诠释学寻寻觅觅,终于找到了属于自己的评估立场和体系。当代现象学和诠释学泰斗利科直言不讳地宣称人的现象的客观性不能通过一个知识论式的还原过程,而是通过具体的互为主体的经验才有获得的可能。

直到这里,我们一直在尝试阐明马塞尔与现象学之间的微妙关系。我们引用利科的一篇文章来说胡、马二人在哲学进路和方法上的差异,以及因此差异而产生的二人对主体及互为主体性的不同观点。利氏直称马塞尔对人的现象提供了一个更使人满足的描述。虽然马氏无缘拜胡塞尔为师,毫无疑问地,马塞尔是一位真正的现象学家。另一位作家郝林回应利科说:"我们相信可作如下断语,即使德国现象学不为法国所知(如果这是可能的话),法国本身亦会萌生一种现象学;而这种可能性,大部分来自马塞尔的影响。"②

此外,正因为马、胡二氏的风格迥异,马氏不必如胡氏之门生要化不少心力来挣脱正统现象学内含的唯心论枷锁,海德格尔和谢勒便是其中两位③。马塞尔处理存有的问题不必转弯抹角,却

---

① *Entretiens Autour de Gabriel Marcel*, p. 69.
② H. Spiegelberg, *The Phenomenological Movement*, p. 448. 陆达诚:《马塞尔》,台湾:东大图书公司,1992 年,第 5 页。
③ 本文作者并无贬低海德格尔和谢勒的意向。在比较马胡二氏时,他只希望介绍利科长期省察存在现象的成果,期能以他的高见对后生收拨云见日之效。马胡二氏用不同的方法都在追索存在的真谛。

直接地诠释人的存在。对他而言,从存有(being)到大存有(Being)是有通道的。如果说马塞尔有现象学家的身份,那是因为他诠释现象。我们来试读他文本中包含的存有讯息。我们选择《破碎的世界》一剧来逐步进入这位法国现象学家的形上天地。

(三) 一个例子:《破碎的世界》

《破碎的世界》是四幕剧,发表于 1933 年。该剧有一个附录《存有奥秘之立场和具体进路》①。此文是马塞尔于同年 1 月 21 日在马赛市给该市的哲学协会演讲的稿子。此文之重要在于它不同于马氏以前的形上日记,充满灵感而无系统。这篇长文是马塞尔第一次把他的洞见全面地向我人呈现。吉尔松把它与柏格森的《形上学的导论》(Introduction à la métaphysique)一文并列,称为 20 世纪法国哲学两个最重要的文件②。由于马塞尔在许多场合一再强调他的剧作常比他的哲学先走一步,我们相信让剧本自己表述比建构一篇学说理论来陈述该剧的哲学含义更符合马氏的心意。

《破碎的世界》的剧情如下:

克里斯蒂安(Christiane Chesnay)在结婚前私下倾心过一个年轻人。而就在她要向他表达爱意的前一刻,那个男孩公开宣布了他要入本笃会当修士的消息。从那时起,世上的一切都不再能

---

① 该文已由本人译成中文,发表于《哲学与文化》1982 年第九卷第 7—8 期。此文后来收入陆达诚:《存有的光环》,辅仁大学出版社,2002 年,第 269—308 页。1972 年笔者在法国写论文时,曾赴马府请益。当马氏知道笔者研究的题目是《奥秘与意识》时(附带说一下,此题目是由笔者的指导老师列维纳斯所指定的),一再叮咛笔者一定要细读《存有奥秘之立场和具体进路》一文。

② Etienne Gilson, ed., *Existentialisme chrétien*: Gabriel Marcel, Plon, 1947, p. 2.

十五、马塞尔的剧本《破碎的世界》——一个存在性的诠释

引起她的兴趣。她的生命失去了重心,活得毫无意义。当一个深爱她,而她对他无甚感觉的罗伦·谢奈(Laurent Chesnay)向她求婚时,她轻易地便委身于他,亦不觉做错了什么。为了排遣单调乏味的婚姻生活,她几乎疯狂地投入许多社交圈。因为她美丽伶俐,平易近人,很快就成为中心人物。她的丈夫罗伦与她相反,是一个沉默寡言的高级公务员。没有人会注意到他的存在,他的标签只是克里斯蒂安的丈夫。克里斯蒂安渐渐发现罗伦对她的社交成功非常嫉妒,似乎乐意看到妻子被人冷落。她出于一种病态的同情,制造了一个谎言,骗称她爱上了她厌恶透顶的俄国音乐家安东诺夫(Antonov)。当这个谎言对罗伦构成莫大的冲撞时,她整个地解体了,顺着无法抗拒的驱力,投入一个小她 5 岁的男子的怀抱中。这个男子名叫吉尔伯特(Gilbert),非常爱她,而以前她对他只有普通的友谊。就在他们两人计划私奔,逃入完全空无的幻觉世界时,她听到了以前心仪的男友在隐修院去世的消息。而这个修士是她唯一的最爱。在这关键时刻,修士的姊姊吉妮(Geneviève)来访,告诉她一个奇异的故事:她的修士弟弟在斗室弥留时,可能是在梦中,获悉了克里斯蒂安对他的挚爱,突然领悟到自己有些像她精神上的父辈,而对她有种神秘的责任。修士的姐姐透露说:

> 他突然在某个时刻发觉到,他对上帝的委身可能使你陷入了绝望……谁知道呢?也许甚至是让你陷入一种毁灭性的地狱里去。这件事情绝对不该如此发生,所以从那个时刻开始,他开始热切地为你祈祷,希望你能够蒙受光照……①

---

① *Cinq pièces Majeures*,Plon,1974,p. 211.《破碎的世界》一剧的中译本由辅大哲研所毕业生邱其玉于 2009 年 7 月完成,作为她硕士论文《马塞尔哲学的具体性和开放性》的附录。感谢邱小姐给予笔者使用其译文的许可。希望该译本可以早日问世。

克里斯蒂安抗拒神圣化的爱,这与她渴望的爱太不相似了。但慢慢地有一道光透射进来,这道光,马塞尔称之为第二反省。请听马氏自己如何解释:

> 她终于了解她心灵最深处隐存的真理。这个真理,是她一直不愿面对,却要努力将之摧毁的。她看到了过去主控她生命的不是自己真正的灵魂,而是它的漫画替身。伪装的同情不停地复制谎言。在这个内在洞见的光内,她与丈夫的关系也有了一个崭新的基础。她承认她犯了大错,体认不单圣者之间有相通关系,罪人间亦有之。毫无疑问,二者又不能截然划分。①

为使读者更充分跟随剧情,笔者对剧中人再加一些补充。主角克里斯蒂安,33岁,极富魅力。表面上,她活在一个人人称羡的环境中:她的家庭很富有,丈夫有优裕的职位,他们有一个9岁的儿子,在瑞士寄读。克里斯蒂安有一个童年友伴丹妮(Denise),加上她父亲和作曲家安东诺夫,还有两个知己:一个是亨利(Henri),也是童年友伴,比她大2岁;另一个是比她小5岁的吉勃,这些人组成了她的日常世界。在社交场合,克里斯蒂安一出现,男女老少都会过来奉迎示好或献上甜情蜜意。不论从哪个角度看,她绝不像一个潦倒的女性。但是钱、人际关系、成功、才华、娱乐……无法给她幸福,无法体会内心的平安和喜乐以及人格的整合。上面所提到的她有的美好事物只是她的"所有"(the having)。"所有"再多也不能增加人的"所是"(being,或称"存有")。存有是"同是"(co-esse),是人与人之间的内在联结以及在

---

① Gabriel Marcel, *Mystery of Being*, vol. I, Chicago: Gateway, 1960, pp. 168-169.

十五、马塞尔的剧本《破碎的世界》——一个存在性的诠释

真爱中的可全给自己的能力(availability)。克里斯蒂安很了解这个事实,所以会说:

> 难道你没有这样的印象吗?我们都生活在……如果还可以称之为生活的话……一个破碎的世界里。破碎,就像一只停摆不走了的表。里面的发条已经不会动了。从外面看起来,好像一切都还是好好儿的,没有什么改变,每个零件也还待在老地方。可是如果把表放在耳朵旁边听一听,你就会发现听不到什么声音。要知道,世界,或者这个我们叫作世界的东西,人类生活的这个世界……以前曾经有过一颗心。可是现在那颗心似乎已经停止搏动了。①

事实上,克里斯蒂安讲的不是外面的客观世界,而是她个人的小世界,那里"每个人都有自己的小天地,属于他们自己的小玩意儿,各自的偏好。人们相遇,说白一点,只是偶然碰在一起。日子就是这么样过下来。……可是没有重心,没有生命,哪里都没有"②。在她的小世界中,那些奉她为偶像的人都无法满足她心灵的需求。她与他们周旋,但无法与他们有深度的沟通。所以她说:"我根本就不爱任何人。"③但是她还有希望,因为她仍渴望着别人渴望她,别人爱她,邂逅别人,付出温柔。她同丈夫罗伦谈话中数次提到她需要一个真正的朋友,她希望他能够成为如此的朋友:"你不让我接近你。你抽身……你躲藏……""我躲什么?""躲我……逃避我的温柔。"④

---

① *Cinq pièces Majeures*,p. 121.
② Ibid.
③ Ibid.,p. 120.
④ Ibid.,p. 134.

可怜的罗伦！这真是他的过失吗？他有过拒绝爱她吗？我不相信。问题在于罗伦根本无法靠近妻子。他们并不分享他们的兴趣、内心世界、朋友、社交圈。说实在，罗伦没有朋友，也没有个人的社交圈。他无法进入妻子的生活世界中去。对他们来说，他只是一个"他"(he)，一个他们谈论的题目，但不是"你"(thou)。罗伦亦承认他不爱任何人。他里里外外都是一个独我论者，而克里斯蒂安只内心如此。孤独应磨损着他们的日常生活，从而引发出悲凉、失望及荒谬的感觉。

为什么两个誓许终身的男女不能相契？什么是那个可使破碎世界重新愈合的神奇因素？可能这个破碎的世界并不定位在人际关系的层面上，而是在人的灵魂深处。个人不再是不可分开者（un-divided），他内在地破碎了，他（她）内心的生命之泉已干涸了，他（她）不能自救，他（她）需要一个"他者"，一个新的能量把他（她）从深渊底层举拔起来，使他（她）可有内在的联结，使他（她）被治愈，活力充沛地复活起来。这可称为"存有的要求"(the exigence of being)①。不是"所有"，是"所是"要餍足他（她）的饥渴。缺乏存有，就活一个空洞的生命，他（她）"不是"(is not)什么。

马塞尔的剧本大部分是在一种充满辩证张力的气氛中展开的。剧中人物投入永不止息的讨论，结果把他们原有的缝裂开得愈来愈大。崩溃是可以避免的，如果他们允许外援(foreign aid)把他们从绝境中拯救出来的话。这是主体际性的奥秘。人需要"他者"来拯救自己。而主体际性的效力可以超越时空的当下。因为人的精神深处有一个联结众心的核心，它无形地在深处把人纠缠在一起。自我植根于"我们"。只在"我们"内，个体才存在。人无法在绝对的孤立中苟存。他（她）必须被他者的真心关切所哺养，

---

① 见本书附录一。

十五、马塞尔的剧本《破碎的世界》——一个存在性的诠释

而他(她)也应当乐意接受这种关切才行。这种助缘不是他者的一部分,不是人之"所有",而是他者的整个"所是",是他者的全然临在。马塞尔称之为一种"流溢"(a kind of influx),他说:"临在是一种实在,是某种流溢。要不要使自己对这流溢成为可渗透的,这可由我们来决定。但是我们不能激发此流溢。创造性的忠信就是常把自己保持在可被渗透的状态之中。这里我们看到在自由的行为和善用自由而获得的思想之间有奇妙的交换现象。"①这有赖于我们让自己被这个流溢渗透与否,但说实话,并非赖我们产生此流溢。创造性的忠信在于我人主动地努力使自己常留在一种可被渗透的情景中。在这个自由的动作及响应此动作而有的思想间有一个神妙的相互交换。

克里斯蒂安要从哪里找到使她破碎的自己得以重整的恩典呢?哪一种流溢应该流入她的心灵叫她脱离困境呢?哪一种爱会治愈这个受创的灵魂而使她敢于纵身一跃,跃出不存在的可怜处境呢?剧本给了答案:救助来自一个自我牺牲的爱情,来自一位无私的"你",来自一个热诚的,把其对象也包含在内的祈祷。这就是本笃会的莫里斯修士(Dom Maurice,原名:狄杰克[Jacques Decroy])。以前使克里斯蒂安的世界破碎的人现在又来修复她。

杰克从未在舞台上出现,只是偶然地在丹妮与克里斯蒂安谈及索莱姆隐修院(Solesmes)出品的圣咏唱片时提到过他。观众或读者注意到只要一提索莱姆,克里斯蒂安就会颤栗起来。才华洋溢的杰克②实在不难迷倒克里斯蒂安以及更多的女孩。他和克里斯蒂安认识很久了。然而他终于得到了一个神秘的召唤,要他奉

---

① 见本书附录一。"创造性的忠信"是马塞尔用来解释临在的历久弥坚,且能不断地开发新的活力,克胜时间的磨炼,使承诺能实践,带来丰富的生命。
② *Cinq pièces majeurs*,"C'était une intelligence remarquable",p. 184.

献一生事奉天主。他在不明了克里斯蒂安对他爱恋的情况下,进入了隐修院,在那里克修福音的成全之道。念完全剧的读者会相信即使克里斯蒂安早些向他示爱,他也不会改变主意。可是这个男孩的圣召给女孩构成了一个无法弥补的严重打击。她的内心世界被击碎了。表里的发条已经不会动了。她虽然生还了,但没有力量去再造一个未来。她的真我随着杰克的隐失而消失了。她不再"是"。她的生命变成一堆把许多事件凑在一起的大杂烩。她的真我不在了。她的婚姻、社交、艺术成就、娱乐……都无法救拔她。与朋友们和丈夫永不休止的谈话只是语不及意的空话,不能带给他们亲近的感觉。这就是辩证思维的无效实况。谎言取代真实,模糊了远景,扼杀了交通。人被抛回自己。"你"不再存在。每人只为自己活着,为短期的目标奔走。

难怪在这样的世界中充斥着失望、自杀、出卖、不诚、欺诈;规模大些,则是凶杀、战争、帝国主义、独裁。但存有不会放弃自己的角色,它不会让自己被压抑下去,但把自己转化成一个存有的断言,本体需要(ontological need)在此表达无遗:

> 存有是必须有的,因为一切事物不可能化约到一连串不相关的表象游戏——"互不相关"是个重要的形容词——或者,借用莎翁的句子:(化约成)一个由白痴讲述的故事。我急切渴望以某种方式参与这个存有。或许这种需要本身实际上已是某种初步参与存有的事实了。①

对存有的需要及断言是被存有捉握(la prise de l'être)②的副

---

① H. Spiegelberg,*The Philosophy of Existentialism*,p. 14.
② 参阅陆达诚:《马塞尔》,第 160—161、215—216 页。此处有恩宠(grace)的含义。

十五、马塞尔的剧本《破碎的世界》——一个存在性的诠释

本。希望的最后一口气息来自"存有是"(being is)这个信念。相信存有绝对不会放弃我。因着以往与杰克的亲密友谊,克里斯蒂安仍活在与一个可爱的"你"分享的信仰中。

请听克里斯蒂安的自白:

> 其余就是我个人自己的事了,只牵涉我个人,也许上帝也牵涉在内,如果真的有上帝的话,而我也不确定到底上帝存不存在。我或许就跟你们其他人一样,什么也不相信,什么事都能拿来当笑话讲——只除了那些震慑你的苦难和死亡。我说这些不是特别针对你。我只是说我里面有一个我自己都不认识的我,她不属于你们这一群人。有一部分的我一直在寻找,企图要找到她自己,她偶而在极难得的时刻里会遇见自己,在另外一个世界里,一个你不曾熟悉的世界。[①]

睡在克里斯蒂安灵魂内的未识存有现在由于一位他者以其牺牲之爱将她唤醒并拯救出来。杰克的姐姐吉妮的来访把该剧带上高峰。

吉妮听到克里斯蒂安挚友丹妮自杀的消息[②],特远途赶来告诉克里斯蒂安杰克去世前的故事,希望这个讯息可使克里斯蒂安不去做同样的糊涂事。吉妮本人并不起眼,但在剧中扮演了一个中介的角色。她的话和诚恳的态度赢得了克里斯蒂安的信任。她们两人有了一次真实的对话,一道光透射了进来。下面我们选择她们的部分对话,为描述重获存有的情节。

[①] 陆达诚:《马塞尔》,第 209—210 页。
[②] 丹妮是克里斯蒂安的童年友伴,婚姻失败,夫妻各有情人。但丹妮之男友又爱上第三者。在后者结婚前,丹妮服药自杀。

吉妮：我一直都知道。是的，当你们在西米耶一起玩的时候，我看出你同其他人不一样。你是很不一样的……我也说不清楚……虽然你已经被强烈的情感所征服，你深受感动却依然安静沉默。

克里斯蒂安：（非常轻柔地）被征服……你说得对。

吉妮：就在他告诉你他打算要加入本笃会的那一天前，我曾经见过你一面，而在你知道这个消息以后，我又见到了你。于是我对一切就都了然于胸了。你根本不需要跟我说些什么，那前后两次的印象在我脑海中还栩栩如生。之前是欢欣喜乐又充满信赖……之后则是……

克里斯蒂安：那么……你是唯一一个知道这秘密的人！

吉妮：你爸妈，你的朋友们，根本就没有人看出来！

克里斯蒂安：我们在那里没有遇到多少人。我妈可能有些疑心，不过因为我后来马上就病了，当然那场大病是有原因的，可是没有人注意到什么蛛丝马迹，我当然也不会想要让他们知道。噢！你简直无法想象，那一次当他告诉我他有心想要出家修道的时候，我本来已经打算要向他表白我的感情了……没错，我对他的爱情是一种美妙的体验，这样一份美丽的爱情，就跟你猜到的一样……完全征服了我……那一刻所承受的打击创痛，使我整个人的存在都受了伤。自从……那以后……我就再也不是我自己了……我甚至不知道我到底是谁。（沉默）我也不知道自己为什么要把这个秘密告诉你，我以前从来就没有告诉过任何一个人……

秘密一揭开，真我就呈现在他者和自己前面。这是自从杰克入隐修院后，克里斯蒂安第一次面对她的真我。就在此刻，她从另一端领受了这个真理。

十五、马塞尔的剧本《破碎的世界》——一个存在性的诠释

吉妮：克里斯蒂安，我弟弟知道你爱着他。

克里斯蒂安：他知道！

吉妮：他后来就知道了。当他心中的犹豫期间已经顺利度过，知道这件事不会再对他造成威胁的时候，他就知道了……因为他再也不会因为知道这件事而受到试探。

克里斯蒂安：你为什么要说这是试探？我们本来是可以幸福快乐地生活在一起的。（她的泪水泉涌）我不明白这样的幸福为什么要被牺牲……我并不想……我不能……

吉妮：我弟弟在临终前那几个月背负着你的爱，就像背负着他自己的十字架一样。他将此献上……

这个转折点是如何发生的呢？原来吉妮在弟弟去世后看了他的日记而知道弟弟在一次梦中领会了克里斯蒂安因他的抉择而忍受了多大的折磨。

吉妮：那是一个很普通的梦，我想没有什么特殊性，不是类似异象那一类的。克里斯蒂安，你得了解，他做的那个梦并没有对他造成任何困扰，但是那个梦好像让他内心突然觉醒了。……我该怎么说呢？……他觉察出自己对你负有一种神秘的责任……对，一种灵性的父爱。他突然在某个时刻发觉到，他对上帝的委身可能使你陷入了绝望……谁知道呢？也许甚至是让你陷入一种毁灭性的地狱。这件事情绝对不该如此发生，所以从那个时刻开始，他开始热切地为你祈祷，希望你能够蒙受光照……

克里斯蒂安：（激动地）我恨这一切……

吉妮：克里斯蒂安，你难道不觉得有一部分的你自己，也

许就是最珍贵的那部分,也许就是唯一有价值的那部分……

克里斯蒂安:(讽刺地)我的灵魂。

吉妮:没错,你的灵魂。你的灵魂在你现在所过的生活当中,是否能够显现出来呢?

克里斯蒂安:(不情愿地)不,那不是我的灵魂,那只不过是描摹灵魂形象的一幅讽刺漫画罢了。虚伪的仁慈只能启发谎言。或许是虚伪的爱吧……(沉默)现在好像突然有一道光线照到了我身上,我一时之间看不清楚。吉妮,这样的事情难道真的有可能发生吗?(她以恳求般的眼神望着她)你跟其他人没有什么两样,就像我认识的所有人一样,你的脸面并没有向我传达出任何意义,只除了你的眼睛……你的眼神让我感到害怕。我还记得,以前我们都以为你很迟钝、温吞,好像你对什么都没感觉一样。你总是捉不到笑话的笑点在哪里,这让我觉得很厌烦,但是我这样告诉杰克的时候他也只是笑……后来我知道了他的计划……我更无法忍受你,因为你一点也没有因此感到悲伤。然后你结婚了,大家都说吉妮嫁给一个花花公子,那听起来也让人觉得很……可是我们从来没有真正了解过彼此,我们从来没有真正了解过别人……现在,却是你,你来交给我这一把照明的火炬,这个无法被抹灭的真相,我必须要带着这个活下去。吉妮,到底是谁派你来的?告诉我,到底是谁?

当克里斯蒂安知道了吉妮因为听到了丹妮自杀的消息而来看她时,克里斯蒂安了解到在事件与事件间都有连锁关系。但她不相信两个世界——一个破碎的,另一个未破碎的——会相遇在一起。这时,吉妮讲述了自己的问题,她也需要帮忙。吉妮的丈夫病入膏肓,无药可救,她很想把实情告诉丈夫,希望他以自裁终止许多人照料他的辛劳。所以她求天主不要让她陷于这个诱惑。她也需要别人为她祷告。当她向克里斯蒂安作此要求时,她把克里斯蒂安带入了另外一个世界,那是一个未破碎的世界,杰克的世界。

> 吉妮:喔!我祷告!虽然没有任何热情,只是例行公事般祈祷……然后那试探就渐渐消逝了。然后,我知道它还会再回来,我知道它会……克里斯蒂安,你得为我祷告。
> 克里斯蒂安:祷告?
> 吉妮:现在你已经有一个守护圣者了。
> 克里斯蒂安:吉妮,你想他现在能看到我吗?
> 吉妮:他在看着你,他了解你。现在你知道了。(两个女人在沉默中彼此拥抱)

两位妇女的深度交流引领她们参与另一个丰盈满溢的存有世界。她们在那里为自己大量充电,储蓄能量。静默是存有临在的记号,是超越言语的灵魂结合。这时罗伦上场了,吉妮告退。新的克里斯蒂安沉重地说:"吉妮,我会试着按照你所希望的去做。"现在轮到克里斯蒂安来贡献她救赎世界的功能:借着向绝对临在的神性的祢恳祷,给予世界能量和希望。

该剧最后一景描写这对夫妇的和好及双向的完全接纳。已获解放的克里斯蒂安能面对真理并使它完成。她接受了如此这么的一个丈夫,体认罗伦是她的真正的"你"。他们终于有了一个真正的对话。过去的错不是一方构成的。两人必须克胜他们被拆分的相互感觉。借着存有的加持,及靠近绝对爱的那位杰克的中介,这对夫妇终于使一个"我们"诞生了,这是一个互为主体的新存在。

> 克里斯蒂安:我只知道,我现在所受的痛苦都是我自找

的。我不只为我自己感到可耻,我是替我们两个人感到羞耻。

罗伦:(苦涩地)所谓的"我俩",真的存在吗?

克里斯蒂安:你犯的错也等于是我的错;你的软弱,也就是我的软弱。我的……罪……如果罪这个字能有任何意义的话,你也有一份。

罗伦:"罪!"……显然,她的来访……

克里斯蒂安:我俩并不孤独,在这世上没有人是真正孤独的……罪人之间彼此相通……正如圣徒相通一般。

罗伦:这些事情跟她的拜访到底是怎么拉在一起的?她来我们家到底想要干吗?

克里斯蒂安:(苦恼)我现在没有办法向你解释……我保证以后会告诉你。

罗伦:噢!又有另外一个秘密……好吧!无论如何,现在你……你已经自由了……如果你想要有个新的人生,跟另外一个人重新开始……我不会拦阻你。

克里斯蒂安:(深刻地)罗伦,我是你的妻子。

罗伦:我不知道……我不懂……你背叛了我,而我从来就没有想过你会背叛我。

克里斯蒂安:可是,在过去我给予你的这种信赖感背后,难道不是隐藏了一些别的情感吗?……某种恨意?……有时候你甚至宁愿我干脆死了倒好,不是吗?……

罗伦:你得明白,如果我要是失去了你……至少我还可以哀悼哭泣。我所承受的痛苦还可以有个纾解的管道。过去你的存在一直堵塞了这个管道,然而现在……

克里斯蒂安:(庄重地)我发誓,从今以后,我完全属于你,只属于你一个人。我现在已经是被解救了的人……就像终于从一个好长的噩梦中醒来。现在,一切的关键都在你,都看你了……

　　罗伦：(仿佛处于一种恍惚状态)就好像你从死里复活，回到我的身边来……

　　克里斯蒂安：(谦卑地)我会努力地去做。

(幕下)

这个破碎的世界重生了，那颗心也重新搏跳起来。存在的新动力无疑地是那位在黑暗中祈祷的隐修士赢来的，他奉献自己使丧失的灵魂得到救赎。而这个祈祷所以有效，得归功于吉妮的仁慈和谦逊的中介。在本文的结论中我们要介绍一下圣者的真谛。

(四) 结论：圣者

圣贤是一个与其他人没有什么不同的人。他可能犯过罪，有很多过失。他的历史不一定是一本清白无辜、像天使般纯洁的事件的记录。但他们经过长期的修持，与罪恶的倾向作不妥协的殊死战，已经从私欲中解放出来。消去了自我，心灵获得大自由，才能在一切对象，尤其是软弱无助者，如婴儿、贫病的人身上看到可以关爱的"你"。原先平凡与缺乏光泽的面庞终能找到可以绽放内心光芒的对象。印度的德肋撒姆姆就是一个极好的例子。

马塞尔说："或许只有绝对无私的爱才能触及你"[1]，"没有比在孤独中祈祷的圣者更接近我们"[2]。因为他们接近了源头的绝对祢，在绝对祢中与一切你直接沟通，分享绝对爱的普遍性与绝对性。圣者虽然未撰一本存有学巨著，"但他活出这本书；因此在仁

---

[1] G. Marcel, *Présence et immortalité*, Paris: Flammarion, 1959, p. 160.
[2] G. Marcel, *Etre et avoir*, Paris: Aubier, 1968, vol. I, p. 22.

爱的阶层中,那是说,在存有的阶层中,圣者的地位远远高于哲士之上"①。

《破碎的世界》一剧幕后要角杰克修士虽未出场,但马塞尔的另一剧本《罗马不复在罗马》描述过另一位隐修士的面貌。下面是剧中人巴斯噶向他嫂子的诉述:

> 最奇异不过的事是我认为得一召唤的那一天早晨,我有了一次意想不到的邂逅。那是一位年轻的隐修士,他惊人的表情震撼我一直到我灵魂的深底,以至于我通常虽然没有与陌生人交谈的习惯,这一次我无法阻止我自己向他说话。你无法想象那瘦弱的面庞所透射出来的微笑的纯洁……这,这是基督的微笑。②

圣者映射基督,他们是二而一。圣者与基督内的兄弟姊妹结合成一个"我们",因而能在"圣人们的共融"③中发挥中介作用。许多原本无法达到在共融中自我实现的个体,逐渐也能借圣者之助而得以从俗世精神中超越,而终能获得一个真正的个别性④。而圣贤若停留在独善其身的层面,他们就不再为圣:"除非我想和我愿竭我全力使无以数计的生灵因别人的彻底奉献也关心祂(绝对祢),我并不真实地把我自己提升到那儿。"⑤在马塞尔的剧本中屡次提到许多困扰在俗世情境中的人因别人的彻底奉献而得以解

---

① 马塞尔给 Roger Troisfontaines 之书写的序中如此说。该书之名为 *De l'existence à l'être*, Louvain, 1953/1968, p. 14。
② G. Marcel, *Rome n'est plus dans Rome*, La Table Ronde, 1951, p. 143.
③ G. Marcel, *Le Monde cassé*, Desclée de Brouwer, 1933, p. 249.
④ G. Marcel, *Journal métaphysique*, p. 83.
⑤ G. Marcel, "L'Emissaire", in *Vers un autre royaume, deux drames des années noires*, Plon, 1949, p. 108.

十五、马塞尔的剧本《破碎的世界》——一个存在性的诠释

放,此以《破碎的世界》一剧为最。

马塞尔多次提到他的剧本导引他的哲学。那就是说,他的剧本萌发他的哲学灵感,他的剧本潜含着丰富的思想原质,要了解他的思想,应当回到他的思想原质——剧本中去探索。他又说,大部分研究他思想的学者,都不知道他的剧本内含的宝藏,而忽略了寻宝的努力。

笔者利用现象学研讨会的机会,借厘清现象学与诠释学的关系,引出利科对马塞尔和胡塞尔作的比较,肯定马氏对现象学的贡献。马塞尔对"你""临在""是与有""奥秘与问题"所作的精密分析,给现象学开辟了一片新天新地。他对"存有"的诠释是"同在"或"互为主体性"。他强调"在人类的命运中心有一个取汲不尽的具体"[①],这个具体是前概念、前抽象的。但是理性的运作不得不使用抽象的文字,因而往往出卖了真实的具体。补救的办法是用文学和音乐等媒体来把抽象引回具体。

马塞尔的剧本就是这样应运而生的。从《破碎的世界》一剧中,我们看到人与人内在相联的关系。缺乏临在的生命形同行尸走肉。"他"的增多并不能致富生命;换言之,这样的人不存在了,那只表不动了,他(她)的心已破碎了。但圣者的出现,因其自我牺牲和虔诚的祈祷,可以修补别人失去的临在。存有的修复需要圣者的介入,而圣者在孤独的生活中最接近那个具体的中心,故最能赢得他人升华的恩典。我们以"圣者"结束马氏对存有的诠释,交代了互为主体性的真正动力:是圣者使临在和爱之光又在世界上照耀和弥漫起来。本文提供一个解释马氏的现象学和其应用在诠释学上的范例。相信同类的方法亦可应用到其他作家和作品的研究上。

[①] G. Marcel, *Du refus a l'invocation*, Paris: Gallimard, 1945, p. 91.

附录一：存有奥秘之立场和具体进路[①]

（一）前言

本文的题目可能会使非专治哲学的听众大感震惊，也可能会令哲学家头痛。因为哲学家习于把奥秘留给神学家处理，或者把它看成不学无术、迷信旁门左道的群众所钻营的东西。另一方面，"存有的"（Ontological，译者按：也可译成"本体的"）一词，在唯心论哲学家的心目中不再具有它以前享有的重要性，而对哲学门外汉来说，它只是异常模糊的概念而已。当然，士林哲学的门人对这个名词感到熟稔，可是一般而论，他们把"奥秘"一词保留给宗教中启示奥秘之用。

因此，我清楚地看到，当我使用这样一个题目的时候，我会遭遇到怎样的抗拒和斥责。然而我必须声明：我所选用的名词对我来说是唯一的能确切地表达我中心思想的名词。念过我的《形上日记》一书的读者必会立刻理会到：在这篇演讲中我要发挥的基本论点实在是《形上日记》一书所描写的精神与哲学演化之最后成果。

[①] 原载《哲学与文化》1982年第8—9期。

（二）功能化世界中的人

为开始这篇演讲，我不愿意使用抽象的定义和辩证论说，以免叫诸位听众泄气，我却想从概括而直观地描写现代人出发，逐渐引入正题。我们要查看缺乏存有的感触与意识的人是怎样的人。一般来说，现代人有下列的症状：如果存有的要求对他还有作用的话，那只是以几乎不能察觉的方式，若隐若现地在刺激他而已。我想，如果心理分析学发展出一套比我们现在所有的更细腻、更深入的理论时，或许它可以揭发出压抑存有感、忽略存有的要求，会给人体带来多大的灾祸。

我们这一个时代的特色按我看来便是"功能"观念之倒置。功能的含义在这篇演讲中是一般性的，它同时包含生机和社会的功能。

个体对他自己和别人愈来愈显得只是一束功能的存在而已。由于一些我们只能略知的异常深邃的历史性理由，个体被别人牵引到把自己愈来愈看成是一堆功能的总和的思想方式里去！虽然这些功能按其重要性而有之排列次序尚不能完全确定，因为强烈相反之解释使这种次序一时还无法建立起来。首先是生机上的功能。我们几乎不需要指出历史唯物论和弗洛伊德主义在这类化约性行为中扮演的角色。其次是社会的功能：消费者的功能、制造商的功能、公民等。

在这两类功能之间，理论上还可以有心理学功能的位置。然而我们立刻会发现：所谓的心理学功能常能通过诠释——或针对其与生机功能的关系，或针对其与社会功能的关系而言——而失去其独立性，使其固有的特征减色。孔德就在这种情形之下，基于对心理学的实质完全缺乏了解，自以为是地把心理学从他自己为科学设立的分类系统中排除出去。

  一直到现在,我们还在抽象的领域中打滚;但是我们可以轻而易举地提出一些最具体的经验来说明这个问题。比如:我常会以近乎焦虑的心情思考地铁的雇员究竟有怎样的内心精神生活;他替人开门关门,或机械化地替乘客剪票。他自己和他周围的人同谋地把这一个人的身份决定在他的功能上,我不只说他有身为雇员的功能,或他有选民和工会会员的功能,并且我把他的生机功能也包括在内。遵行"作息表"的说法叫人感到非常可怖,然而却充分地表达了功能化的人是怎样的。应当花多少时间完成某样功能,已经都规定好了。睡眠也变成功能之一,把它完成之后,才能做其他功能。同理,休闲和娱乐也是功能。许多人认为由职业性的保健专家给自己决定每周要花多少时间用在消遣上是很合乎逻辑的作法,因为在消遣中有与"性"的功能同样重要之生理与心理的功能作用。我们不需要再多举例,以上这些素描已足够清楚地解释我们要叙述的问题。这时作息表之详细内容可能因国家、气候和职业不同而有出入,然而毕竟都是一张作息表。

  当然有时会发生一些变故,破坏了作息表的规则,这便是疾病和各式各种的意外。这便是为什么在美国(我相信在苏联也有),许多人把自己看成钟表一样接受周期性的体格检查。在这种心态之下,医院就变成了保养人体的工房一般。许多人以同一的功能观来考虑"节育"一类的重要问题。

  至于死亡,如果用客观和功能的角度来看它,它就变成不再有利用价值的废料,是应当报废的东西。

(三) 把人功能化之后果

  我一点也不需要强调在这种以功能为主的世界中弥漫着怎样

的沉闷而忧郁的感受,我们只要想想退休公务员那张无可奈何的面容就够了。还有那些都市居民在星期日无所事事之漫步都给人一种他们已从真实生活中退隐的感觉。在这样的一个世界中,退休者享受着别人对他们不再有功能而容忍他们活下去的"恩泽",叫人看得作呕。

然而这幅可悲的景象不只是旁观这现象者的体验,而且那些真把自己的生活化约成一连串功能的可怜虫本身也体认到难以忍受的、隐约的不宁。他们忍受着那种不舒服的感受已足够向我们指出此种做法内含的错误,因为愈来愈违反人道的社会秩序和哲学把人的真谛做了一次非常错误而野蛮的诠释,再把这种诠释灌输到毫无防卫能力的心智中去。

在另一次机会中我曾写过,只要不用物理意义,而取形上意义,我认为"满"与"空"之对比范畴远较"一"与"多"为基本。这个在此地更显得恰当。当人们活在以功能观念为主的世界中时,他们必然会把自己暴露到失望的实况中去。这类的生命走到底,就碰到失望,因为这种世界实际上是空的,就像你敲一个空心的器皿时听到的空空之声。如果它还能抵制失望,那只因为在这个存在之中,尚有某种对它有利而它无法认知之隐秘力量,在生命中施展其作用。不过这个彻底的无明会不可避免地减弱这股力量之可能作为,最后把它的支持也撤除。

(四)问题充斥、奥秘绝迹

我还要向大家告示:以功能为主的世界一面使问题充斥各地,一面又决意不让奥秘再据一席地。暂时我不想立即给各位把问题与奥秘之区别作专门性的解释,虽然它们的区别对这篇演讲来说攸关非小。目下我只愿向大家指出如果有人要把奥秘排除掉,那是他们愿意在这个功能化的世界中，把一个心理学的和伪科学的范畴"本来如此"（tout naturel）加诸冲撞存在的特殊事件上，如诞生、爱和死亡。说实话，我们在这种企图中发现一种下品的理性主义的残滓。他们认为因果关系是绝对地自圆其说的（即一切果都能借因而得到详尽的解释）。然而在这种世界之中存在着无以数计的"问题"，它们的"因"并不为我人确切把握，因此还有对之作无尽研究的余地。在这些理论性的问题以外，尚有无数科技问题，它们也要求我们查看：当我们清点了那么多的生机和社会功能，并给它们一一标明名目之后，它们彼此之间怎么能不互相损害地安然作用？在理论性和科技性的问题之间又有非常紧密的联系，因为理论性的问题正起源于各种已被界定的科技，而科技性问题只在已建立的某种理论知识基础上才能获得解决。

在这样一个世界之中，一面按照人格破碎之程度，另一面按照"本来如此"范畴之得逞及因之而来之惊讶能力的萎缩程度，人们对存有的需要逐渐消失。

然而究竟我们现在能不能直接地讨论这个存有的需要，并设法确切地把它陈述一下呢？我想实际上我们只能尝试到某个程度而已。由于一些我以后要说明的深刻理由，我相信这需要具有无法完全使自己被人清楚了解的特性。

（五）存有与空无之初步反省

如果我们设法以不歪曲存有的需要之本质而加以诠释，我们会作下列方式的断言：

存有是必须有的，因为一切事物绝不可能化约到一连串互不相关的表象的游戏——"互不相关"是个重要的形容词，或者，借用莎翁的句子：（化约成）一个由白痴讲述的故事。我急切渴望以某种方式参与这个存有,或许这种需要本身实际上已是某种初步的参与存有的事实了。

请大家留意,这类的需要也可以在最极端的悲观主义的中心见到。所谓悲观主义者,无非在说:按照情理本来应当有存有,然而并没有存有;而我观察到了这个事实,因此我自己也是空无。

如果我们愿意进一步界定存有一词的意义,我不能不承认这是一件几乎不能成功的企图。我谨愿向各位建议如下的进路:存有者乃那拒绝——或那会拒绝——对经验的资料作彻底分析的东西。那种分析之最后目标乃是要把经验的数据化解成毫无内在意义和价值的成分(弗洛伊德所写的理论都属于这一类的分析方式)。

在《城市》一剧中,悲观主义者白斯默宣称:"没有什么存在"时,他要说的正是:没有一个经验能够抵抗这种分析和考验。一般来说,绝对悲观主义的辩护者常有一个最后的依据——死亡。死亡是最后大空无之表显和最佳证据。

一种拒绝考虑对存有有所需要的哲学实在是可能的,现代的思想整体来说采取这种弃权的立场;然而我们必须把两种常被人混淆的态度分辨清楚:其一是各种形式的不可知论者,他们从头到尾对存有采取保留的态度;其二比较更不客气、更大胆,也更具一贯性,认为所谓的存有的需要是早已被唯心论批判过而被一劳永逸地评为陈腐的教条之谓。

我觉得第一种态度表现出纯粹的消极意义,其实它只表示了一种理智的政策:"我不要考虑这个问题。"

相反地,第二种态度强调自己建立在一种积极的思想理论基础之上。对于这种哲学,我们现在无法作详尽的批判。简单地说:我认为它趋向相对主义,不愿清楚地认识自己,它还趋向只承认合格事物(valable)之价值的一元主义。这种主义忽视一切属于人之为人的东西,不了解人生中的悲剧性,否认超越者之存在,并对超越者以讽刺的口吻加以描述,使人无法了解其真谛。我也注意到由于这种哲学不断地强调求证,它免不了要忽略"临在",忽略人可以在爱内使临在得以实现的事实。临在的体验和实现远远超过求证活动的层面,因为它作用的范围是在一切媒介之外的一元境界(an immediate)之中。各位听了我后面要说的就会明白。

我个人对于存有的需要采取的立场是这样的:我认为需要存有的呐喊是无法压抑的,除非我们用任性和专制的手段。但是,这么做就会在我们精神生命的根源处狠心地砍上一刀,虽然如此,这种情形常常可能发生。我们的存在加给我们一个限制,即我们能完美地相信的只是那些我们完成的东西。我们千万不能忘掉这一点。

(六)知识论对存有的探讨无济于事

以上对存有的需要所作的初步反省足够令我们理会它的不确定性,也显示了它本质的吊诡性。陈述这个需要必会引起一连串问题:究竟有没有存有?存有是什么?在反省这些问题时,我不能不看到有一个无限深渊在我脚前张开:问及存有之我怎么能确知我自己是存在的?

然而,陈述这个问题之我,应当可以把我自己保持在我陈述之问题之外,不论是在问题之这一端或那一端。其实,真正的情形明显地并不如此。略略反省一下,我就可以看到这个问题必然要侵入理论上对它是禁地的区域里去。只有传统式的唯心论才幻想能在存有之边缘置放一个可以肯定或否认存有之意识。

从而我无法不同时问及下列数个问题:询问存有之我究竟是谁?我具备什么资格来进行这项研究?如果我并不存在,那么我怎么能希望看到这项研究有所成就呢？即使我确实存在，我又如何能确定这件事实呢？

我同不少饱学之士的见解迥然不同，认为笛卡尔的"我思"丝毫不能帮助我们解决问题。不论笛氏本来怎么想，如果他的推理方法给我们证明出一个不可怀疑的东西，此不可怀疑者只关及认知主体而已，并且把这主体看成把握客观知识之器具而已。在别的地方我曾写过"我思"看守着事物的门坎，这是它唯一所为。它所提供给人的"个我"是个很模糊的东西。不过，我倒认为"我在"是不能分割的整体。

可能立刻有人会向我提出异议说，我们无法避免二者择一，或者：在"我是什么"一问题中针对之存有只关及知识层面的主体，那么，我们确实留在"我思"的场地中；或者，你所谓的存有的需要只是生机需要之极端而已，如此，则形上学家不必受理这类问题。

可是，错误不是就在把"我是谁"的问题任意地与存有整体问题劈开而发生的吗？其实，这两个问题只能同时被我们处理。但是不久我们就会看到，它们都越出"问题"的境界，而向我们呈示它们的超越"问题"性。

我们还须说明，笛卡尔的立场决不能与一种二元主义分开。我个人对这个二元主义抱绝对的排斥态度。问本体的问题，就是问及存有的整体性及个我之为整体时的情况。

此外，以附带的方式，我们可以问一下：我们是否应当拒绝把"理性"和"生机"分开，而任意地高举任何一方？我相信在某一个做思考及勉力反省自己的主体的一致性中，我们不能否认对之作某些不同层次之区分以促进了解并非犯法；然而本体存有问题只在这些区别之上，并且只在这个在其广包一切之一致性中被了解的存有里，才能建立。

（七）知识与存有，孰为首要？

如果我们设法把握住运思至今所有之收获的话，我们会发现，我们是循着一种推动在寻找作某一个断言之道；然而我们再次分析和反省之后，发现这个断言是作不成的，因为除非已有这个断言，不然我无法判断自己有作这个断言之资格。

我们可以看到这个困境绝不会在我们解决一个实际问题时出现，因为在这种情形之下，我在已有的数据上做工，然而我可以毫不考虑工作者。主体只是被预设的事物而已。

相反，在我们讨论的范围内，研究者的本体地位具有极大的重要性。另一方面，几时我们只以反省角度来窥测一切，我们一定会陷到一个永无止境的后退里去。然而，就在我们看到这类反省引起的后退现象不会终止在某一点上的时候，我就以某种方式超越了这种现象，我体认到这种后退程序内在于一个"我本身是之而非我说出之"断言之内。若我勉为其难地要言说之，我会将之破碎、撕裂，最后将它出卖。

或许有人会用一种相当接近的言辞说：我对存有提出的询问预设一个断言，而我对这断言而言是多少处于一个被动的地位上。我似乎只是这个断言的坐标，而非其主体。但这只是一种限制，而我无法毫无矛盾地去实践它。这样我逐渐走向一个立场，即体认有一种具有主体的参与。这是一种本质上不能成为思想之"对象"的参与。它工作不是为给答案，因为它处身在"问题"世界之上，它是"超问题性的事物"（métaproblématique）。

倒过来说，我们可以看到：如果我们可以肯定有"超问题性事物"之存在的话，那是因为我们体认某些事物（或境界）超越了肯定存有之主体与被主体肯定之存有之间的对立关系。假设有超问题性的事物，乃是认为存有比知识的地位更高（此处之存有非指被肯定之存有，而是指自我肯定之存有）；也是承认知识被存有包围，知识内在地属于存有，很近乎克洛岱尔在《诗的艺术》一书中的说法。这样，我们不能不与知识论的看法分道扬镳，而确切地相信有一个认知的奥秘。知识所依恃的一种参与模式是任何知识论无法交待清楚的东西，因为后者之一切活动及成果得先有前者为必要条件。

（八）步入正题谈奥秘

终于我们可以对奥秘与问题之不同作确切的界定了。奥秘是侵入自己的资料的问题，也因为它如此侵入自己的资料之内而使自己不再是单纯的问题。下面我要举几个例子为使我们更容易把握这个定义。

最明显的奥秘是肉体与灵魂之间的结合。灵肉之间密不可分之一致性，通常以下列不完全合适之公式表达出来："我有一个身体，我使用我的身体，我感觉到我的身体等……"灵肉之一致性是无法分析的，也绝不可能用逻辑上比它先有之成分综合起来而将之重建。它不只是数据，更是"给资料者"，就像自我对自己的临在一样，而自我意识只是临在之不理想的代用符号而已。

从上所述，我们立即可以看到：要在奥秘与问题之间划出明确的分界线不是一件容易的事。因为几时我们把奥秘安放在反省之前时，它必然会降格而变成问题。这种情形在有关"恶"的问题上尤其明显。

我几乎不可避免地把"恶"看成一种次序的紊乱，而我观察它，并设法把它的原因找出来。这架"机器"怎么会这么差劲？或者这架机器本身其实不错，只因为我的视觉有问题才作了错误的判断？

如果实情是这样,那么毛病出在我身上,在我自己身上有次序紊乱的事实。然而这种次序紊乱对观察它、指陈它的我的思想来说,是客观性的东西。但是纯粹地被观察被审视之恶不再是被忍受的恶;更简单地说,它不再是恶了。其实,我之所以能把它当作恶,只以它干涉我到什么程度来决定;那就是说,我牵涉到其中,就像我牵涉到一件诉讼中去一样。所以整个问题的关键就落在牵涉进去与否,除非用一种不合理的虚构方式,我不可能把这种牵连的关系抽象化,因为如此一来,我把自己看成上帝,并且是一个旁观的上帝。

在这里,我们可以清楚地看到在我内和在我前之区别不再重要。或许我们可以说:"超问题性之事物"的范围即爱的范围,而灵魂与肉体之奥秘只能从爱的角度才被能我们了解,因为爱多少把它表达了一些。

然而,我们也可以清楚地看到,一个缺乏自我了解之反省,在攻击爱的时候,就会把"超问题性的事物"化整为零,而用抽象性的功能加以解释,比如:生存的意志、权力意志、性欲,等等。另一方面,问题的次序即合格事物的次序,除非把我们自己搬到新的场地,不然我们难以(甚至不能)辩驳这些解释。而在这些新场地上,上述的解释不再具有意义。同时,我有一种保证和确信的感觉——就像我穿了一件护身的氅衣——即只要我真正地爱,我就不应该为这些贬抑存有的活动惶惶不安。

有人或许要问我:真正的爱有什么判断标准呢?我们必须说:只在客体及可问题化事物的范围内才有所谓的判准。但是我们已能远远地看到,从本体存有的角度,忠信具有怎样的崇高价值。

下面我要举一个更直接、更特殊的例子,它更能帮助我们了解奥秘与问题之间的区别。

我要讲的是一种在我们生命中要继续不停地有深邃回响的邂

逅。我们每一个人都会有精神性邂逅的经验，而一般的哲学家对之不屑一顾，原因不外乎他们把邂逅看成只关及某一特殊人的事，它不能成为普遍事物，它并不关及一切作思考的存有。

我们都会同意，认为这类的邂逅每次发生，都带给我们一个不简单的问题，然而我们心有戚戚焉，知道这个问题之解答不在这个问题之为问题的地方。比如，有人会问我说："你之所以在某处与某人相遇，那只因为他同你喜欢同样的风景，或他同你一样为了疗养到这里来接受料理。"我们立刻理会到这种解释并没有说明什么。因为在佛罗伦萨或恩加定纳有一大批可以说与我具有同样嗜好的游客，而在我去接受温泉治疗的城镇中，也有一大群与我有同样需要的病人熙攘往来；然而严格地说，绝非同样的兴趣和疾病使我们的心灵接近。这种外在的境遇与内在的心灵的亲密而不寻常感受毫无关系。另一方面，如果我们把这种亲密感本身看成原因而说："就是它决定了我们的邂逅"，我们也超越了合法推理的界线。

从此，我进入了奥秘之内，那就是说，进入了一种其根基越出一般所说问题化事物的范围以外的实在界内。我们会不会为逃避困难而说："总而言之，这只是巧合，只是幸运的机会而已"？可是我立刻体会到，从我心灵深处要对这个空洞的公式和无效的否定冒出最激烈的抗议，因为它们触及了关及我整个存在核心的事物。然而这里我们再一次遇到先前对奥秘所作的定义：奥秘者乃侵入其本身数据的问题：询问这次邂逅之意义和可能性之我无法真实地把我自己置身在此邂逅之外，或使我面对着它发问题。我以某种方式内在于此邂逅，而它把我包围在其中，如果我不把它包围住的话。我觉得只在背信的情形下我才能说："归根结底，这次邂逅本来可以不发生，我还会与以前的我一样，与我现在之我一样。"我也不应说我受到它的影响就像受到一个外在的原因影响一般。

不，它从里面影响我，叫我成长，它如一种内在于我之原则，使我的存在提升。

然而这一切讨论能不变形地被大家了解实非易事，因为我必会受到我的正直心——我最善良，或至少我内心最坚定部分——的驱策而否认邂逅给我的内在感。

（九）深入奥秘的途径：自我凝敛

以上的解释很可能给听众间接地加强了一个疑问，我们应当直截了当地把它交待一下。

有人会说：这个"超问题性的事物"究其实是否只是思想的一个内容而已？因而我怎能不问属于它的存在模式是怎样的？谁给我们保证它有这种存在？难道它不是处在可问题化事物之顶峰的事物而已？

我的回答非常干脆。思考，或更精确地说，肯定超问题性事物，即肯定它为不可怀疑的真实东西；对它疑心就会叫我陷入矛盾之中。我们此刻处在一种领域内，此地不允许我们把一观念与其确实性的指标分开。因为这个观念就"是"确实性，它"是"它自己的保证；由于这种情形，它不同于一般观念，它的内涵多于一个观念。但是在质问中所用的"思想之内容"是非常容易叫人懂错的说法。因为不论怎么讲，所谓内容常指自经验中抽取出来的东西。然而这里的情形不相同，因为我们无法把自己提升到"超越问题性事物"的层面，或奥秘层面，除非先经过了一段叫我们投入经验，再摆脱经验的历程。这是"真正的"摆脱，"真正的"释放，而不是抽象行为。

这里我们遇到了自我凝敛的探讨，因为只在自我凝敛之中，我们才能做到摆脱的功夫。我深深相信除非我们够自我凝敛，我们绝无可能把握存有的奥秘,也无法使存有论产生。在自我凝敛之中,我们可以证实人并不完全受到自己生命之摆布,人不是无法控制自己生命的纯粹生物而已。

我们必须指出正统哲学家对自我凝敛毫不感到兴趣,并且极难给它下个定义,或许因为它超越了行为和常态之二元主义,更确切地说,因为它把这两个相对情形在自身上调和在一起。自我凝敛实在是我借之再把我自己若不分裂之一致性把握住,然而这种再一次地自我把握具有放松自己和委付自己的效果。委付自己给谁?在什么前面放松?我没有办法在这两个体验内加一个实体名词。我们的思路在……的门坎前必须驻步。

心理学家一定会对自我凝敛的现象继续发问,然而我们可以预感到:心理学家无法给我们解释自我凝敛的形上重要,就像他们对认知之内在结构与价值无法清楚交待一样。

在自我凝敛时,我面对自己的生命采取一个立场,更好说我使自己采取一个立场:我多少从我自己的生命的地方退后一步,然而退后的方式并不像认知主体所作的那样。在这后退的行为中,我带着我之为我者,而这或许并非我生命之所是者。这里我之存有与我之生命的不同就显露出来了,我不是我的生命,并且如果我能判断我的生命——这个事实如果被我否定的话,我必会陷入能导致绝望的彻底怀疑主义中去——那必先假定了我能在自我凝敛中越过一切可能作的判断和表象层面,而与最内在的我再次衔接而致。无疑地,自我凝敛是灵魂中最不令人吃惊的东西,它的要点不在于注视某样东西,它是一种凝聚力和整修内心的工作。或许我们可以附带地反省一下:是否记忆的本体基础建立在自我凝敛上?后者是否是达成有效和无法呈现的一致性原则——在这个原则上回忆才有可能——的基础?英文词:"把自己集合"(to recollect oneself)表达得很清楚。

有人或许要问：总而言之，自我凝敛是否只是德国唯心论所说的回到自我之辩证时刻而已？

老实说，我并不如此认为。回到自己在上述的哲学脉络中，无非指为己存有，并且在主体与客体之可理解的一致性内瞄准自己而已。相反地，我认为我们探讨的奥秘含有吊诡性，也就是说，由于奥秘的作用，回入自我之我多少不再属于自己。圣保禄说的："你们不再属于你们自己"，这句话在这里同时显出它的具体和本体的意义。因为它贴切地把我摸索着尝试表达的实在界的底蕴道出了一些。有人或许会问：这个实在界是否为直观之对象？而你称为自我凝敛的东西是否就是别人所称的直观呢？

我认为我们必须再一次非常小心地进行。如果在这里我们有谈及直观的余地，那是一种不是也不能成为与件的直观。

一个直观的位置愈处在中心地位，它在其所照明之存有愈深邃的地方作用，那么，它愈无法回归自己而把握自己的实在。

更进一步说，如果我们反省对存有的直观是什么的话，我们会看到它不能也不应说出现在一个集合体之中，变成可以归类之普通经验。后者之特征乃是听任别人将自己与别的经验综合在一起，或隔离开来，为使自己的内涵被别人发现。这么说来，设法记得并陈述这么一个直观，到头来终究枉费心力。在这种意义下，我们若要讨论对存有所作的直观，就如设法在一架无声的钢琴上弹奏一样。在光天化日之下，这个直观不可能发生，也因为如此，它不可能成为被占有的真理。

我们现在到达了全篇演讲中最不容易了解的地方。更好不用直观两字，而说在思想（包括推理思想）之发展过程中，我们常常受到一种具有保证性力量的支持，只有用回溯的方法，我们才能接近它一些。这个回溯方法就是第二反省，第二反省寻找第一反省有效的泉源。第一反省在不自知的情况下假设了存有的支持；而第二反省就是在逐渐能思考自己中的自我凝敛。

用如此抽象的言辞来谈论生命中最鲜活的事和追求自我了解之意识中最具戏剧性之片刻——这都不属于哲学家习用之辩证范围——我感到异常抱歉。那么就让我们对人生的戏剧性作仔细而直接的探讨吧。

（十）悲剧生命中之希望

先让我们把从头所说的作一小结再继续发挥正题。在演讲开端我提到的本体的需求或存有的需要都是可以被人捐弃的东西。而在另一个层面上看，存有与生命不是同样的东西。我的生命，同理推之，一切生命为我都显得永远不能适配于我在自己持带的某些东西。严格地说即我之"是"，却是这个实在世界排斥不要的东西。人遭遇的失望可以以一切方式，在一切时间中，以各种不同的程度出现。我们有时觉得：这个世界之结构方式如果不强迫，至少似乎在向我们推荐作背信的行为。这个世界提供给我们的死亡景象，从某一个观点来看，能被视为不断刺激我们否决一切并绝对变节的因素。我们甚至可以说，在此意义之下，自杀之经常可能性是一切真实的形上思想的最合宜的出发点。

或许有些朋友在这个抽象和宁静的思考过程中听到情绪性的名词，如自杀、背信，而感到惊讶。我用这些名词毫无哗众取宠的目的。我一直深信，在戏剧中，并且借着戏剧形上思想才能被我们把握，并且具体地被界定。两年前马里旦在鲁汶大学演讲基督教哲学的问题时说："哲学变成悲剧性的，是最容易不过的事，它只须听任自己忍受人生的重压就行了。"无疑地，他在暗示海德格尔的思考。相反地，我相信哲学之自然倾向是倒向使悲剧性消失的一面，因为后者接触到抽象思想就会发生气化作用而挥发掉。这是我们在许多当代唯心主义者身上看到的现象。他们不管人的真谛,把人为一种理念的真理,或纯内在之匿名原则牺牲掉,他们显得无法把握我提到过的人生悲剧数据。他们把这些数据与疾病还有其他类似的东西,从高尚的哲学家关心的范围中,驱逐到无人问津之思想郊区。然而这做法与我以前提及的拒绝存有的需要是紧紧相联的。实际上,它们是同一件事。

如果我强调失望、背信和自杀,那是因为我们觉得这三种情形最能表达否定意志对存有所采取的具体态度。

且举失望为例。失望可以指对整个实在界而言,也可以指对某一个人。失望显得好似开了一张总清单之结果:我按我所能地去给这个实存世界作估价——可是那些超出我估价范围的东西对我等于不存在——我发现世界上没有一样东西能够抵抗在事物中枢进行着的腐蚀过程,而我是借着反省才对这种情形获得了解的。我相信在失望的根源处我们可以找到一个断言:在这个世界中没有一样东西能叫我给予信用,没有东西给予我们保证。这个断言所肯定的是我们要遭遇彻底的破产。

相反,有希望正是指有信用。与斯宾诺莎(Baruch Spinoza, 1632–1677)所想的恰好相反,我觉得他把两个截然不同的概念混淆在一起,害怕之关系名词不是希望,却是欲望。希望之相对关系名词是一种行为,它把一切事情放到最不堪设想的情景中去,可以说是失败主义者的心态;在极端情形中,他们渴望最坏的事发生。希望所肯定的却是:在存有内,超越一切数据所能提供作估价和开清单的内容之上,有一个与我极有默契之神秘原则,它不能不愿意我所愿意的东西,至少如果我所愿意的真的值得,并且是我以整个的自我愿意着的东西。

但是,非常明显的,我们现在已经进入我所谓的存有奥秘之核心,最简单的例子往往也是最好的。在绝无希望之刻,希望我的亲人必会从绝症中获得痊愈,那就是说:不可能只有我一个人愿意他痊愈,(我相信)实在界在它最深的地方,不会对我所肯定为善的事采取敌视或漠不关心的态度。即使有人给我引证许多例子,许多个案来叫我气馁,我却要在一切经验、一切或然率、一切统计资料之上断定有一个秩序将重新被建立,实在界与我一起愿意如此。我并不如此期望,而是如此肯定。这就是我将称为真正希望的先知性回响。

或许有人会问我说:"在成千累万的个案中这是一个幻觉。"然而希望之本质即不考虑(叫我失望的)个案。我们应当在这里指出来有一个"希望之上升辩证"存在着,随着这条辩证的线索,希望能逐渐升展到一个超越一切经验证据可以否决的层面,这是救恩的层面,与以任何方式呈现之"成功"层面迥然不同。

然而,希望与失望之相互关系要一直保持下去,我觉得它们是分不开的。我愿意说我们生活在其中之世界的结构允许我们,并且似乎在规劝我们走向绝对绝望,然而只在如此这般的世界中,才能产生所向无敌的希望。这是为什么我们绝不会对思想史上伟大的悲观主义者具有足够感激的理由,他们把某个内在经验推到其极限——这个内在经验必须获得完成,它的基本可能性不能被任何辩证掩盖掉。这些悲观主义者给我们做好了准备为了解:失望能够成为那为尼采一布满死亡暗礁,实际上低于本体层面之一个最高断言的跳板。

另一方面,就在于希望是奥秘,我们可以确知这个奥秘的特性能被人忽视而沦为问题。人们把希望看成欲望,用不正确的判断给它改装,而使别人不再能了悟其原来面目。在这里发生的与我们以前论及邂逅和爱而提到的同样的现象。正因为奥秘能够——从逻辑角度看应当——降级成为问题,斯宾诺莎充满混淆的论点,叫人迟早会把希望看成只是一个问题而已。几时,我们站在存有的外面而采取上述的态度来看一切，那么那种态度也无可厚非。这是非常重要的一点，我必须如此强调。几时，面对着实在世界我以旁观者的姿态出现，同时却像科学家一般对之作最精确的记录，我就对它产生了隔阂。这是在实验室中工作的人自然而然采取的态度，他们在分析结果分晓之前必须放弃预测，并且可以等待最恶劣的情形之出现，因为在这个阶段，"最恶劣的情形"之观念已不再具有特殊的意义。然而这一类探索非常相似点算清账所作的手续，就不触及奥秘的次序，那是说问题侵入自己资料之次序。

实际上，举例说，当我询问生命的价值时，如果我还以为可以采用上述的态度的话，我简直在做白日梦。以为我可以不牵涉进去地进行这项调查，是犯了严重的思想错误。

因此，在希望与客观心智之囚犯对希望所作的判断之间，有一个把问题与奥秘分开的同样大的隔阂。

现在我们已经进入讨论问题之核心，我们逐渐看清若干密切相关的论点。

可问题化事物之世界同时就是贪欲与害怕的世界，这两者密不可分。这或许便是我在演讲开始时提到的功能化或可功能化的世界，实在也是科技统治之世界。没有一种科技不会直接地，或不能为某一贪欲、某一害怕效劳服务的。反之亦然，一切贪欲或害怕都要发明一些适合自己用的科技。由此观之，失望之产生乃是看到这些科技最后之无能为力，而无法使自己提升到更高的层面，只在那里我们才能了解科技与存有之基本特征是水火不兼容的，后者之本质即摆脱一切人为的控制，因为我们能够控制的只是客体的世界。这或许是今日之人进入了失望世纪的主要理由。今日之人一直在向科技膜拜，那就是说，把实存世界看成一堆问题之总和。然而在我们观察到科技之片面的成就的同时，我们也体认到科技主义引起的整体性的崩溃。对于人能做什么的问题，我们的回答还是一样：人能做的只是他发明之科技允许他做的事。然而同时我们必须承认这些科技显得不能拯救人——结论便是人在他自身之内有他敌人之最可怕的同谋者。

我曾经说过：人受科技的支配，那是说人愈来愈无法控制科技，或说控制他自己的控制。因控制自己的控制只是我称为第二反省之在积极生活面上之表达而已。而支持第二反省之力点则在自我凝敛之中。

有人或许会纠正我说：即使最迷信科技的人也不能不承认有无限辽阔之人力无法控制的区域。然而要点不在于作这样的观察，而在于观察者的心态。我们都承认对于气象之变化人力毫无作为，然而问题在于是否我们认为巴不得人有控制自然现象的能力。随着存有意识的减退，人愈趋向扩大管理整个宇宙的野心，因为他愈来愈不会查询自己有否控制整个宇宙之资格。

我们必须附加说一句：当人们理会到一方面人因科技之改良而产生的优越感，另一方面又看到物质底层表现的脆弱与不稳定性——这两者之间的对立尖锐化时，人的理性就不断地受到失望危险的威胁。由是观之，在科技进步之乐观与由之必然发生的失望哲学之间实有密切的相关性。活在1933年的人们对这个现象了解得太多了，不需要再详加解释。

有人更会问我：然而无论如何因科技进步而有的乐观主义实在是受到一个巨大的希望激励着。如何把这个事实与有关希望的本体解释调和起来呢？

我相信应当如此回答以上的疑难：从形而上角度看，真正的希望只来自走向那不依赖人的希望，它的活力来自谦逊，而非骄傲。这个话题把我引入奥秘的另一方面，对这独一无二的奥秘我一直在思索，寻找可以解释它的言辞。

骄傲这个形而上问题早受希腊学者注意，稍后也成为基督宗教神学中首要论题之一，但一直被非神学家之现代哲学家忽视，几乎完全未受注意。他们把它看成保留给伦理家所讨论的问题。然而从我采取的观点来看，这倒是一个极为攸关的问题，甚至可说是哲学的主要问题。如果我们翻一下斯宾诺莎所著《伦理学》（第三卷，第28节），就会发现他对骄傲所下的定义并未碰到真实的问题。他说："骄傲是自爱给予我们关于我们自己之过分良好的意见。"实际上，这是虚荣的定义。骄傲的要旨在于只在自己身上找到力量之泉源。它使有这种体会的人与其他存有之共融切断，更有进之，它能叫共融破碎掉，它演的就是破坏原则的角色。

它的破坏性尚且可以回转过来指向自己。骄傲与自我仇恨并非不能协调，它能导引人趋向自杀的途径。我认为斯宾诺莎没有看到这一点。

谈到这里，我觉得有一个强有而力，且非常严重的质询要向我投射过来。

或许有人要问我：你用本体论方式来证实的东西究其实岂非只是一种伦理性的幽静主义而已——它满足于被动式的接受、一无作为，和没有生气的希望？人的行动岂非也因为暗示自信而相似骄傲而应受你贬抑？总之，行动之为行动是否为人之堕落？

我要逐步指出上面的责难包含一连串的误解。

首先，一个没有生气的希望之观念是矛盾的观念。希望并非昏愦的等待，它支持人的行动，并且超前一步，但就在行动告成之刻，希望的程度就会降低，甚至消失了。对我而言，希望是人的中心活动延长而进入不被人们知悉的事物之中，那就是说，它植根在存有之中。因此与它有默契的对象不是欲求而是人的意志。其实，意志也具有拒绝计算可能性的倾向，至少会勒令停止作这类计算，那我们能不能把希望界定为一种不依赖自己力量的意志吗？

在生命中我们常理会到：最具大无畏精神奋勉不已的圣者进

射出最高级的希望。如果希望只是心神痿痹而已,上述情形绝对不会发生。斯多噶派伦理学所犯的严重错误即把意志看成心灵硬化而产生的固执;事实上恰恰相反,意志是心灵的放松的原因和创造活动的泉源。

(十一) 创造活动与创造性的忠信

虽然"创造活动"这个名词在这篇演讲还是第一次出现,然而它是个有重大关系的字。在有创造活动的地方,没有也不会有精神堕落。科技如果也包含了创造活动,它不会叫人心志低落。所谓的堕落发生在创造活动不再往前,而变成自我模仿、自我陶醉而僵化的情形中。如此,大家便会了解我在谈及自我凝敛时申斥的某些使观念混淆的原因。

由于空间性比喻不容易表达两种对立的运动,因此我们往往把它们混为一谈。其一是心灵的僵硬症,包括自我收缩,自我折叠。这原与骄傲不能分开,且是骄傲的象征。其二是在自我凝敛中谦逊地后退,使我与本体的基础重新接触到。

这种后退与收敛可以被我们看成艺术创造之预设条件。艺术创造和科学研究实际上都排斥自我中心的行为,因为在本体层次,后者是纯粹的消极行为。

可能有人觉得我的讲法非常接近柏格森思想,甚至是同样的。然而我并不以为如此。柏格森先生用的词汇叫我们相信,对柏氏来说,创造活动之要点是发明,是泉涌式的革新。然而我想如果我们只专注于创造活动的这个特点上时,我们便会把它最深的意义忽略掉,那就是创造是在存有中植根的活动。终于我们碰及了"创造性的忠信"一个观念。这是一个非常不容易把握的观念,尤其当我们要用概念的方式来阐明它的底蕴时,因为它包含深不可测的吊诡，也因为它的地位是在超问题性事物的中心地带。

我们必须指出，在柏格森的形上学中，忠信的地位岌岌可危，因为它极容易把忠信看成墨守成规，看成例行公事，好像是一种反抗精神革新力的任性固执。

我却相信，由于柏氏《道德与宗教两源》一书不甚了解忠信的价值，而导致鄙薄"静态宗教"观念的后果。下面我对创造性忠信所作的素描或许能够达到纠正错误观念的效果。

说实在，忠信与死气沉沉的墨守成规迥然不同。它主动地认出有一种异于法律形式的"常"，是属于本体层次之"常性"的存在。在这种意义之下，忠信常与临在休戚相关，或者至少与某些能够且意识在我们内及在我们前保持其临在性的因素有关，然而这些因素的确能够，甚至很容易被人疏忽、遗忘和一笔勾消。这里出卖临在的阴影再一次向我们抛射出来。我觉得这种阴影像一片不祥的乌云正笼罩在整个人类世界之上。

或许有人会诘难我说：普通人把忠信都看成是对一条原则的忠信。我们应当考查一下这种做法是否是把属于某一次序之忠信不合法地转换到另一次序的结果。如果所谓的原则可以化约成抽象的断言的话，不能对我有任何要求，因为它之效率完全有赖于我对它的核准的程度。对一条原则之为原则表示忠信，从字义上说，这是崇拜偶像。或许我有神圣的责任否认一条缺乏生命并且我理会到我不再依附之原则。如果我勉强自己就合这样的死原则，那是把我自己——我自己原是临在——出卖。

忠信与无生气的附和主义完全不同，因为它要求我们与设法在我们身上造成精力分散和习惯之硬化症的力量抗战到底。或许有人会说，这样做最多只是一种主动地保存什么东西，根本与创造性的行为扯不上关系。我认为回答这个问题，我们还该深入忠信和临在之腹地，为彻底了解它们的本质。

如果临在只是在我们头脑中具有的观念而已,如果它的特征除了是观念外一无所是,那么我们能够为它所做的最多也只是在我们内和我们前保存好这个观念而已,就像有些人在壁炉或碗柜上安放一张照片一样。然而临在之为临在就在于它是不能划分的,在这里我们再一次碰到了超问题性事物。临在之为奥秘只因为它是临在,而所谓忠信即主动地把临在延长,把临在的恩泽一次又一次地复新,也把它内含的力量开发出来。临在的力量就是奇妙地激发人进行创造活动的力量。在这里如果我们再一次参考艺术创造活动的经验,我们会再一次获得启发,因为如果我们可以想象什么艺术创造的话,那必须是艺术家先体会了世界以某种方式与他发生临在的关系——临在于他的心、他的精神、临在于他的存有本身。

因此如果可能有所谓的创造性忠信,那因为原则上忠信是本体性的,因为忠信延长临在,而临在相应于存有对我们所有的"扣住"。从此以后,这个临在要持续地在我们的生命中扩大及加深它的回响。我觉得这个事实之肯定能引起的后果是不可思议的,只要看着生者与亡者之间的交通受它的影响就可以知道了。

我们还要强调一次:对之我们不断表示忠信之临在绝不是给一个已消失之客体小心翼翼地保存的肖像而已。不论肖像似真到什么程度,它只是相似物。形而上地说,它比客体小,它是约简。反之,临在多于客体,它由各方面从客体上满溢而出。我们现在是走在一条思路的起端,走到底时我们会发现死亡是"临在的考验"。这是很重要的思想,值得我们仔细考虑。

有人会说:你对死亡所作的定义令人好惊讶!死亡只能用生理学名词来界定,它不是考验。

我的回答是这样的:死亡的意义实在是临在的考验,然而这层意义只有那些达到我们可能达到的最高级精神修养的人才能体会到。很明显地,我们在谈的不是张三或李四的死亡,出现在报上所登载的讣告中的名字。这些名字对我来说只是名字而已,是讣告之对象。从今以后,他不再是我可以通讯的对象,我不能向他发问题或讨教什么,我把他的名字从通讯簿上涂掉。然而如果死亡发生在一个曾经对我来说是临在的人身上,那么情形就大不相同了。这时候,这个临在会不会降级成为一个印象与否完全看我对他所取的内在态度而定。

有人会回答我说:你讲得似乎不同凡响,实际上你只是用了形上学的言词来讲一个极其平凡的心理事实而已。固然死者是否还能存留在我们的记忆之中多少依赖于我们的态度,然而我们所有的只是亡者主观性的存在而已。

我相信我们在讨论的完全是两回事,它是无限的更奇妙的事实。当某人说:"我们的亡亲还能在我们身上活着与否取决于我们的态度"时,他还是以约简或肖像的观念来思考问题。他承认某一个客体已经不见了,然而他仍以塑像的方式存在着,而我们对这个塑像也有保存的能力,就像一个管家妇女悉心照顾一幢公寓或一套家具一样。很明显地,这种保存方式不具任何本体价值。然而如果忠信能达到我在设法界定之创造性程度的时候,情形就完全不同了。临在是一种实在,是某种"流溢"。要不要使自己对这流溢成为可渗透的,这可由我们来决定,但是我们不能激发流溢。创造性的忠信就是常把自己保持在可被渗透的状态之中。这里我们看到在自由的行为与善用自由而获得的思想之间有奇妙的交换现象。

这里我可以预见到一个与上面那个相反而对称之诘难,有人会向我说:你固然不再用形上词汇来装饰心理学范围的事象,然而你这样做是为了不费周折地肯定一条无法证明的命题,因为它不属于经验范围。你很妥协地用"流溢"一词来取代那个暧昧而中立性的"临在"时,你便是这样进行着。

为回答这个诘难,我认为我们必须再一次参考以前提到过的奥秘和自我凝敛。实在,只在超问题性事物的范围中大家或许会接受"流溢"的概念。如果从客观的角度去了解它,把它当作力的增强,那么我们就撞到一个物理的,而非形而上的命题了,它自然地会引发出很多抗议。当我说:某个存在为我变成临在或存有的时候(其实两者是相同的,因为除非他是临在,他不会对我成为存有的),那是说我不可能把他单纯地看成在我前面占有一个空间的人;在他与我之间建立起一种联结的关系,这个关系可以说超出我对之能有的意识。他不再只在我前面,并且也在我的里面,更好说,这些范畴都被超越,不再具有意义。流溢一词虽然很具空间性和物理性,却能说明内心力量的增多,就是临在实现的时刻,人体会到在生命深处发生的充沛感受。当然我们还会有非常强烈,甚至不能克胜的诱惑去想这个临在只能是一种客体的在而已;但是这样一想,我们立刻回到奥秘以外的地方,即问题化的世界中来。绝对的忠信却会提出抗议:"即使我不能碰触到你,不能看到你,我觉得你同我一起;我不如此肯定的话,我就会否认你。"同我在一起:请注意"同"字具有的形上价值,它很少受到哲学家们重视,它既不相应于内附或内寓的关系,又不指外在的联系。真实的同在和亲密有一个特色,就是它会掉入批判反省加诸它的分解过程中去。然而我们已经听过有另一种反省,加诸批判反省之上,这反省之运作常常受到某种非指示性但强有力的直观所支持。后者以其秘密的磁力吸住它。

(十二)临在与全给性(availability)

我们还应当说——从这里我们要把话题转向新的方向——上

段提到的亲密关系，尤其是在生者与亡者之间发生的，会有更高的、无法否认的价值，如果这种关系之发生是在精神的完全的全给性的世界之内，那是说，在纯粹的爱德世界之内。顺便我要说明：创造性的忠信有一个向上提升的辩证历程，而这个历程与我以前暗示过的希望之辩证历程是互相呼应的。

全给性的概念对我们的主题来说并不次于临在的概念。我们必须说两者之间有显明的关联。

每一个人都有过无法否认的有关经验，然而要把它明说倒极不容易。有一些人向我们显示出他们的临在性，那是说当我们生病的时候，或当我们需要一个倾吐心曲对象的时候，这些人显得完全准备好协助我们或聆听我们的诉心，这种特征我们可称为"可全在性"或"可全给性"。其他的人并不给我们这种感触，虽然他们有很大的善意。我们必须立即指出：临在与不临在之区分并不与专注及心荡神驰之对立心态呼应。一个非常专心聆听我讲话的对象可以给我他并不准备给我什么的印象，他不是完全地在我面前；虽然他对我可能提供物质性的服务，然而他无法在他内心给我留下空位。其实有两种聆听的方式，其一是在聆听时不停地给予，其二是在聆听时拒绝我，也拒绝把自己给予我。物质的礼物，有形的动作不见得是临在的证据。在这种光景中最好不要说"证明"两个字，它不适用。临在是在一个注视、一个微笑、一个声调、一个握手中当下不可怀疑地立即显示出来的东西。

为解释得更清楚一些，我要说：一个可以为我成为完全临在的人是这样的，当我需要他的时候，他能完完全全地同我在一起。而不能临在的人却相反，他针对着我把属于他精神富源的一部分暂时搁置一边。对第一种人来说，我是临在；对第二种人来说，我是客体。临在包含的相互性排斥任何主体对客体，或主体对"主体客体"的关系。在这里把无法临在的实况作具体分析是非常有益的事，并不比分析出卖、否认与失望为次要。

实际上，在无法临在无法给予别人的心态中，我们常常发现某种疏离现象。别人向我暴露他的不幸为赢得我的同情；我很了解他同我说的话，我以抽象的方式体认到别人与我说及的一些人实在可怜；我看到不论在思考和公道观点上说我们对这个个案应说寄予真切的同情，我固然寄予同情，但说实话，只是思想上同情，因为坦白说，我心深处一无所感。我对我这种反应也颇遗憾。在我实际上感觉淡漠与我认为我应当感受的情绪之间产生的矛盾令我烦恼，它在我自己的心目中把我的价值贬低，然而我束手无策。我在自己身上真正体会的感觉真是不可告人。我耸着肩无可奈何地说：总之，这是有关我不认识的人的问题，如果我必须为所有人类遭遇的不幸有所感动的话，我将活不下去，而我所有的时间还不足用呢！就在我思考说：总而言之，这只是 7567 档案，那一切都变了，我对这个具体的人忍受的痛苦完全无动于衷。

然而能够临在，能够时时开放自己为别人献身者之特色便是绝不用个案的方式思考，对他来说没有个案这件事。

然而任何正常发展中的个人通常都会有关心面的分布图，它越来越精细并且几乎自动地把与自己相关及不相关的事，自己应负责或不必负责的事分辨得清清楚楚。这样，我们每一人都变成了某类精神空间的中心，它以同心圆的方式从中心扩张开去，距离愈远，其依附性和兴趣也愈小。总之，我们每一个人似乎分泌出一个愈来愈坚硬的壳，而把自己封闭在其中。这种精神硬化症还与我们了解并评估世界所用的范畴之硬化程度密切相关。

还好，我们每一个人都会有邂逅的经验，它会把自我中心版图的架构打碎。从以往的经验我能了解一个不期而遇的陌生人能突然在我身上激起一阵无法抗拒的呼吁，它力量之大甚至到倒翻所有习惯性视野的程度，就好像一阵大风吹倒了室内装饰的次序一般——那些本来看来似乎是临近的突然变得无限遥远,倒过来说,也是一样。在大部分情形中,这类裂罅几乎立刻又密封起来,往往留给我们苦涩的回味、忧郁,甚至焦虑的印象。然而我相信这种经验对我们非常有益,因为它在刹那间告诉我们在我们为自己存在系统中所建立的精神结晶体无非是偶然性的东西,是,无非是不稳定的附质而已。

然而在一切凡例之上,某些人达到的圣德境界向我们启示一件事实:我们认为的正常次序,从更高的观点,从植根在存有奥秘的心灵的观点来看,其实只是一个相反次序的颠倒情形。由是观之,我觉得对圣德和它所有具体特质所作的反省能提供给我们一个无限大的思考价值。我不必太受勉强就会明说:圣德是存有学的真正导论。

在这里,大家可以再一次见到,了解这些常常开放自己而能对别人有付出及临在之心灵对我们讨论的主题给予多么大的照明。

无法临在,无法在别人需要时立刻伸手援助的人,是以某种程度不单被自己的事务忙得不可开交,并且被自己占满。我可以说,叫他忙碌的直接对象是多类多样的:被自己、被自己的财富、被自己的恋情,甚至被自己内在的完满要求所占满。我人或许可以结论说:被自己占有实在不是被某样客体——这里几乎无法指定那一个——占有,而只是以某种方式心灵不得自由而已;关于它的真谛,我们尚需界定。我们不能不看到:自我占有之相反并不是空无或漠不关心之存有,两种对立的心灵境界更好说是晦暗与透明,然而这种内在的晦暗本身尚有待我们作更深入的澄清,以得更多了解。我相信这关及某种堵塞或执着的心态。我想知道,如果把某些心理分析的数据充分普遍化,并柔化之后,我们会不会体认出这类的执着在一个已定范围内能不能是一种本身原来不是而实际上他却体会之心神不宁。值得我们注意的是:这种不宁会在执着内恒持下去，并且使它产生一种我论及堕落的意志时提到过的僵硬心态。我们有充分的理由相信：这种性质不定之不宁其实与由时间意识而生的焦虑，及人非朝向死亡，而为被死亡吸收进去的事实是同一件事。原来死亡是处在悲观主义的中心的。

悲观主义的根源也是无法临在性之根源：如果后者随着我们的年龄之增加而愈趋严重，那往往是因为我们的焦虑心情与日俱增，一直到要把我们窒息的程度。在我们接近所称为生命终点的时日，这股焦虑之情为了保全自己，必会采用一种愈来愈沉重，愈来愈精细，也愈来愈不堪一击之自卫机器。由于这种人愈变成自己经验，及包围经验之范畴的监狱的囚犯，他就要进到无法再有任何希望的状况中去，正因为他把自己更完全地、更无望地抛到问题化的世界中去。

在这里我们终于看到我从演讲开始就勉力设法一个接一个地交代的论点和主要动机逐渐配合成功一束花卉。同上面所提示的方向相反，我们见到最能临在、最能自我付出的人是最蒙祝福的，内心最愿彻底奉献自己的人。这种人最不会受到失望和自杀的威胁——失望和自杀原是互通的现象——因为他们知道他们不属于自己，而他们对自己的自由唯一完全合法的使用方式就在于体认到他们并不属于他们自己。有这种体认之后，他们才能有所行动，有所创造……

（十三）奥秘哲学并不预设宗教体验

我一点儿也不想隐瞒：我所讨论的哲学会从各方面遭遇到几乎招架不住之诘难。它必会感到处在极不好受的两个困境之中：或者它勉力设法解答一切诘难，一一给它们答复，可是这么一来，它会掉入一个忽略活力原则的教条主义的极端倾向中去，我还要说，掉入一种亵渎上帝的神学中去；或者，它就让这些困难继续存在着，说这是无法理解的奥秘。

在这两个暗礁之中，我相信还有一条中间路线，这是一条窄狭、曲折、充满危险的小径。这就是那条我一直在尝试寻找的小径。然而我们向前进行的方式只能用雅士培在《存在的哲学》一书中所用的召唤方式：结果有一些良知作了反应（并非一般性良知，而是这一个，或那一个具体良知），那时候，一条真正的小径就显现出来了。我相信柏拉图看得非常清楚，这条小径只借爱才能自显，它之可见性完全保留给爱。这是超问题性事物具有之特征中最深刻的一个，而我这篇演讲从头都在设法摸索了解一些它的若干区域。

最后我还得提到一个最严重的诘难。有人会向我说："其实，你所说的一切虽没有公开承认但的确包含天主教信仰的数据，并且只在天主教信仰的提示下，它才真相大白。这样我们对照圣体圣事时才了解你所说的临在，想及教会时才领悟你所说的创造性的忠信。然而为非基督徒、非天主教徒，即指那些不认识基督宗教，或至少自称无法参加基督宗教的大批读者，这样一个哲学对他们有什么用呢？"

我的回答是这样的：基督宗教信仰之基本内容之存在确能使某些人想及我试用分析的一些观念，然而这些概念并不有赖于基督教义，它们并不预设基督教义。如果有人以为理智必须抛弃那些不属于思想之为思想的普遍材料，我要说这种讲法嫌夸大了一点，并且在分析到底时，我们要看出来这是一种妄想。今日，在别的时代也是一样，哲学家常是处在他几乎无法从其中把自己抽拔出来的被给予的处境之中。而我们的历史处境实际上包括信仰基督的传统，这是它最主要的处境内容之一，不管这个传统被接受与否，被认为真理与否。我觉得我们今天根本无法不去管多世纪以来在我们文化中存在的基督信仰而作思考,就好像在科学理论的领域中,我们不去管多世纪以来自然科学的成就而高谈阔论一样。可是,基督教义也好,自然科学也好,它们在这方面都扮一个酝酿性的角色而已。它使某些观念在我们身上发展成熟——没有它,我们本来可能无法接触到这些观念——但这种酝酿的作用也能在我称之为基督氛围的边缘地区内发生。就以我自己来说,在我有成为天主教徒的最微小的意愿前 20 年,我已开始有这种酝酿的感受。

此外,我切愿向天主教徒声明,对我而言,神学上自然与超自然之区分应当严格地保持下去。是否有人会想由于应用"奥秘"一词,我们会制造混淆,因为它似乎在鼓吹两个境界之统一? 我的回答是这样的,奥秘确实有两种层面,彼此不相混淆:一是人性经验包含之奥秘,如知识、爱情;另一是信仰启示的奥秘,如道取人身、救赎等。第二层的奥秘不是人类反省经验之结果,不是思考所作努力的成果。

有人会问我:那么为什么你用同一个名词来讲两种意义如此不相同的东西呢? 我之所以这样做,因为我看到,不论是哪一种启示,只在一个条件下才能被我们思考。那条件便是启示之对象必须是投身者,是参加到一种使他成主体而本身不能问题化之实体中的人。超自然生命毕竟应当在自然生命中找到插入点和可资"扣住"的地方。这并不指超自然生活只是自然生命之开花结果,实际情形恰好是倒过来。我认为如果有人更深入地去了解基督徒的基本观念:"被创造的本性",他一定会体认到在本性和理性的根源处人本身绝对不能自足的原则,这种体认使人对另一个次序(世界)产生了焦急性的预期。

为了在这个极端重要与困难的论点上总结我的立场,我要向诸位说明:存有奥秘——我把这个看成形上学的核心——之所以能被人体认,毫无疑问地,是因为体认它的人受到启示之富有繁衍力之光芒所透射。这情形完全可能在对任何宗教完全陌生的心灵上发生。此外,存有奥秘虽然借着人类经验的某些高级模式而被人体认,然而它不必使人归附某一特定宗教。无论如何,这个体认使那些提升自己到达这一层面的人隐约看到有另外一种启示的可能性。这是尚未逾越可问题化事物界线之人绝不可能了解的事,因为后者所在的地区不能使人窥测到存有的奥秘,并将它公之于世。我在这篇演讲中提供的哲学用无法抗拒之运动催逼我们去与一道大光相遇。存有奥秘的哲学预感前面有这道光,而在自己的内心深处不断忍受这道光的隐约刺激,就像忍受和暖的冬阳轻炙一样。

附录二：沐春风、诉天志
——忆唐师君毅[①]

笔者曾在法国留学六年，撰写有关马塞尔的哲学论文。这段时期中，常遇到一些饱学之士好奇地询问我说："你们中国有没有可以与海德格尔相提并论的哲学家？"笔者不加思索地回答说："有，唐君毅就是。"然后给他们解释唐师哲学的要旨，并说明他的哲学所以未曾广传在西方的原因。

事实上，笔者在1970年抵达巴黎时，原想选择唐师的思想作为博士论文研写的对象。惜乎跑遍了数家图书馆，发现藏书残缺不全，而他的著作的译文几乎绝无仅有，因此萌生望洋兴叹之心。固然可以托人从台、港买来全套唐氏著作，但要从头圈点，再译成法文，要支付的代价对我当时来说似乎太大了一些。好吧，既然来了法国，就精读一门法国哲学吧！因此先花了一年时间推敲现象学家梅洛-庞蒂（Merleau-Ponty），第二年遵导师列维纳斯教授（Levinas）之意转攻马塞尔哲学，一直到1976年交卷，通过考试而回国。在这段时期中与唐师最后发表的著作脱了节，但对他的向往常存于心。因此在返国后不到一周，在偶而的一次机会中听到

[①] 原载《鹅湖》1978年第6期。

唐师住荣总治疗，立即打电话向院方询问，唐安仁小姐回电说，遵医嘱，其父需要谢客休养，且不知出院后将住何处。此后失去联络，一直到噩耗传来，哲人已萎，心中无限感触，觉得非一吐不为快，因此在授课之余，草成此迟交之追悼短文，以表示笔者对唐师的敬仰和述说与他有过的一段相识历史。

笔者于1960年由港来台时，才听到台湾学生热衷于新儒家哲学者，然笔者对哲学一无了解，因此也无从惋惜在香港三年中失去了的机会。1963年赴岷读哲学，才开始接触《人生》《民主评论》和新儒家的著作。当时由于不满士林哲学的内容（这与圣多玛斯哲学本身有别）和教学方法，因此转到唐君毅、牟宗三诸位先进的作品中寻求苦闷的抒发，结果逐渐与新儒家结上了缘分。1967年通过硕士考试，论文是有关黑格尔的哲学，乃故意绕道香港返台，竭愿访心仪已久的唐老师。惜乎唐师当时在日本医治眼疾，未能如愿以偿；但《人生》主编王道先生款诚相待，在溽暑中两次陪访牟宗三教授，且与唐师以书信联络，说明有一年轻学子在香港焦急等候与他会晤。总之，在笔者必须离港回台前三日，唐师终于回来，并于次晨在新亚研究所办公室约会，这次会面及以后数次通讯构成了笔者与唐师一段不能忘怀的邂逅经验。笔者之所以愿意把它记录在这里，因为感到此中有一些似乎超乎个人、超乎纯感情的生命交流，表现了唐师的哲学与宗教慧识，而我们的交谈似乎也影响到他以后对天主教采取一种更积极更友善的态度，这在唐师末期之演讲和文章中都可以看到的。

如果马塞尔哲学的精髓是关于"临在"的描写，即人与人、人与神、人与自然之间产生的一种最深刻、最完美的交往沟通，一种"绝对现在"之体验的话，那么新亚那次与唐师一小时的会晤该算是笔者一生中有过的最高级的"临在"经验之一。这次相会并非不期而遇，而是有过远准备，长久期待，以及近准备，急切渴候的一次邂近。人与人心灵之默契是一种不能言传的奥秘,不关乎知识之高低、年龄之悬殊,可以平等而相互极为尊重地敞开自己,述说自己的感怀,或全神聆听对方。没有预设,没有戒防,全开全给,甚至连交谈内容也非主要,因为存在性的交流驾乎思想交流之上。有内容,但也超内容,这是两个生命在存有层次的灵犀互通。所得到的是言语,以及比言语更深入的东西,这是言语的渊源,心灵主体的根本——是那句永恒性的静默的话。无比的感动和震撼之可能有,乃是因为人接触到了对方的超听觉、超视觉的存有根源。按理说,真正的邂逅常该是双方的、双向的。如果笔者与唐师会晤中,有一次深刻的临在经验,亦可设想在唐师那一边也似乎应该有一种类似的经验,只是不敢假设其强度深度,并且已不能证实,且也不需要证实。真的经验只有一次,不能重演,也不必证明,有过事实,有过体验,那就够了。

很明显地,唐师并非只这一次碰到过一个如此敬仰他的青年学生,类似的经验在他教书生涯40余年中可能比比皆是。可是邂逅的意义就在于每次经验都是独特的,都是与众不同的,所以都能产生震撼作用,都能感动五内,甚至惊天地、泣鬼神。这是人与人之间相通的力能、友能、爱能。每人都可体验,不必多赘。人生命之充实丰盈在于这一类经验之真实性、强度、深度,甚至频度。因为从外射之丰盈可以透显出人内在精神之健旺。有了内在的充满,才有第二义的创造作为,才有可见的、有效的、能证验的外工。

高级的"邂逅"或"临在"经验几近于一种宗教经验,其中有极浓厚的神秘感:有一道强烈的光芒在照射、在渗透,把一切浮动的、驳杂的气质驱散,而使心灵中最真实的自己呈现出来,庄严华丽,气耸凌霄,这是人生的高峰。有如许高峰,则日日生活不再平凡,日日生命可以化成绚丽极致,多彩多姿。因为在平凡之中寓有不平凡,也孕育不平凡,人若常能如此,则就有所谓的"存有化的存在"(L'Existence existentielle)。

可能有人会觉得笔者在借题发挥,卖弄存在哲学。那么我要回答说,只在借用存在哲学来分析的时候,才使我体会到与唐师会面的内涵,以及那次邂逅给我带来的深远影响。

那次拜访是王道先生陪伴去的。唐师坐在他的书桌前,而我与王先生则并坐于沿窗的长沙发上。一阵寒暄过后,唐师即开启了话匣子,款款而谈。我们两人静坐屏息而听,一晃就是一个小时。听者思想中的反应,甚至有不苟同的情绪,都会被讲者理会,而修改他之辩证或思维的曲径。这样,这次谈话该算是一次交谈,虽然发声的只是一方,但双方思想渐渐地在汇合,而达成宁安的一致,终而双方感得舒畅、完成,交谈乃告一段落。离别前,唐先生把已准备好的他最近用中英文发表的文章单印本惠赠于笔者,而笔者也预许在最近期内将印就之《天主教对非基督宗教的看法》小论文,赠送唐师一份。当我们步出书房时,即看到会客厅中十数个在等候见他的访客全体起立,肃然起敬,其中该有不少是新亚的老师吧。唐师在返港之初,在百忙中,慨然拨冗赐谈一小时,笔者诚感惶恐,又觉受宠过甚,是缘分耶?是恩义乎?

由于唐师知道笔者是天主教耶稣会会士,因此他的反省式的谈话常围绕在他对天主教教义和神学主题之上。他固然知道天主教在梵蒂冈第二届大公会议以后对其他宗教采取积极的立场,肯定它们的救恩价值,但他心中萦萦关心者,乃是天主教神学是否有一天会承认一切宗教在神前均是平等,而泯除启示宗教与自然宗教间之绝对界限。

为把唐师思想更清楚地交代,笔者愿意引用唐师在收阅拙著《今日天主教对非基督宗教的看法》[①]一文后给笔者的回信(1968

---

① 《铎声月刊》1967 年第 10 期,后转载于《哲学与文化》1980 年第七卷第 1 期。

年 11 月 28 日)中的若干片段。

　　至于　大文论天主教对非基督宗的看法一文,则读之甚觉得益。今日教皇之能取大文所谓新神学之说,一反过去之"罗马教会外无人得救"之诺亚方舟之说,亦反今之辩证神学之"除信基督无人得救"之说,而倾向于普遍救援史;以一切宗教皆天主普遍救援史中之社会性历史性的得救机构,并谋促进其发展。此诚不异开始人类之宗教史之新机运。毅以前尝对宗基督者,妄有所评论,其根本义唯在:对其排他之救援说,不能同意。今能改宗此普遍救援说,固唯有加以赞叹,并祷祝其说之更能普遍为人所奉行也。

　　昔年曾有基督教之西方牧师来谈,尝谓耶稣若生于中国,或其教义之解释,自始即不取希腊罗马之哲学观念,亦自始不与西化相连,则基督教之神学,应当另有一迥然不同之面目。其言亦不无理趣。则虽在历史事实上,今日基督教之神学如此如此,然吾人亦未尝不可想象另一种基督教神学之可能,而其问题之发展,与寻求答案之方式,皆不同也。至于纯从毅个人之见地说,则窃以为今日天主之普遍救援论之所以可贵,当不在其为一新神学,而在其能与贵教所宗之天主之无限之爱心相契应。然顺此天主之无限之爱心,以观世间之宗教,则恐不能只视之为一社会性历史性之得救机构;而所谓自然宗教与启示宗教之绝对之界限,恐在一更新之神学中,亦可加以泯除。天主诚绝对无私,则亦未尝不可直接启示其自己于一切自然宗教中,而亦可更不私立一启示宗教;而信一启示宗教者,诚学天主之无私,亦必将不止于如大著所介绍之新神学之自视其启示宗教,为其他一切宗教之完成之所,而先预言其他宗教之终将让位,以归于"灭亡之地"也。此中之问题,诚幽深玄远,决非简言之可尽。而人若无限之爱心,亦如何能与天主之无限之爱心相契应,以知其密怀?然人若有无限之爱心,足与天主契应,则又被视为人之傲慢,为宗教中之大禁忌。则此问题将无解决之望矣。①

上面两段摘要已清楚详示了唐师对宗教平等说基于对天主无私之观念,而神无私且有无限爱心之信念则来自中国文化之"道并行而不相悖""殊途同归"等数千年来儒家的天道观。这种对天道之认定基于人对最高最完美之理想之希求,而神则是这种人生向往之体现。因此我们看到在这种向往和从历史中以某种文化方式呈现且演变之某一宗教间不免有一距离。唐师一面看到基督宗教有其精深不凡的特性,一面又觉其执着,把自己凌驾于其他宗教之上,若一绝对宗教,持有绝对真理,而自认为其他宗教之最终趋向与完成。这种立论对任何一位无基督信仰的学者来说都会感到不易接受的。因为启示之合理性实只在超理智之信仰观点下才能看到。两种不同之绝对性源于两种信念:一种信念是来自人对神的理想和向往;另一种信念则基于相信这无私之神在人类历史中已选择一特定方式来启示自己的事实,而后认为应从这件事实中去了解神的本质,去了解神的无私心。

第二种对绝对所持的信念,即基督宗教之神学所持的信念:即神以有文化性的言语来说明了自己是怎样的,并表明了愿以什么方式使整个人类获得圆满幸福的方式。这种出发点不再以人生向往或精神理想作标准,而以已启示自己之神的形相作标准。哲学与神学的区别就在这里。神学家如果具有深远的哲学修养,当然

---

① 《论学书简》,香港《人生》1968年第2期,第34—35页。

还会敞开胸怀,聆听及细察其他哲学和宗教提供的观点,对自己的神学再加以反省,以求在某种原则之下,对教义的表达方式加以修正,使教义更时代化,更切合当代人的心态和理性的需要。因此持有这两种观点的人,必须要有一些超乎自己立场的气度,才能设身处地了解对方,虽不能同一,至少可以避免针锋相对,而能心平气和地交谈。唐师虽采取"在宗教以外看"之立场,但他也能领悟到在宗教以内神学演变之事实而额手庆贺,认为这是人类宗教史之新机运,甚至加以赞叹,在在显出儒者的博大胸怀,这是交谈之基础也。

然而这些问题无法由站在宗教外之人士回答,因此必须再回到基督宗教神学立场来回答,那便是笔者在收到唐师大函后一月余之回信中所表明的一些意见。此信亦为唐师送到《人生》发表①,请读者自行参照,这里不再赘述。关键在于"道成人身",道若真降世取人身,活过人类历史的话,则以某种方式表达之绝对性成为该宗教信友不争之事实,而其对"无限"之观点亦有了限定,这是有宗教信仰之思想家与纯粹思想家之区别所在。

与唐师之交往只限于一次会晤与二、三次通信,实在不称深久,但相互恳谈之诚,求真之切,求了解与被了解之意,与对为人类最后问题求得更和谐看法之关切,构成了我们两人相识交谈之实际内容。没有口诛笔伐,但是异见尚在,而心灵在比言语或"可以口舌争"之更遥远之处,如唐师所云:"一切虔诚终当相遇",这是与"天主之无限之爱心相契应"之处,"天心佛心之所存也"②。

---

① 《关于天主教的新教义问题》,香港《人生》1968 年第 3 期,第 22—23 页。
② 唐君毅:《我与宗教徒》,录自《鹅湖月刊》——唐君毅先生纪念专号,1978 年 3 月,第 54 页。

为纪念十年前与唐师相识之一段历史，笔者把两人交谈的内容再作了一番整理，借以表达对唐师之追悼和感念。成文中亦有轻微感动，唐师泉下有知，必更能指点人生彼界真相，及所谓"绝对"之真谛。唯此点不能代言，让各位有心人自己与唐师感应相契以成知吧！

附录三：跨越孤寂的对话[①]

法国当代存在哲学家马塞尔童年时母亲去世,父亲娶了姨母,但没有给他增加弟妹。马氏从小缺乏玩伴,8岁时写两个剧本,剧中人都是男女幼童,是他想象中的兄弟姊妹。借着与他们交往嬉玩,他试图超越难以忍受的孤独感。孤独终成他的哲学主题之一,他甚至会说:"我写过'人间只有一种痛苦,即孤独',对这句话我愈来愈认真。我确信,如果一个人体会过真正的爱情或真实的友情,他没有丧失什么。反之,若他是孤独的,则一切都丢失了。"

马塞尔的独子遭遇并非独一无二的,尤其今日中国内地的家庭都是三人行,马氏天生敏感,把相当多的儿童之共同命运戏剧化地扩大感受一番,但他幸运地用创作的方式克服他的苦难,即找到了可以对话的剧中小朋友,借想象与他们交往而熬过了无声的童年时代。

孤寂就是缺乏对话,心灵悬空,缺乏交往对象而回到自己,但自己不能给自己慰藉。许多病态的青少年,面对镜中的自我,试图与之沟通来解脱孤独,但大多无济于事,难逃精神崩溃与分裂的厄运。

[①] 原载《自由时报副刊》1996年12月30日。

哲学上说人是自立体，他有独特的自我，是行为的主体，他有异于他人与他物的生存基础。然而自立之人并非自足体，不论从其生命起源和成长来看，他都必须倚赖他物与他人，尤其是高级需要：如知识、爱情等。个人之成熟绝对需要别人的助缘，缺乏了可以亲密对话的对象，人不单难以成长，更会陷入绝望的深渊或病态以终。

与另一自我之亲密对话是每一个人的绝对需要，就像空气、水、阳光、食物对肉体的关系一样。灵魂的食物就是爱和友情，这些都以对话的方式来体现和增进。有对话的生命是活得下去的生命，没有对话时，生命开始瓦解。消极性的对话还比无对话为佳，因为他至少还有开释自己的可能。完全缺乏对话的环境使人加速走向死亡，在德国集中营这类例子比比皆是。

对话使人活下去，使人成熟，使人更幸福。有对话关系的主体，即使没有言语，没有交谈，也能心心相契，连静默也成了沟通的媒体，因为整个身体都是言语，每一动作都散发善意，使对方愉悦。如果适当地开口，则每句话都成天籁，饱餍饥渴，使生命复苏。婚姻便是这样缔结起来的，对话得好，两个独立的个体渐渐靠近，相契相爱，终至结合，到不分你我的程度，并且要求这种关系永恒化，甚至生生死死之延续，真是不可思议。

对话的确是异常神秘的日常事件，对话一旦开始，人便逐入胜境，人与人的对话构成了人的本质，因为缺乏了对话，人便会生病。哲学家称此类性质为"主体际性"或"互为主体性"。不同的生命体在相互的临在关系中，换言之，在爱与被爱及互敬的气氛中从"你""我"超越到"我们"，多少找到了自己的根和肥壤，不会再枯萎。

然而生命之需求不止于此，人有无限的超越需要，这种需求只靠人与人之对话不能得到满足，还须与绝对者的对话才能抒解。人与人之积极对话使人不致空虚，也有了基本的生存营养，但要使人性整体之满足，人还必须与无限的神作心灵的交往；有了根源性的对话，人才能有无往不利的绝对稳定性，才能超克一切孤独感之威胁，才能彻底自我实现。

何谓与超越者、绝对者、无限者对话呢？超越者、绝对者、无限者是神的话，如何与之交往呢？为何交往是如此迫切呢？人靠自己及靠若干亲密对象不足以达成圆融的生命吗？

从后面的问题讲起。人与其他人的亲密关系的确能填补存在的空虚，尤其是在缘分永续的情况中，但人是有限的存在，有缺陷的个体，两个或多个有缺陷之圆合在一起也不能够成完整的圆。前面许多描述都倾向于积极与正面的人际关系，有这类关系者是人类中之佼佼者，而人与人之交往以负面的方式进行者更是常数，因此某些心灵受创者不再信任任何人，而一般可以维持下去的关系中不乏意外之考验，使人倍感步履维艰。心理学家站在经验层次，分析各种交往模式，提示解厄之方，然而心理学无法触摸心灵底层的终极需要。终极需要在于人感到即使一般的需要，包括爱的需要都满足了，还有一块真空地带，还有一种更难测度的虚无感，这份感受不能由任何有限之物、人或幸福可填满的，这份空缺提示了人对绝对者之对话之绝对需要。

本来，只要是真诚的对话，在人与人的关系中，绝对者已隐然光临，神以无名氏的方式把信任和希望通传给对话中的个体。然而，此类隐性之临在若化为显性，即对话之双方都对神产生亲密的关系，都采取信仰的立场，则他们原有的对话关系可更上"十"层楼，即从一般性的人际深度关系提升到永恒层次，且与不变之神相合，从而超拔了一切可变因素，包括主观之情绪及客观之偶然变素，使"我们"贞定在坚实的磐石上，并能彻底消除空虚及渺茫的感觉，此时之人已在永生境地。

与神对话可有二径，其一是通过人与人之深度对话，其二是直接与神对话,后者是主观上迫切地渴望与神交往,要认识祂,要爱祂,客观上体验到神的垂爱。一般常说的是神先走一步,是神促使吾人对祂有如此迫切的需求,是祂对吾人之爱促使吾人寻求祂。寻求神已是与神对话之滥觞,人与神之关系已从隐性走向显性,只要调整好焦点,神的面目清晰起来后,对话变得更真实。而神有无限的魅力,足以吸住众生,使人在祂内如醉如痴,因为此时人发现了最高的价值。当人与神可以对话的时候,人走出了绝对虚无和孤寂的幽谷。人分享了神的永恒生命时,人也逐渐变得绝对和无限,此时人不但不孤独,且是最自由和幸福的人,因为没有什么再能把他从根源处撤离,他已进入了绝对存在,分享绝对存在,而这绝对存在也是绝对的爱。

后　记

陆达诚教授的《存有的光环》在复旦大学出版社出版了！此事耽搁已久，心有愧疚。经过我的同事魏明德、朱晓红教授，陈军编辑的努力，现在成功了！作为为此书出版牵线搭桥的人，我想写几句庆贺文字，兼而以同乡后学的身份，表达对陆教授的敬意。

陆教授是台湾辅仁大学宗教学系教授，系主任，是汉语学界的欧洲现代哲学、宗教学、生死学等学科的开拓者。陆教授是一位只知耕耘，不求闻达的学者。他在20世纪70年代即留学法国，师从著名哲学家列维纳斯。1992年受命创办辅仁大学宗教学系，是台湾各大学中第一个，也是办得最好的一个宗教学系。2011年2月，我在台湾大学社会人文高等研究院访问时，专程去看望陆教授，学习讨教。陆教授在辅大神学院餐厅请吃午饭，赠送了台湾版的《存有的光环》。早就知道陆教授的文字优美，有着独特的生命体验。当我请他考虑出大陆版时，陆教授一如既往地谦虚，说：你读读就可以了，一点小小的文字不必惊动大家。我的说辞很简单：您应该让自己的文字回到上海，让家乡的故旧新知同来欣赏。陆教授略作思考，也就答应了。

1935年，陆达诚教授出生在上海的一个天主教徒家庭。从他出生起，中国城市中产阶级的孩子们按部就班的正常教育，就不断被抗战、内战和各种运动打断。通常，上海法租界的孩童可以从震旦附小、附中读到震旦大学或者震旦女子文理学校，一直受中法融合式的教育。50年代初，受到时局动荡和变故的影响，青年陆达诚没有走完这条道路，反而投身徐家汇修院，发愿当神父。1955年9月8日以后，他回到市区家里养病，并在1957年申请离开了大陆。在香港修道三年以后，他于1960年定居于台北，并在1963年去菲律宾马尼拉神学院学习哲学，最后修成了耶稣会神父。1970年，他远赴法国学习哲学，6年后获得博士学位回到台湾。陆教授是一位既服务于教会，更造福于学界的两栖学者。更有甚者，陆教授还兼跨各门学科，他懂哲学，有阅历，有思想，更热爱写作，曾担任台北耕莘文教院青年写作研习会主任，吴经熊、余光中、白先勇、陈履安……，都是他们请来的讲师，三毛那一代台北文青称他为"陆爸"。陆教授仍然说着上海话，讲国语、法语时也带着上海口音，但他住得最久，奉献最多的城市不是上海，而是台北。"陆爸"作为台北文化的一部分，上海的文化学术界却很少有人知晓。

有缘结识陆达诚教授，是在1994年的合肥。香港道风山丛林筹建基督教文化研究所，刘小枫、杨熙楠邀请大家商议汉语神学，陆达诚和庄庆信教授一起从台湾赶来。一如台北文青描述的，初见陆教授都会被他的儒雅风范所吸引。他的发言，说理不强调，形容不夸张，循循善诱，令人如沐春风。然而，随着谈话深入，或者细读文字，就会察觉到陆教授的平淡形容之下，还有着不平凡的生命体验，绝不简单。后来到了巴黎，程抱一（François Chen）先生针对我的问题，专门地说：40、50年代从上海、南京出来的读书人，多数都很成功，表面上也快乐，但是骨子里却都存着一种Melancholy的气质，怀乡（Nostalgia）之情是他们做出好学问的动力之一。我非常同意这样的看法,哲学和文学、历史学一样,需要那份真诚的感性,问的就是:你到底为什么要做学问?你的研究和你的生存到底有怎样的关系?陆教授研究的是哲学家马塞尔,关注的是生命("存有")的本质。我猜想,他是在研究中把自己的小我,与时代之大我,还有人性之超我贯通了,因而才有了那份"曾经沧海难为水"一般的宁静。

在台湾,国民党执政时期官办的"中央研究院"、台湾大学、台湾师范大学都移植了大陆的近代"实证主义",并不十分重视哲学、儒学、神学、宗教学等领域的"玄学"研究。有之,也是胡适之类型的考证、校勘和整理。在这种格局下,私立辅仁大学等院校借机发展自己有特色的人文学科(Humanities),在哲学、宗教学领域做出了领先全台湾的成就。辅仁大学及其神学院的方豪、罗光、张春生、房志荣、黎建球、项退结、陆达诚、沈清松等学者,大都兼通中西文化,掌握多种欧洲语言文字,并有独特专著贡献于学术界。他们开拓的哲学、宗教学等许多学科,一度超越台大,独占鳌头。在辅大这些学者中,陆教授的地位是非常重要的。辅大的哲学、神学和史学教授们各有传承。陆教授兼通的是西方现代哲学和当代新儒家思想,治学风格是典型的耶稣会式的融贯中西。"融贯中西",并非泛泛之说。1970年,陆教授赴法国攻读博士学位,导师就是"十月革命"后从立陶宛流亡到法国的著名哲学家列维纳斯(Emmanuel Levinas,1906-1995)。此前在1967年,他在香港与流亡的当代新儒家代表人物唐君毅(1909-1978)见面,拜他为师。唐君毅先生后来与陆达诚神父多次通讯,陆神父以马塞尔、列维纳斯的生命哲学来诠释"新儒家",而唐君毅则表现出对于"梵二"会议之后天主教神学的同情理解。陆达诚教授说,唐君毅后期很欣赏有神论的存在主义哲学家马塞尔,认为不同的宗教和信仰,可以上帝之名平等对话,唐君毅甚至动情地说:"一切虔诚终当相遇"。

陆达诚教授则说,他一生有两位恩师,"其一是唐君毅,其二是马塞尔"。中西两位哲学家,未曾谋面,却达成了沟通与和解。他们的思想并不是冲突的,而是可以交流、融合的。陆神父促成了这个结果,他确实是一个中西思想的调解人。

有一个自以为是的发现,还没有告诉过陆教授,不知道是对是错。我觉得:在唐君毅、列维纳斯和陆达诚教授自己的思想和文字之间,有一个共同特征,就是"exile"。唐君毅在香港办新亚书院,兴"海外新儒家",那是流亡;列维纳斯以流亡犹太人的身份,从立陶宛出来,更是一种"diaspora"。陆达诚教授怀着信仰离别亲人,远走他乡,部分是由于志愿,部分则是被迫。陆教授在《存有的光环》中并没有一字涉及他的早年经历,但仍然从文字底下透出他对母亲、家人和故乡的思念,这是一种生命之情,可以超越,但不能泯灭。我以为,正是这种带着 exile 的生命之情,推动了陆教授去研究哲学,并选择了存在主义哲学家马塞尔为研究对象,体悟其生命的"存有"。借助马塞尔哲学,陆教授超越了自己的经验,与我们这个纷乱的世界达成了和解。

近年来,陆达诚教授已经从辅仁大学宗教学系退休。最后几位硕士生、博士生毕业后,陆教授有更多的机会回上海探亲。2012年春天,上海有徐光启诞辰纪念,曾邀请他来与会,忽生意外,便没有成行。一年后,他自费过来了,就在徐家汇旧地,三五知己的聚会中还有他的童年伙伴。今年夏末,陆教授又来到上海,和他的小学同学陈耀王先生谈徐家汇变迁,和我们宗教学系及利徐学社的老师谈马塞尔、列维纳斯、德日进、方豪、罗光……谈起《存有的光环》,我们还是歉疚。好在一切已经就绪,出版指日可待,这次真的可以让陆教授的著作回到故乡。因为书前已经有了台湾大学关永中教授的"代序",复旦大学朱晓红教授又写了大陆版的"序",陆先生还有"自序",再写一篇序文真是多余。为此,这里只写一点附言放在最后,把本书大陆版的缘由说一下。其实,这篇跋文更想遥寄一点对陆达诚教授的敬意,多说了几句,还请编者、读者谅解。

李天纲
写于复旦大学哲学学院利徐学社
2015年10月

图书在版编目(CIP)数据

存有的光环——马塞尔思想研究/陆达诚著. —上海:复旦大学出版社,2016.6
ISBN 978-7-309-11884-1

Ⅰ.存… Ⅱ.陆… Ⅲ.马塞尔,G.(1889~1973)-哲学思想-研究 Ⅳ.B565.59

中国版本图书馆 CIP 数据核字(2015)第 248172 号

存有的光环——马塞尔思想研究
陆达诚 著
责任编辑/陈 军

复旦大学出版社有限公司出版发行
上海市国权路 579 号 邮编:200433
网址:fupnet@fudanpress.com http://www.fudanpress.com
门市零售:86-21-65642857 团体订购:86-21-65118853
外埠邮购:86-21-65109143
上海市崇明县裕安印刷厂

开本 890×1240 1/32 印张 9 字数 207 千
2016 年 6 月第 1 版第 1 次印刷

ISBN 978-7-309-11884-1/B·562
定价:36.00 元

如有印装质量问题,请向复旦大学出版社有限公司发行部调换。
版权所有　侵权必究